荆楚文库

湖北历代名医传略

毛和荣 编著

荆楚文库编纂出版委员会
湖北科学技术出版社

荊楚文庫

湖北历代名医传略

HUBEI LIDAI MINGYI ZHUANLÜE

图书在版编目（CIP）数据

湖北历代名医传略 / 毛和荣编著 .
— 武汉：湖北科学技术出版社，2023.12
ISBN 978-7-5706-2953-4
Ⅰ. ①湖…
Ⅱ. ①毛…
Ⅲ. ①医学家—生平事迹—湖北
Ⅳ. ① K826.2
中国国家版本馆 CIP 数据核字（2023）第 218937 号

责任编辑：常 宁
整体设计：范汉成 曾显惠 思 蒙
美术编辑：胡 博
责任校对：陈横宇
责任印制：胡 博
出版发行：湖北科学技术出版社（中国·武汉）
地　　址：武汉市雄楚大道 268 号
电　　话：027-87679468 邮政编码：430070
录　　排：武汉书成图文有限公司
印　　刷：湖北新华印务有限公司
开　　本：720mm×1000mm 1/16
印　　张：19 插页：2
字　　数：264 千字
版　　次：2023 年 12 月第 1 版 2023 年 12 月第 1 次印刷
定　　价：98.00 元

ISBN 978-7-5706-2953-4
9 787570 629534 >

出版说明

湖北乃九省通衢，北学南学交会融通之地，文明昌盛，历代文献丰厚。守望传统，编纂荆楚文献，湖北渊源有自。清同治年间设立官书局，以整理乡邦文献为旨趣。光绪年间张之洞督鄂后，以崇文书局推进典籍集成，湖北乡贤身体力行之，编纂《湖北文征》，集元明清三代湖北先哲遗作，收两千七百余作者文八千余篇，洋洋六百万言。卢氏兄弟辑录湖北先贤之作而成《湖北先正遗书》。至当代，武汉多所大学、图书馆在乡邦典籍整理方面亦多所用力。为传承和弘扬优秀传统文化，湖北省委、省政府决定编纂大型历史文献丛书《荆楚文库》。

《荆楚文库》以"抢救、保护、整理、出版"湖北文献为宗旨，分三编集藏。

甲、文献编。收录历代鄂籍人士著述，长期寓居湖北人士著述，省外人士探究湖北著述。包括传世文献、出土文献和民间文献。

乙、方志编。收录历代省志、府县志等。

丙、研究编。收录今人研究评述荆楚人物、史地、风物的学术著作和工具书及图册。

文献编、方志编录籍以1949年为下限。

研究编简体横排，文献编繁体横排，方志编影印或点校出版。

《荆楚文库》编纂出版委员会

2015年11月

前　言

中医药学是中华文明的重要组成部分，也是打开中华文明宝库的钥匙。我国《“十四五”中医药发展规划》《中医药振兴发展重大工程实施方案》等文件都强调了挖掘整理医家学术思想、传承中医药古籍文献工作的重要性。

作为炎帝故里和李时珍故乡，湖北历史上中医药名家辈出，中医药文化源远流长。毋庸置疑，湖北是中医药文化资源大省，但还不是中医药文化强省。相较于北京、上海、广东、江苏等地，湖北地区的中医药文化还缺乏深入的挖掘和系统的整合，有湖北区域特色的中医药文化还有待进一步凝练和提升。在新时代文化自信自强的大背景下，立足于历史视野，加强对湖北医家学术思想的整理和传承，无疑是一项具有重大现实意义和长远历史意义的伟大工程。

盛世修史，明时修志。《湖北历代名医传略》就是在这样的背景下应运而生的。在时间维度上，本书所收录的医家横亘古今，远溯上古，下迄民国，凡有医名，竭力备采。在地域维度上，所收录的传主以出生并业医于历史上湖北地区的医家为主；对非本籍但后流寓徙居至湖北的医家，如程云鹏、李莳、杨泉洲等，以本籍医家视之；对少数客籍传主，如张仲景、叶文机、冉雪峰、孙惠卿等，因其主要医学活动或部分主要医学活动与湖北有密切关联，故亦一并采录。

本书对传主的收录甄选，主要以史料文献记载、医家自身的学术影响力为标准。当然，史料记载详略往往又与医家自身的学术影响力成正比，一般学术影响力大的医家，史料记载就比较翔实，甚至在不同类型的史料中都有记载，比如葛洪、范晔、李时珍等。但也有例外，尤其是晚清民国时期的部分医家，由于忙于诊务或其他医学活动（如运营医学院校、创办医学刊物等）而疏于著述，如李家相、张丹樵、刘止安等，但他们确实是临床上颇有造诣的医家，且都留有较丰富的医案，故予以收录。还有一些与医学有重要交集的人物，如柯逢时、杨守敬，虽然他们并非医家，甚至并不谙熟医学专业知识，更无业医实践活动，但他们都通过自己独特的方式，为中医学术的传承和医籍文献的整理传播做出了巨大贡献，故将这些人物一并收录。在古代，医家的医学思想主要依靠其著述流传下来，所以本书收录与否和写作详略还以医家是否有著述传世为主要准绳。凡有著述者，多详述之。

本书所收录的大部分医家都为史传和（或）方志所载，其中又以方志文献为主信源。地方志文献主要参考《中国地方志集成·湖北府县志辑》，该部文献共 67 辑，由江苏古籍出版社 2001 年出版，后有其他版次，内容都无变化，时间跨度为明嘉靖年间到民国时期，所辑范围涵盖今湖北省所有县市。目前学界已有相关研究所采用的史料也主要参考这些地方志文献，但有的医家漏选，有的已选医家史料摘录不够完善或因繁体字等原因导致少量文字摘录不够准确，本书对此都一一做了更新完善。除了这部文献外，本书还参考了中华人民共和国成立以来编写的湖北省市卫生志，如《湖北艺文志　附补遗》《湖北省志·卫生》《黄石市卫生志（1880—1985）》《荆门卫生志》《天门卫生志》《沔阳卫生志》《汉川县卫生志（1727—1985）》等。正史资料里也会涉及一些医家传记的内容，陈邦贤先生在《二十六史医学史料汇编》中已专条列出。本书所参考的正史资料主要包括《晋书》《宋书》《北史》《明史》等，涉及的都是一些特别著名的大医家如李时珍，或身居高位兼而通医的历史名人如殷仲堪、范晔等。另外，医家的医疗实践活动也经常出现在古代的一些志怪小说里，本书参考的志怪小说有《搜神记》《世说新语》等。

本书还参考了以《太平御览》为代表的类书、以《四库全书总目提要》为代表的目录丛书和以《白茅堂集》为代表的个人撰著。

为医家立传，必当参考历史上的医家传记类作品。为此，本书参考了周守忠的《历代名医蒙求》、李濂的《医史》等古代医家传记类著述。近代以来，相关研究逐渐增多，如丁保福的《历代名医列传》、陈梦赉的《中国历代名医传》、郭霭春的《中国分省医籍考》、何时希的《中国历代医家传录》、鞠宝兆与曹瑛合编的《清代医林人物史料辑纂》、宋月航的《中国历代名医传》等。还有一些词（辞）典专门记载医家生平事迹，如李经纬的《中医人物词典》和李云的《中医人名大辞典》等。近代以来，中医史的专门研究取得了突破性进展，涌现出范行准的《中国医学史略》和李经纬的《中医史》等一大批成果，且相关研究多有涉及医家介绍。故此，这些都是本书主要参考的资料来源。同时，也有一些专门的湖北地区医家传记著作，如湖北省卫生厅中医处和湖北省中医药研究院主编的《湖北当代名中医传》、南东求的《鄂东历代名医传录》、李今庸的《湖北中医学史稿》等，这些为本书写作提供了最为便捷的资料参考。

另外，医家的个人著述，尤其是序中，常常会涉及其生平事迹，如《医学研悦》《慈幼新书》《神农本草经赞》《伤寒论新注》等书之序言、引言或导读部分。

最后，医家传记的研究和其他学科的研究一样，都是与时俱进的，受考古学、文献学等研究的影响尤深，故本书写作时也参考了《文献》《中医文献杂志》《医学与哲学》《湖北中医学院学报》《南京中医药大学学报（社会科学版）》等学术期刊的最新研究成果。

还有其他各类相关文献。总之，本书参考了大量的史料文献，以尽可能完整地修复各医家的本来面貌，所述内容尽量做到有据可考。

就全书写作框架而言，本书分为正文、附录两大部分。正文部分收录的医家一般为史志所载、事迹翔实者，当然这类医家一般是较有影响力且多有著述的。而对于其他史志失载，或史志有载但事迹欠详者，则置于附录部分做简略处理。对所有收录的医家，先以其所处朝代排序，次以其生年排序，以突显湖北中医学的历史发展脉络。生卒年不详者，则按医家活动年代排序。若生卒年和活动年代均不详，则排在所处朝代的后面，以姓氏拼音为序。为方便读者，本书所有参考文献统一采用脚注形式。

作为联结中医学、历史学、文献学、文化学等多个学科的医家传记，在当今时代背景下，本书的出版对于传承中医学术思想、普及医学科学知识、弘扬医德医风、提高人们中医文化素养、增强文化自信都正当其时。

需要指出的是，本书可能还存在较多亟须解决的问题。例如，很多医家的生卒年信息不全、社会活动记载有限，要想准确地界定其出生的年代甚至是朝代都非易事。当然，这个问题可能会随着科学研究的深入而得以确认补充。再如，较多医家的里籍信息，因为历史上更换频繁，可能会与真实的情况略有出入。如今天的天门，历史上曾称为竟陵、景陵等，因朝代更迭或避讳所需，经常易名，所以如果一个医家同时生活在几个朝代，要想准确地界定其出生地也存在困难。

另外，由于资料和完成时间的限制，特别是编者自身水平的局限性，本书的遗漏错讹之处估计会随着时间的推移被揭示出来。恳请各位读者，尤其是同行专家，不吝赐教，以便本书在再版时能够更加准确和完善。

目　录

先　秦

炎帝神农

炎帝，号神农氏，又号魁隗氏、连山氏、列山氏等，是我国上古时期姜姓部落的首领尊称。传说姜姓部落的首领由于懂得用火而得王位，故称为炎帝。西汉之前，神农与炎帝常被视为两个人。自西汉末年起，神农与炎帝开始并称。近年来，虽有学者考证神农和炎帝其实并非一人①，但认为神农与炎帝实为一人一直是学术界的主流观点。在中国历史上，神农氏与伏羲氏、轩辕氏（黄帝）常被尊为“三皇”。

我国诸多史籍，如《左传》《礼记》《汉书》《荆州记》《帝王世纪》《水经注》《大清一统志》等，都认为神农氏的出生地在厉山、列山或烈山。《礼记注疏》有云：“厉山氏，炎帝也，起于厉山，或曰有烈山氏。”北宋王存等编《元丰九域志》记载：“神农庙，在厉乡村。”清同治《随州志》记载：“列山上建有神农庙、神农井、炎帝庙。”历史文献中多有随州厉山镇是炎帝神农诞生地之说。关于神农氏的传说有很多，除在湖北随州及周边地区流传甚广外，神农架地区关于神农氏的传说也极为丰富。

《淮南子·修务训》载：“古者民茹草饮水，采树木之实，食蠃蛖之肉，时多疾病毒伤之害。于是神农乃始教民播种五谷，相土地宜燥湿肥

① 宋海燕：《“炎帝神农氏”考略》，《海南大学学报（人文社会科学版）》2019年第3期。

境高下，尝百草之滋味，水泉之甘苦，令民知所辟就。当此之时，一日而遇七十毒。”① 从此，“神农尝百草”的典故被普遍认为是中医药文化起源的象征。《搜神记》载：“神农以赭鞭鞭百草，尽知其平毒寒温之性，臭味所主，以播百谷，故天下号神农也。”② 《史记·补三皇本纪》谓：“斫木为耜，揉木为耒，耒耨之用，以教万人，始教耕，故号神农氏。于是作蜡祭，以赭鞭鞭草木，始尝百草，始有医药。”③ 后世其他典籍亦有类似的记述。《历代名医蒙求》开篇即对神农立传，曰：“史记炎帝神农氏，人身牛首，长于姜水，因以为姓，火德王，故曰炎帝，始教耕，故号神农氏，始尝百草，始有医药。”④ 《古今医统大全·历世圣贤名医姓氏》云：“神而化之，作方书以疗民疾，立医道救民夭札，着《本草》四卷。”⑤ 后人为纪念神农，将我国现存最早的药物学专著命名为《神农本草经》。

《神农本草经》又称《本草经》或《本经》，与《黄帝内经》《难经》《伤寒杂病论》并称为中医四大经典著作。《神农本草经》载药365种，根据药物的功效和毒性，将药物分成上、中、下三品，开创了中药分类方法的先河。《神农本草经》还明确提出了君臣佐使的组方原则。该书奠定了本草学的基础，后世诸多本草著作，如《本草经集注》《新修本草》《证类本草》《本草纲目》《本草备要》，大多传承了《神农本草经》的学术精华。该书后来还传到韩国、日本等国家，并被翻译成多种语言。此外，人们把生长在湖北神农架地区的名贵中药材“江边一碗水（八角莲）”“文王一支笔（鞘筒蛇菰）”“头顶一颗珠（延龄草）”“七叶一枝花（重楼）”并称为“神农四宝”，据传这些都和神农氏当初的发现有关。综上，足见神农氏对我国乃至世界医药学影响之深远。

---

① 〔汉〕刘安：《淮南子·修务训》。
② 〔东晋〕干宝：《搜神记》卷一。
③ 〔唐〕司马贞：《史记·补三皇本纪》。
④ 〔宋〕周守忠：《历代名医蒙求》卷之上。
⑤ 〔明〕徐春甫：《古今医统大全·历世圣贤名医姓氏·五帝·炎帝》。

近年来，湖北随州大力弘扬炎帝神农文化。1993 年，随州市举办了首届“中国湖北烈山炎帝神农节”。2008 年，由随州市、神农架林区联合申报的“炎帝神农传说”成功入选《第二批国家级非物质文化遗产名录》。2009 年，“中国湖北烈山炎帝神农节”提升为“世界华人炎帝故里寻根节”。2011 年，“炎帝祭典（随州神农祭典）”成功入选《第三批国家级非物质文化遗产扩展项目名录》。

可以说，在中华文明长期发展进程中形成的独特的神农文化早已成为中华民族精神的底色，也是当下实现中华民族伟大复兴的文化基因和动力源泉。①

---

① 刘玉堂主编：《炎帝神农文化读本》，人民出版社 2015 年版，第 216 页。

汉　代

张仲景

张仲景，生于东汉恒帝元嘉、永兴年间（150—154 年），卒于建安末年（215—219 年），名机，字仲景，常以字行世，南阳郡涅阳（今河南南阳）人①，一说南阳襄乡（今湖北枣阳）人②，中国历史上最负盛名的医药学家和临床学家之一，被后人尊为“医圣”。

范晔编撰的《后汉书》对张仲景并无立传，故后世对其生平里籍有颇多争议。经王叔和重新编次整理的《伤寒杂病论》序载：“余宗族素多，向余二百。建安纪年以来，犹未十稔，其死亡者，三分有二，伤寒十居其七。”同一时代的皇甫谧在《针灸甲乙经》序里提到张仲景生活在汉朝及其为王粲③治病的故事。同时代的曹植在《说疫气》一文中道：“建安二十二年，疠气流行。家家有僵尸之痛，室室有号泣之哀。或阖门而殪，或覆族而丧。”④ 因此，我们能够肯定的是，张仲景生活在东汉末年，当时兵荒马乱，疫病流行，生灵涂炭，这客观上为他成为一代大医铺设了宏大而悲怆的时代背景。

东汉末年，群雄割据，兵燹频仍，而当时的荆襄地区政局相对稳定，

---

① 廖国玉：《张仲景故里涅阳考》，《中医杂志》1982 年第 2 期。

② 范行准：《张仲景〈伤寒杂病论〉的成书探讨》，引自科学史集刊编辑委员会编《科学史集刊》第 4 期，科学出版社 1962 年版，第 59 ~ 65 页。

③ 王粲，字仲宣，为东汉末年“建安七子”之一。

④ 〔宋〕李昉、李穆、徐铉：《太平御览 · 疾病部五 · 曹植〈说疫气〉》。

经济富庶，学术昌明，一时成为很多文人志士的梦想之地，北方甚至出现一些名门望族举家迁徙的现象。据学者研究，在迁徙的群体中就包括南阳的张仲景。余嘉锡《四库全书提要辨证·金匮要略论注》称“叔和亦尝至荆州依表，因得受学于仲景”，意为王叔和在荆州还向张仲景拜过师学过艺。① 一些学者根据当时的社会经济等因素推断，流传千古的《伤寒杂病论》很可能就是张仲景在荆襄一带写就的②，甚至有学者推测是张仲景在200—205年于荆州著成的③。著名中医史学家范行准更是坚信，张仲景只有在刘表治荆州这种优越环境（一指荆州当时比较稳定太平，二指荆州学术氛围最为浓厚）中，才有条件做“勤求古训，博采众方”的研究工作；而且《伤寒杂病论》里所论述的“伤寒”也主要与荆楚大地流行的疫疠有关。④

至今，襄阳一带还流传着张仲景之弟于襄阳经商患病，被当地王姓医生治愈后，张仲景慕名专程赶赴襄阳拜师学艺的医林佳话。⑤

张仲景一生心念苍生，体恤百姓疾苦，对唯利是图和庸医误人的行为深为痛恨，为引导医学风气的健康发展做出了巨大的努力。“汉自中世以下，太官大医，异端纷纷，泥滞旧方，互相诡驳。张机取诸理化，以别草木之性，高志确然，独拔群俗。”⑥ 他韦编三绝，敏而好学，系统地研阅了包括《素问》《灵枢》《难经》《胎胪药录》等在内的大量中医理论著作，受《素问》影响尤深，终成一代医学大家，而其“勤求古训，博采众方”的治学精神更为医林后学树立了学术标杆。据记载，张仲景的弟子当中，杜度和卫汎也颇具才识和医名。

---

① 贾海燕：《荆楚医药》，武汉出版社2018年版，第121～124页。

② 雷吉初主编：《湖北省志·卫生》，湖北人民出版社2000年版，第2～3页；李今庸：《湖北中医学史稿》，湖北科学技术出版社2016年版，第15页。

③ 柯雪帆：《〈伤寒杂病论〉成书补考》，《中医研究》1995年第6期。

④ 范行准：《张仲景〈伤寒杂病论〉的成书探讨》，引自科学史集刊编辑委员会编《科学史集刊》第4期，科学出版社1962年版，第59～65页。

⑤ 宋月航：《中国历代名医传》，华文出版社2017年版，第56～58页。

⑥ 〔清〕陆懋修：《世补斋文集·补后汉书张机传》。

张仲景医术高超，医德高尚，治学勤勉且严谨，一生著述颇丰。同郡何颙对张仲景的学识和医技赏识有加，曾当面称赞道："君用思精而韵不高，将为良医。"①《李濂医史》称："（仲景）少时与同郡何颙客游洛阳，颙深知其学，谓人曰：'仲景之术精于伯祖。起病之验，虽鬼神莫能知之，真一世之神医也。'"②

在悬壶济世之余，张仲景一生还笔耕不辍，著书立说，以荫庇后人。除《伤寒杂病论》十卷外，还有《辨伤寒》十卷、《疗伤寒身验方》三卷、《评病要方》一卷、《黄素药方》二十五卷（一说与《伤寒杂病论》同指一书）、《张仲景方》（或称《张仲景药方》）十五卷、《疗妇人方》二卷、《五藏论》一卷、《口齿论》一卷、《脉经》一卷、《五脏荣卫论》一卷、《疗黄经》（或称《济黄经》）一卷、《金石制药法》一卷等，可惜都早已散佚不见，影响最大的当然还数《伤寒杂病论》一书。③

《伤寒杂病论》又名《伤寒卒病论》，这部著作写成后即大行于世。到了晋代，名医王叔和加以重新编次整理。到了宋代，经医家林亿等校勘后逐渐分为《伤寒论》和《金匮要略》。

《伤寒杂病论》集秦汉以来医药理论之大成，是人类医药史上第一部融理、法、方、药于一体的医学典籍，第一次系统完整地阐述了流行病和各种内科杂症的病因、病理、治疗原则和治疗方法，奠定了中医治疗学的基础，被称为第一部中医临床治疗学巨著，至今仍是中医发展史上影响最大的典籍之一。在该书中，张仲景以六经论伤寒，以脏腑论杂病，对外感热病与杂病的认识和临证治疗方法自成一家，开创了中医的辨证论治体系，为后世临证医学的发展奠定了坚实的基础。

《伤寒论》全书 10 卷，22 篇，载方 113 个（也有 112 个之说），共

---

① 〔宋〕李昉、李穆、徐铉：《太平御览·疾病部二·何颙别传》。

② 〔明〕李濂辑，俞慎初审定，俞鼎芬、倪法冲、刘德荣校注：《李濂医史·张仲景补传》，厦门大学出版社 1992 年版，第 100 页。

③ 陈梦赉编著：《中国历代名医传·张机》，科学普及出版社 1987 年版，第 21 ~ 22 页。

397法。在该书中，张仲景创立了六经辨证体系，他以太阳、少阳、阳明、太阴、少阴、厥阴为辨证纲领，揭示了伤寒病传变发展的普遍规律，并以条文的形式，对伤寒各阶段的辨脉审证、论治大法和立方用药规律等，做了全面而系统的论述。《金匮要略》全书3卷，25篇，载方262个。该书以论述内科杂病为主，涉及内、外、妇等科。除去重复，两书实收方剂269个。在剂型上，《伤寒杂病论》所记载的大大超过了汉代以前的各种方书，有汤剂、丸剂、散剂、膏剂、酒剂、洗剂、浴剂、熏剂、滴耳剂、灌鼻剂、吹鼻剂、灌肠剂、阴道栓剂、肛门栓剂等。除此之外，该书对各种剂型的制法都有详细的记载，对汤剂的煎法、服法等也有具体的交代。因此，张仲景的《伤寒杂病论》被后世尊为"方书之祖"，该书所列方剂亦被称作"经方"。

后人对张仲景的医术医德及《伤寒杂病论》评价极高。著名历史学者余新忠认为，大概从宋代开始，张仲景日渐被"圣化"。[①] 宋代著名医药学家许叔微曾言："论伤寒而不读仲景书，犹为儒不知本有孔子六经也。"[②] 金朝医家成无己这样评价："惟张仲景方一部，最为众方之祖。是以仲景本伊尹之法，伊尹本神农之经，医帙之中，特为枢要，参今法古，不越毫末，实乃大圣之所作也。"[③] 刘完素更是直呼张仲景为"亚圣"，他盛赞道："夫三坟之书者，大圣人之教也。法象天地，理合自然，本乎大道，仲景者，亚圣也。虽仲景之书，未备圣人之教，亦几于圣人，文亦玄奥，以致今之学者，尚为难焉。"[④] 明代著名新安医家徐春圃道："机按《内经》伤寒治法，存活甚众。著论二十二篇，合三百九十七法，一百一十三方，为诸方之祖。凡移治诸证如神，后人赖之为医

---

① 余新忠：《医圣的层累造成（1065—1949年）——"仲景"与现代中医知识建构系列研究之一》，《历史教学》2014年第7期。

② 〔宋〕许叔微：《伤寒百证歌》。

③ 〔金〕成无己：《伤寒明理论·药方论序》。

④ 〔金〕刘完素：《素问玄机原病式》。

圣。又有《金匮方》，亦其遗意。”① 自此，张仲景“医圣”之说广为流传。

张仲景之后，伤寒思想成了历代医家学术的重中之重，包括皇甫谧、陶弘景、孙思邈、成无己、刘完素、李东垣、朱丹溪、方有执、徐大椿、陈修园、费伯雄等著名医家都对张仲景有过相关的撰述，对《伤寒论》的注解一直延续至今，版本层出不穷，不可胜数。伤寒学一直是我国中医教育体系中的主体学科之一。在中医学界，堪称四大经典的除《黄帝内经》《神农本草经》《难经》外，还有《伤寒杂病论》。不少学校、医院、企业、学术组织等机构以“仲景”命名。张仲景在历史上的影响力可见一斑。

《伤寒杂病论》的学术思想还远播域外诸国，《伤寒论》《金匮要略》被翻译成日语、英语等语言在日本、美国、澳大利亚等国家传播，对中国周边国家尤其是日本的汉方医学影响最大。

直到今天，张仲景《伤寒杂病论》的医学智慧仍取之不尽，造福人类。在2020年新型冠状病毒感染疫情暴发后，中医药界迅速提炼出了“三药三方”来治疗新型冠状病毒感染，取得了显著的临床疗效，其中“清肺排毒汤”的基础方全部来自《伤寒杂病论》。张仲景的学术思想必将在新的时代绽放出新的光彩。

① 〔明〕徐春圃:《古今医统大全》。

魏　晋

王叔和

王叔和，生卒年不详，名熙，字叔和，常以字行世，兖州高平郡（今山东济宁）人①，著名医学家。

王叔和出身于名门望族，与“建安七子”之一王粲同族，幼时博览群书，受过良好教育，对医学情有独钟。魏末晋初，世道昏暗，战乱频仍，王叔和举家南迁至荆州，后寓居襄阳，并于荆襄之地悬壶济世，著书立说。余嘉锡《四库全书提要辨证·金匮要略论注》称：“叔和亦尝至荆州依表，因得受学于仲景。”范行准先生同样推断，与族人从山东避地荆州的王叔和很可能曾亲炙于张仲景。王叔和应属于南方学派之医家。②

西晋皇甫谧在《针灸甲乙经》序言里道：“近代太医令王叔和撰次仲景，选论甚精，指事施用。”这是历史上首次提到王叔和的名字，由此可知王叔和生活的年代与皇甫谧相距不远。东晋张湛《养生要集》、东魏高湛《养生论》、唐代甘伯宗《名医传》、《隋书·经籍志》等都对王叔和有简单的介绍，但一直缺少专门传记。《历代名医蒙求》引高湛《养生论》，言王叔和“博好经方，尤精诊处，洞识摄养之道，深晓疗病

---

① 茹东民、李富华、张生民：《王叔和生平里籍考》，《山东中医学院学报》1989年第2期。

② 范行准：《张仲景〈伤寒杂病论〉的成书探讨》，引自科学史集刊编辑委员会编《科学史集刊》第4期，科学出版社1962年版，第59~65页。

之源，撰成《脉诀》①，大行于世，至今行用。”② 明代李濂在《医史》中给王叔和补传，言王叔和性度沉静，博通经方，穷研方脉，精意诊切，洞识摄养之道，通晓疗病之机，耽嗜著述，学验俱丰，尤以脉学见长，有感于“脉理精微，其体难辨……在心易了，指下难明……医药为用，性命所系”，王叔和采集群论，纂成《脉经》一书。③

《脉经》一书共10卷，97篇（卷十不分篇，亦有学者将之视作一篇，如此故有98篇之说）。该书首列脉形状指下秘诀，系统归纳了浮芤洪滑、数促弦紧、沉伏革实、微涩细软、弱虚散缓、迟结代动共二十四种脉象，确立了脉象的基本标准。卷一主要论述了切脉法、寸口脉的脏腑分候、阴阳脉法及各种脉象的诊断意义。卷二主要论述寸、关、尺三部脉各种脉象及其主候的病证，阐述了奇经八脉的循行走向及所主病候。卷三主要论述五脏六腑的生理、病理、脉候及诊断。卷四主要论述寸口三部九候脉证、杂病脉诊、四时相反脉证、五脏六腑气绝证候、百病虚实决死生之法。卷五主要论述张仲景、扁鹊、华佗的脉法及诊察声色要诀。卷六主要论述十一经脉脏腑的病证、经脉的循行起止与发病情况。卷七主要论述伤寒、热病的脉证与治疗。卷八主要论述杂病的脉证与治疗。卷九主要论述妇人病的脉证与治疗，兼论杂病脉证。卷十主要论述寸口五部九道的分布、所主候的经脉与病证，兼论五脏之脉，补充多种病脉的诊断及意义。《脉经》集魏晋以前医学之大成，在中医发展史上具有极为重要的地位。该书系我国现存最早的脉学专著，选录了《黄帝内经》《难经》《伤寒论》《金匮要略》及其他前代医家的脉学论说，其中受扁鹊、张仲景的影响尤深。最重要的是，该书系统地归纳和总结了脉学的相关理论和知识，推动了中医诊断学和临床学的发展，后世高阳

① 实为《脉经》。

② 〔宋〕周守忠：《历代名医蒙求》卷之下。

③ 〔明〕李濂辑，俞慎初审定，俞鼎芬、倪法冲、刘德荣校注：《李濂医史·王叔和补传》，厦门大学出版社1992年版，第102～106页。

生《脉诀歌括》、李时珍《濒湖脉学》等脉学著作无不深受其影响。此书后来传入日本、朝鲜等地，王叔和医学思想对世界医学产生了深远的影响。

王叔和的另一主要医学贡献就是在广泛搜集张仲景旧论的基础上，重新整理编次了张仲景的《伤寒杂病论》（包括现在的《伤寒论》和《金匮要略》），并把张仲景之学传至江东，使其流传更广，造福更多后人。故宋代医家高保衡、孙奇、林亿在校勘的《伤寒论》序言中如是说："自仲景于今八百余年，惟王叔和能学之。"清代著名医家徐大椿认为："不有叔和，焉有仲景。"但也有不少医家如方有执、喻昌、程应旄等认为王叔和在重编《伤寒杂病论》过程中变乱旧章，掺杂己说，毁坏了张仲景原著本来应有的面目，可谓褒贬不一。

除脉学成就外，王叔和较早倡导先期治疗和预防医学，所撰医著还包括《论病》六卷、《脉赋》一卷、《脉诀》一卷、《孩子脉论》一卷、《脉诀机要》三卷、《脉诀发蒙》三卷、《新集总病要略》一卷、《脉诀须知》五卷、《脉诀图要》六卷、《脉诀评释》八卷、《脉影指归图说》两卷等，大多为后世托名之作，且多已亡佚。①

葛　洪

葛洪（283—363），字稚川，自号抱朴子，世称"小仙翁"，丹阳郡句容（今江苏句容）人，道教理论家、炼丹家和医药学家，曾流落寓居荆襄等地。

据考证，307—312年，葛洪弃职从游，踏上荆楚大地，最终选定洪通乡、神山乡等地炼丹修道。关于葛洪与湖北的渊源，今从葛店、葛仙山、葛仙寺等地名和古迹可见一斑。清代《武昌县志》记载了葛洪遗迹："葛山，在县南十里，相传葛洪炼丹处，山东南有石洞，箕踞之迹

① 范行准：《中国医学史略》，北京出版社2016年版，第67页。

宛然，山阴名夕阳红，有琴床石数武，有洗药池，山巅有石如斗，凿而旋生，上有葛仙寺。……葛仙镇在县西九十里，市廛可三百余户，西距省城九十里，北滨江三里，南通梁子湖。相传仙人葛洪尝炼丹于此，因名。”葛店有一座寺庙，名叫“斗牛观”，正堂中供有葛洪骑鹿飞升的塑像。除存有斗牛观外，尚有石碑、炼丹水井、仙人石、白鹿矶等遗迹。城南葛山尚存石洞、琴床石、洗药池等遗迹。

葛洪出身于江南名望士族，祖辈世代为官，“代载英哲，族冠吴史”①。葛洪从祖葛玄，号葛仙公，曾师从炼丹家左慈学道，为三国著名方士。父葛悌，曾任会稽太守、邵陵太守等职，后因受到南迁势力的排挤而郁郁寡欢，英年早逝。据《抱朴子外篇·自序》载，葛洪少年家贫，以砍柴所得，换回纸笔，在劳作之余抄书学习，常至深夜，于是以精通儒学而知名于世。葛洪性格内向，清淡寡欲，不善交游，自喜读书，涉猎甚广。乡人因而称其为抱朴之士，他遂以“抱朴子”为号。葛玄曾以炼丹秘术传于弟子郑隐，葛洪约16岁时拜郑隐为师，潜心向学，深得郑隐器重。从祖葛玄和郑隐的神仙生活、遁世思想对葛洪一生影响很大，这可能是其后来归隐山林、炼丹修道的主要原因之一。

葛洪的一生充满传奇色彩，文可提笔惠天下，武可马上定乾坤。西晋永兴元年（304年），葛洪加入吴兴太守顾秘的军队，任将兵都尉，因与石冰的农民起义军作战有功，被封为“伏波将军”。次年，葛洪辞官，前往洛阳搜寻炼丹制药之书，但因陈敏盘踞江东作乱，归途断绝，遂流落在徐、豫、荆、襄、江、广诸州之间。建兴二年（314年），葛洪返回家乡，隐居深山，继续从事《抱朴子》的创作。东晋建立后，干宝力荐他任散骑常侍，领大著作，葛洪皆固辞不就，并表示自己年岁已高，想要炼丹以求长寿，听闻交趾（位于今越南）出产丹砂，自行请求出任勾漏（今广西北流）令。330年，葛洪赴任，途经广州，刺史邓岳表示愿供他原料在罗浮山炼丹，葛洪遂决定中止赴任的行程。葛洪后绝弃世务，

① 〔南北朝〕陶弘景：《吴太极左仙公葛公之碑》。

锐意于松乔之道，服食养性，修习玄静。继而师事鲍靓，继修道术，深得鲍靓器重，靓以女儿鲍姑许洪。《晋书》载：“洪传玄业，兼综练医术，凡所著撰，皆精核是非，而才章富赡。”①

葛洪一生博学精识，优游闲养，著述不辍，留下了丰厚的文化遗产，对中医药学的继承和发展贡献尤巨。葛洪自号“抱朴子”，故以此命名其书。《抱朴子》分内、外两篇。内篇 20 卷，论述神仙方药、养生延年、禳邪却祸之事，总结晋代前的神仙方术，包含守一、行气、导引等，为中医药学积累了宝贵的资料。外篇 50 卷，论述人间得失，世事臧否，阐明其社会政治观点。全书将神仙道教理论与儒家纲常名教相联系，开融合儒、道两家哲学思想体系之先河。《抱朴子》的问世，对道教的发展产生了深远的影响。葛洪还纂有《金匮药方》《肘后备急方》等多种著作②，惜多已亡佚。

其中，《肘后备急方》一书较完整地保存下来，对中医药学的发展产生了深远的影响。《肘后备急方》又名《肘后救卒方》，是中国第一部临床急救手册，共 8 卷 73 篇。该书系葛洪摘录其原著《玉函方》（共 100 卷）中可供急救医疗、实用有效的单验方及简要灸法汇编而成。经梁代陶弘景增补录方 101 首，改名《补阙肘后百一方》。此后又经金代杨用道摘取《证类本草》中的单方作为附方，名《附广肘后方》，即现存《肘后备急方》，简称《肘后方》。该书是一部临床价值极高的方书，其载入的方剂多为单方、简易方，简便易行，可操作性强。此书主要记述了各种急性病或某些慢性病急性发作的治疗方药、针灸、外治等法，并略记个别病的病因、症状等。③ 该书描写的天花症状，以及对于天花危险性、传染性的描述，都是世界上最早的记载，而且描述得十分精确。书中还提到了结核病的主要症状，并提出了结核病“死后复传之旁人”

---

① 〔唐〕房玄龄等：《晋书·葛洪传》。

② 〔唐〕房玄龄等：《晋书·葛洪传》。

③ 〔晋〕葛洪著，王均宁点校：《肘后备急方》，天津科学技术出版社 2011 年版。

的特性，还涉及肠结核、骨关节结核等多种疾病，可以说其论述的完备性并不亚于现代医学。书中还记载了被疯狗咬过后用疯狗的脑子涂在伤口上治疗的方法，该方法与近代巴斯德的狂犬病疫苗大体相近。另外，对于流行病、传染病，书中更是提出了“疠气”的概念，认为这绝不是所谓的鬼神作祟，这种科学的认识即使在当今来讲，也是十分有见地的。书中对于恙虫病、疥虫病之类寄生虫病的描述，也是世界医学史上出现时间最早、叙述最准确的。2015 年，屠呦呦荣获诺贝尔生理学或医学奖。在颁奖典礼上，屠呦呦说：“青蒿素是人类征服疟疾进程中的一小步，是中国传统医药献给世界的一份礼物。”为了发现青蒿素，屠呦呦历经艰辛，遍览群书，做了无数次实验，最终受启发于《肘后备急方》中的“青蒿一握，以水二升渍，绞取汁，尽服之”而成功提取了青蒿素，为世界抗疟事业和人类健康福祉做出了不可磨灭的贡献。可以说，某种程度上，没有葛洪的《肘后备急方》，就没有青蒿素的发现。此书后被《千金要方》《外台秘要》《艺文类聚》《证类本草》《医心方》《医方类聚》《本草纲目》等著名医学文献引用，在北宋时流传至海外。

葛洪的雅致高洁，悠然洒脱，是历代文人争相歌颂和效仿的对象。光是唐宋诗歌里，就有不少与葛洪有关。李颀《赠苏明府》：“诱我为弟子，逍遥寻葛洪。”李白《炼丹井》：“闻说神仙晋葛洪，炼丹曾此占云峰。”诸如此类，不胜枚举。世界著名科技史专家李约瑟称葛洪为“最伟大的博物学家和炼金术士”。今有《葛洪评传》① 《葛洪》② 《儒本道宗，学贯百家：葛洪传》③ 等多种葛洪传记传世。

---

① 卢央：《葛洪评传》，南京大学出版社 2011 年版。

② 王作良：《葛洪》，陕西师范大学出版社 2017 年版。

③ 李强、李斌、梁文倩编著：《儒本道宗，学贯百家：葛洪传》，华中科技大学出版社 2019 年版。

范 汪

范汪（约308—约374），字玄平，南阳顺阳（今湖北老河口）人[①]，政治家、医学家。陈梦赉认为范汪为颍阳（今河南许昌）人。[②] 查史料，晋朝已废颍阳县，并入緱氏县，故可能为误传。《历代名医蒙求》曰："范汪，字玄平，不知何许人也。"身世介绍主要借鉴了《晋书》，写道："性仁爱，善医术，常以拯恤为事。凡有疾病，不限贵贱，皆为治之。撰方五百余卷，又百七十卷，后人详用，多获其效。"[③] 周守忠肯定了范汪的医家身份。

范汪虽出身名门，但年少家贫，布衣蔬食。他博学多才，曾为庾亮佐史十余年，甚得礼遇。桓温代庾翼为荆州刺史，他被任为安西长史。桓温平蜀后，晋爵为武兴县侯，他自请还京，求为东阳太守，大兴学校，颇有政绩。后授都督徐、兖、青、冀四州及扬州之晋陵诸军事，安北将军，徐、兖二州刺史。桓温北伐，令他率文武出梁国，因失期被免为庶人，后屏居吴郡。

范汪撰有《范汪方》，又称《范东阳方》《范东阳杂药方》（简称《杂药方》），成书于347—374年，是范汪以个人之力撰成的一部大型方书，其书卷帙浩繁，具体卷数历代记载不一，有五百余卷[④]和一百零五卷加目录一卷[⑤]之说。此书早已亡佚，散见于《小品方》《外台秘要》《医心方》等，现有范行准先生辑佚的稿本[⑥]。据学者考证，该书集晋以

---

① 湖北省地方志编纂委员会编：《湖北省志人物志稿》（第4卷），光明日报出版社1989年版，第1884页。

② 陈梦赉编著：《中国历代名医传·范汪》，科学普及出版社1987年版，第37页。

③ 〔宋〕周守忠：《历代名医蒙求》卷之下。

④ 出自《太平御览》。

⑤ 出自《唐志》。

⑥ 〔晋〕范汪撰，范行准辑佚，梁峻整理：《范东阳方》，中医古籍出版社2019年版。

前医方之大成，内容极为丰富，涉及简论、病证、方药、制法、服法、药后反应、禁忌、药物加减、如果不效的再方，病证所及有内科、外科、皮肤科、妇科、儿科、伤科、五官科、针灸科、急症等[①]，收集了大量当时民间的单验方，故陶弘景谓其书“斟酌详用，多获其效”[②]。孙思邈甚至认为：“欲为大医，必须谙张仲景、王叔和、阮河南、范东阳……诸部经方。”[③] 可见该医书在历史上地位之重要。在医书方面，范汪还撰有《范氏解散方》七卷、《范氏疗妇人药方》十一卷、《范氏疗小儿药方》一卷。[④]

范氏家族，名人辈出，其子范宁，与范汪颇似，兴学重教，为东晋一代名儒，其曾孙范晔为著名宋史学家、文学家。

范　晔

范晔（398—445），字蔚宗，南阳顺阳（今湖北老河口）人，著名史学家、文学家，为政治家、医学家范汪曾孙，豫章太守范宁之孙，侍中范泰之子。

《宋书》记载，范晔虽出身于名门，但由于是妾生的庶子，地位并不高。据传范晔为母亲如厕时所生，因额头被砖磕破，遂得小名“砖”。范晔出生后，因伯父无子，就被过继给伯父范弘之，因而得袭爵位，封武兴县五等侯。范晔长相平平，身高不满七尺，又胖又黑，没有胡须和眉毛。范晔为人傲岸不羁，对权贵不肯曲意逢迎，学识渊博，多才多艺，能诗善文，通晓音律，长于书法。范晔一生仕途不顺。元嘉十七年（440年），在彭城王刘义康的再三利诱下，范晔卷入了一场密谋反叛朝廷的

① 王子谟、王晓萍：《范汪与〈范汪方〉勾沉》，《中医文献杂志》1994年第2期。
② 〔南北朝〕陶弘景：《本草经集注·序录》。
③ 〔唐〕孙思邈：《千金要方》。
④ 〔清〕湖北通志局编纂，石洪运校注：《湖北艺文志　附补遗》（下册），湖北教育出版社2002年版，第1118～1119页。

未遂政变。元嘉二十二年（445 年）十二月，范晔被押赴刑场，时年四十八岁。①

范晔一生才华横溢，在诸多领域都有造诣，其中最为有名的当数其创作的《后汉书》继承了司马迁“通古今之变”的编撰思想，大部分沿袭《史记》《汉书》的现成体例，但又有所创新，书成后遂取代了以前各家的后汉史。因博采众书，叙事生动，结构严谨，编排有序，属词丽密，文采斐然，《后汉书》与《史记》《汉书》《三国志》并称“前四史”。范晔在狱中写了一篇《狱中与诸甥侄书》，自述其编纂《后汉书》的目的是“欲因事就卷内发论，以正一代得失”，明确提出写史为政治服务，可谓史上第一人。

据史载，除《后汉书》外，范晔尚有集十五卷，辑有食养专著《膳夫经首录》，见载于清朝医家、藏书家陆漻的《佳趣堂书目》，还编撰了《和香方》一卷、《杂香膏方》一卷、《百官阶次》一卷、《齐职仪》五十卷，惜皆佚，存世仅有《后汉书》《双鹤诗序》《乐游应诏诗》。②《和香方》是目前已知最早的香学专书，可惜正文已佚，仅有自序留存。《和香方·序》曰：“麝本多忌，过分必害。沉实易和，盈斤无伤。零藿虚燥，詹唐黏湿。甘松苏合、安息郁金、㮈多和罗之属，并被珍于外国，无取于中土。又枣膏昏钝，甲煎浅俗，非唯无助于馨烈，乃当弥增于尤疾也。”③ 所言实乃借香药影射朝中人士，虽为游戏之作，但也足见当时士大夫对香药和薰香的熟悉，反映了当时用香制香的观念和状况，颇具史料价值。

---

① 〔南北朝〕沈约：《宋书·列传第二十九·范晔传》。

② 〔清〕湖北通志局编纂，石洪运校注：《湖北艺文志　附补遗》（下册），湖北教育出版社 2002 年版，第 1119 页。

③ 〔南北朝〕沈约：《宋书·列传第二十九·范晔传》。

南北朝

智　顗

智顗（538—597），荆州华容（今湖北鄂州）人，俗姓陈，字德安，中国佛教天台宗四祖，因提倡“止观并重”“定慧双修”等佛家学说，被视为天台宗的实际创始者。智顗祖籍颍川（河南禹州），祖上于永嘉南渡之际，为躲避北方战祸而南迁，寓居荆州华容。后世常称其为“天台大师”“智者大师”，对医药亦深有研究。

智顗出身于富贵之家，自幼受到佛教的熏陶。15 岁时欲出家，父母坚持不允，乃刻檀像礼诵。智顗 17 岁①时，西魏遣兵攻江陵，杀梁孝元帝，其父忠心护驾被杀，其母亦亡。翌年，服丧完毕，智顗辞别兄长，发愿为沙门，投果愿寺法绪和尚出家，授以十戒，法名智顗。智顗一生留下大量的佛教讲义，经弟子整理，包括《法华经玄义》二十卷、《法华文句》二十卷、《摩诃止观》二十卷、《观音玄义》两卷、《观音义疏》两卷、《金光明玄义》两卷、《金光明文句》六卷等。

历史上，高僧大多具有丰富的医学知识和医疗经验，智顗就是其中之一。智顗对疾病做了深刻的论述，对佛教医学、中医学、气功学等产生了深远的影响。具体体现在以下几个方面。

一是病因学。智顗认为人体生病主要有六大病因：四大不调、饮食不节、（坐禅）不善调身心息、鬼病、魔病、业病。在《摩诃止观》中

---

① 灌顶在《隋天台智者大师别传》中称 15 岁，属误计。

云“无明心与法性合则有一切病相”，认为“无明”是疾病的根源。他在《童蒙止观》另辟“调和第四”“治病第九”专章，提倡止观医学的“四大”观。言：“一明病发相，二明治病方法。一明病发相者。病发虽复多途，略出不过二种。一者四大增损病相。若地大增者，则肿结沉重，身体枯瘠，如是等，百一患生。若水大增者，则痰阴胀满，食饮不消，腹痛下痢等，百一患生。若火大增者，即煎寒壮热，支节皆痛，口气，大小便痢不通等，百一患生。若风大增者，则身体虚悬，战掉疼痛，肺闷胀急，呕逆气急，如是等，百一患生。”①

二是诊断学。《童蒙止观》云“从心生患者，身体寒热，及头痛口燥等，心主口故。从肺生患者，身体胀满，四支烦疼，心闷鼻塞等，肺主鼻故。从肝生患者，多无喜心，忧愁不乐，悲思瞋恚，头痛眼暗昏闷等，肝主眼故。从脾生患者，身体面上，游风遍身痒疼痛，饮食失味等，脾主舌故。从肾生患者，咽喉噎塞，腹胀耳聋等，肾主耳故。五藏生病众多各有其相。”② 这是智 𫖮倡导的止观医学的诊断观。

三是治疗学。《童蒙止观》云：“治病之法，乃有多途。举要言之，不出止观二种方便。有师言，但安心止。在病处即能治病。所以者何？心是一期果报之主。譬如王有所至处，群贼迸散……多诸疾患，此由心识上缘，故令四大不调。若安心在下，四大自然调适，众病除矣。”

智 𫖮倡导的止观医学具体又可分为用止治病（包括心止病处、心止丹田、心止足底、心止空无）、用观治病（包括观六字诀法、观想十二息、假想观治病、观病患境）。

学者李四龙认为，智 𫖮的《摩诃止观》《次第禅门》《童蒙止观》三部经书中广泛讨论了疾病的内容，不仅集中体现了智 𫖮的疾病观③，

① 〔隋〕智𫖮著，李安校释：《童蒙止观校释》，中华书局 1988 年版。
② 〔隋〕智𫖮著，李安校释：《童蒙止观校释》，中华书局 1988 年版。
③ 李四龙：《天台智者疾病观与佛道交融》，《北京大学学报（哲学社会科学版）》2019 年第 2 期。

也生动地阐释了智 顗的治疗观[①]。

总之，智 顗强调止观双修的原则，融合了佛教的禅定止观和医方明，结合了中国传统的养生观，形成了独具特色的止观医学思想。[②] 他总结了印度佛典中的禅定治病说及中国禅定治病的经验，吸收了中医、道教、民间气功医疗之说，并依自身坐禅体验予以发扬，形成了相当系统的“禅定医疗说”，千余年来在佛教界内外影响颇大，普罗大众受益良多，今天仍具实用价值。[③]

历史上有不少关于智 顗的传记，其中最著名的当数其弟子灌顶撰写的《隋天台智者大师别传》和唐朝释道宣的《续高僧传》（卷十七）。今人张风雷、潘桂明各作《智 顗评传》。另有王孺童的《智 顗净土思想之研究》、张刚的《智 顗实相论研究》、韩艳秋的《天台智 顗思想研究》等。智 顗的佛教医学思想为后世中医药学的发展留下了宝贵的文化遗产。

---

① 李四龙：《论智 顗治病法及其医疗文化系统》，《世界宗教文化》2020 年第 5 期。

② 李宁：《天台智 顗的止观医学思想研究》，《医学与哲学》2015 年第 10 期。

③ 陈重浑：《智 顗大师对禅定医疗说的贡献》，《法音》1989 年第 9 期。

唐代

王超

王超，生卒年不详，字号不详，复州竟陵（今湖北天门）人，长于儿科。据《新唐书·艺文志》[①] 记载，王超生活于唐朝贞观年间，著有《仙人水镜图诀》一卷。《宋史·艺文志》载："王起[②]，《仙人水镜》一卷。"

《仙人水镜图诀》又名《仙人冰鉴图诀》。该书已散佚，但后世儿科医著多有转载。例如，宋代刘昉《幼幼新书》论三关锦纹[③]曰："《仙人水鉴》小儿脉经要诀云：夫小儿托质胎，胎成形，血气诞生之后，三岁之间，十旬之内，荣卫未调，筋骨轻软，肠胃微细，凡于动静，易获惊伤，致于夭亡，得不伤哉。"又引《仙人水鉴》八脉主病歌："形如鱼刺物惊痓，形似悬针泻痢多，水字肺惊症见甚，乙知肝积要调和。又歌：形似曲虫疳患久，如环肾积细详看，逢纹乱后知虫犯，流米通身莫望安。"引《仙人水鉴》虎口脉色相应歌："虎口脉青同面上，心头有热水惊来，飞禽四足将禽断"。《证治准绳·幼科》[④] 引《水镜诀》云："阴阳运合，男女成形，已分九窍四肢，乃生五脏六腑，部分既别，逆顺难明，若凭寸口之浮沉，必乃横亡于孩子，须明虎口，辨别三关，消详用

---

① 〔宋〕欧阳修等：《新唐书·艺文志》。

② "起"疑"超"字之误。

③ 〔宋〕刘昉：《幼幼新书·凡十三门·三关锦纹第十二》。

④ 〔明〕王肯堂：《证治准绳·幼科·脉法》。

药，始无差误。未至三岁，看虎口食指第一节名风关，脉初见易治，第二节名气关，脉见病深难治，第三节名命关，脉见死不治。”由此可见，王超最早提出了包括部位、颜色、形状在内的小儿指纹诊法（又称小儿食指脉络望诊），创立了风气命三关理论和指纹形态八段锦疗法，为后世医家以虎口三关部位脉纹形色辨证奠定了基础[①]，大大推动了后世手诊学与儿科医学的发展[②]。当然，也有学者根据文献考证，怀疑后来流传之《水镜诀》与王超《仙人冰鉴图诀》并非同一书。[③]

苏　敬

苏敬（599—674），字号、里籍不详，医药学家。《辽宁中医杂志》于1960年刊载《苏敬小传》，谓其为湖北人。《中国医学通史（古代卷）》也认为苏敬是湖北人。[④] 宋朝时，为避宋太祖赵匡胤祖父赵敬之讳，而改称苏恭或苏鉴。

苏敬曾任朝议郎、右监门府长史骑都尉。在唐朝，右监门府为禁卫军指挥机构，骑都尉为勋官十二转之第五转，相当于从五品，可见苏敬在当时是一位地地道道的武官，主司禁卫军出入之事。苏敬虽非医官，却对医药之事非常感兴趣。

在唐初，梁代医药学家陶弘景编纂的《本草经集注》被奉为医药界之圭臬。《本草经集注》收载药物达730种，然“其年代浸远，简编残蠹”“谬粱米之黄白，混荆子之牡蔓”，有明显的不足之处。例如，道家

---

① 李经纬、林昭庚主编：《中国医学通史（古代卷）》，人民卫生出版社1999年版，第258页。

② 石雪芹等：《手诊源流考》，《中国医药导报》2021年第23期。

③ 黄攸立：《小儿指纹诊法起源考辨》，《中华中医药杂志》1991年第1期。

④ 李经纬、林昭庚主编：《中国医学通史（古代卷）》，人民卫生出版社1999年版，第308页。

出身的陶弘景多使用方士神仙之语，对药物采集、修治等往往语焉不详[①]，且南北朝之后出现的药物得不到及时的补充，这些都不利于药物的临床使用。有感于此，苏敬等上疏朝廷，要求编修新的本草。唐高宗准允了此事，指派长孙无忌、李 勣、许敬宗、李淳风、孔志约、蒋季琬、许弘、许弘直等二十余人与苏敬一起集体修订新本草。虽然受命领衔的是长孙无忌，但《新修本草》的真正主持者则是苏敬。《旧唐书》载："时右监门长史苏敬上言，陶弘景所撰《本草》，事多舛谬。诏中书令许敬宗与才及李淳风、礼部郎中孔志约，并诸名医，增损旧本，仍令司空李勣总监定之，并图合成五十四卷，大行于代。"[②] 为编纂完成一部药物完备的本草书，苏敬等人特奏请朝廷"普颁天下，营求药物""摭陶氏之乖违，辨俗用之纰紊"，编撰者"下询众议""详探秘要，博综方术"[③]。朝廷为此专门通令全国各郡县"征天下郡县所出药物，并书图之"[④]，向全国各地广泛征集药材。编纂《新修本草》实际上是全国范围内的一次药物大普查，堪称世界药物学发展史上的一个壮举。

显庆四年（659 年），《新修本草》编成，全书包括本草 20 卷（现残存 11 卷），目录 1 卷，记载了药物的历史、产地、形态、辨别、性味、采制、疗效等；本草图 25 卷，目录 1 卷，以彩色药图描绘了药物的形态；图经 7 卷（已佚），以文字对药图加以说明。全书共 54 卷，共收载药物 844 种，在《本草经集注》的基础上新增药物 114 种，其中蒲公英、诃黎勒、胡椒、龙脑、安息香、阿魏、郁金等系新增外来药物，从侧面反映了唐代的开放胸襟和中外医药文化交流的繁盛。

《新修本草》又称《唐本草》，是中国乃至世界历史上第一部官修本草和药典，开创了本草学图文对照之先例。《新修本草》一经颁行，就

---

① 尚志钧：《〈本草经集注〉概述》，《安徽中医学院学报》1983 年第 2 期。
② 〔五代〕刘昫等：《旧唐书·列传第二十九·吕才传》。
③ 〔唐〕孔志约：《新修本草·孔志约序》。
④ 〔宋〕王溥：《唐会要》卷八二。

广泛地传播开来。20 世纪初，在敦煌石窟中发现藏有唐代手抄的卷子本，抄写年代为乾封二年（667 年），即该书编成后 8 年。当时中国西北地区交通不甚便利，但《新修本草》在不太长的时间内便传到了该地区，可见本书所受到的重视和迅速传播的盛况。该书很早就流传到国外，开元十九年（731 年），日本国内即有田边史手抄的《新修本草》出现。据日本《延喜式》记载："凡医生皆读苏敬《新修本草》。"可见本书传到日本后，在相当长的一段时期内备受日本学术界的青睐。

《新修本草》对世界药物学发展影响极大，直至宋代《开宝本草》编成后，才逐渐取代了它的地位。《新修本草》虽然不是苏敬个人创作的结果，但他的首倡之功、编纂之绩，必将载于史册。[①] 清末李梦莹曾补辑《新修本草》，今存稿本。我国学者尚志钧教授在 20 世纪历时 10 余年辑复了《新修本草》。[②]

除《新修本草》，苏敬与徐恩恭、唐临等尚编有《三家脚气论》一卷，亦散佚。

---

① 黄英华、甄雪燕、梁永宣：《中华民族名医像（19）：苏敬》，《中国中医药报》2021 年 10 月 11 日。

② 〔唐〕苏敬等撰，尚志钧辑校：《新修本草》（辑复本第 2 版），安徽科学技术出版社 2004 年版。

宋代

张君房

张君房，生卒年不详，字允方[①]，一说尹方[②]，安州（今湖北安陆）人，藏书家、道藏目录学家，善医术。

大中祥符五年（1012年），宋真宗命戚纶等校正秘阁道书，戚纶等推荐张君房主持该事。于是取朝廷所降道书到苏州、越州、台州与道士十人从事旧存道藏修校。至天禧三年（1019年）编成《大宋天宫宝藏》，共4565卷，已亡佚。又“掇云笈七部之英，略宝蕴诸子之奥”，即择《大宋天宫宝藏》之精要，于1025—1029年辑成《云笈七签》122卷，进献于宋仁宗。《云笈七签》是北宋道经目录的代表之作，对整理宋代《道藏》贡献颇大。

《云笈七签》全书约170万字，诚如张君房言“采摭机要，属类于文”“考核类例，尽著指归”[③]，是一部大型道教类书，素有“小道藏”“道教小百科”之称。相较于传统《道藏》的七部分类法，该书分类更为系统、准确、科学。[④] 该书体系完整，中心突出，内容庞杂，涉及经教宗旨、仙真位籍、广解诸术、赞颂诗歌、神仙传记、方药符图、服食、炼气、内丹、外丹、守庚申等道教诸多方面，大都摘录原文，不加论说。

---

① 〔宋〕王铚：《默记·张君房传》。

② 〔宋〕王得臣：《麈史·张君房传》。

③ 〔宋〕张君房：《云笈七签·序》。

④ 朱越利：《道教类书〈云笈七签〉》，《文史知识》1989年第5期。

该书使得北宋以前的许多道教典籍及其他古籍得以保存下来，具有较大的文献价值，对今天我们了解北宋以前道教的演变和发展具有重要的参考价值。《四库全书总目提要》称此书“类例既明，指归略备，纲条科格，无不兼该，《道藏》菁华，亦大略具于是矣”①。

自古十道九医，张君房《云笈七签》中蕴藏着丰富的医药学知识，具体如下。

一是生命观。《云笈七签·禀生受命部一》认为天地构精，阴阳布化，生命乃成，论述了生命的孕育诞生过程，即一月为胞、二月为胎、三月魂具、四月魄成、五月生藏、六月具六腑、七月明窍、八月景附、九月神降、十月而生，有一定的科学性。该书将人身比作国象，“胸腹之位，犹宫室也；四肢之列，犹郊境也；骨节之分，犹百官也；神犹君也；血犹民也。能知治身，则知治国矣。夫爱其民，所以安其国；吝其气，所以全其身，民散则国亡，气竭则身死。”强调了气、血、神对维护人身康健的重要性，与中医药学的生命观颇为相近。

二是疾病观。《云笈七签·禀生受命部一》讲述了“解胎十二结法”，认为“胞中有十二结节盘固五内。五内滞阏，结不可解，节不可灭。故人之病，由于节滞也。人之命绝，由于结固也。兆能解结于胞中十二结节，则求死亦不得也。”通过烧香、叩拜、存思、服符等方法则可消解结节。在说戒部指出喜怒无常、好色坏德、憎欲令死、毁人自誉等是百病之因，而行宽心和、动静有礼、起居有度、近德远色、除去欲心等则是治病良方，认为“救灾解难，不如防之为易；疗疾治病，不如备之为吉”“盖灾生于稍稍，病起于微微”。这些说法颇似中医“治未病”思想，对今天人们防病治病仍有借鉴意义。

三是养生观。该书杂修摄部不仅集《老君道经》《庄子·养生篇》《列子》《黄老玄示经》《大有经》《小有经》《黄庭经》《仙经》《养生

---

① 〔清〕永瑢等撰：《四库全书总目·子部·道家类》，中华书局1965年版，第1252页。

集叙》《抱朴子》等道家学说养生智慧之大成，还直接引用《养性延命录》《摄养枕中方》《神农本草经》《名医叙病论》《黄帝内经》等中医典籍内容。该书论及精神养生、气法养生、形体养生、方药养生、辟谷养生等多种养生形式。①

四是导引术。在杂修摄部，张君房先概述了导引、行气、守一的重要性和做法，然后详细介绍了太清导引养生经、宁先生导引养生法、虾蟆行气法、龟鳖等气法、噏月精法、彭祖导引法、王子乔导引法、化身坐忘法、胎息法、服紫霄法、玄鉴导引法、按摩法等导引诸法。《云笈七签》汇聚了宋代以前我国导引术之精华，为我们研究宋代以前养生气法提供了珍贵的文献资料，也给后人留下了强身健体的宝贵经验。

此外，张君房还在斋戒部、说戒部论述了清虚恬静、正确饮食的重要性；在杂法部罗列了许多古代沐浴之法，其中五香、七福有一定的参考价值；秘要诀法部之服食忌、未食咒、按天庭法等对今天的养生保健仍有警示作用；诸家气法部对元气、服气等的论述明显受到中医药学智慧的影响；而方药部不仅援引《神农本草经》《千金翼方》等中医典籍，所列方药对中医药学亦有启迪意义。

除《云笈七签》外，张君房存世著作尚有《乘异论》《野语脞说》《科名分定录》《丽情集》《潮说》等。

苏 轼

苏轼（1037—1101），字子瞻，号铁冠道人、东坡居士，世称苏东坡、苏仙，眉州眉山（今四川眉山）人，文学家、书法家、美食家、画家、治水名人。苏轼是中国历史上罕见的绝冠古今的通才，被称作“全才式的艺术巨匠”。他不仅在诗词、散文、书法、绘画等方面冠绝当代，

---

① 常久、蒋力生：《浅析〈云笈七签〉与中医养生》，《世界中医药》2017 年第 7 期。

而且在建筑、美食、佛学等领域也颇有造诣，影响深远。作为儒学大家，苏轼对中医药学也具有巨大的热情和深入的研究。苏轼的一生，通过撰写诗词文章、济世救民行动等多种方式推动了祖国传统医学的普及和传播。

苏轼出身名门，苏轼之父为苏洵，苏轼之弟为苏辙，父子三人并称“三苏”，均被列入“唐宋八大家”。

苏轼虽满腹经纶，才华横溢，却一生颠沛流离，几度沉浮。元丰二年（1079 年），宋神宗下发圣谕，苏轼贬往黄州（今湖北黄冈），担任团练副使的闲职。在黄州的这段日子，苏轼与中医药结下了深厚的不解之缘。

贬居黄州，生活贫苦，再加上书生难以忍受的劳作之重，苏轼的健康状况一度非常糟糕。在黄州期间，苏轼至少罹患赤眼（“某凡百粗遣，春夏间，多疮患及赤目，杜门谢客，而传者遂云物故，以为左右忧”①）、咳嗽（“某病咳逾月不已，虽无可忧之状，而无憀甚矣”②）、疮疖（“两日疮痛殊甚，不果见”③）等疾。在缺医少药的年代，尤其是贬谪他乡之时，苏轼感受到生命的脆弱，也体会到疾厄对普通百姓的影响，这在一定程度上激励苏轼更加深入研习医学。

在黄州患疾期间，苏轼四处求医，在求医问药过程中，与一些医林名士如庞安时结下了深厚的友谊。苏轼在《东坡志林·游沙湖》一文中，描述了自己与黄州本地名医庞安时结交的过程。④

黄州东南三十里为沙湖。一天，苏轼前往购置田地时，突发疾病。

---

① 〔宋〕苏轼著，孔凡礼点校：《苏轼文集·〈答范蜀公十一首〉其二》，中华书局 1986 年版，第 1446 页。

② 〔宋〕苏轼著，孔凡礼点校：《苏轼文集·〈与蔡景繁十四首〉其九》，中华书局 1986 年版，第 1663 页。

③ 〔宋〕苏轼著，孔凡礼点校：《苏轼文集·〈黄州与人二首〉其三》，中华书局 1986 年版，第 1846 页。

④ 〔宋〕苏轼著，乔丽华点评：《东坡志林》，青岛出版社 2002 年版，第 4 页。

得知庞安时为当地名医，苏轼遂前往求疗。庞安时是位奇人，他双耳失聪，但颖悟过人。苏轼用纸给他写字，还没写几个字，庞安时就深解其意。于是苏轼对庞安时开玩笑道："我用双手代替嘴巴，您用眼睛代替耳朵，我们皆非常人也。"

闻名遐迩的圣散子方，与苏轼贬居黄州有着千丝万缕的关系。《苏轼全集》收载《圣散子方叙》《圣散子方后叙》。其中，《圣散子方叙》还被载入庞安时的《伤寒总病论》[①] 中。关于此方的由来，学术界流传着这样的一种说法：此方系苏轼老乡巢谷从眉山来黄州探望苏轼时赠予他的。在苏轼谪居黄州的第一年，当地暴发了瘟疫，并迅速蔓延，民众多有感染，苏轼用圣散子方救人无数，此方闻名于世应始于在黄州的初用，这从此方最早完整收载于黄州蕲水名医庞安时的《伤寒总病论》中可以得到印证。[②] 庞安时在其《伤寒总病论》中载方如下：

肉豆蔻、木猪苓、石菖蒲、茯苓、高良姜、独活、柴胡、吴茱萸、附子（炮）、麻黄、厚朴（姜炙）、藁本、芍药、枳壳（麸炒）、白术、泽泻、藿香、吴术（蜀人称苍术中白的为白术，盖茅术也，而称现在的白术为吴术）、防风、细辛、半夏（姜汁制）、甘草。

苏轼与庞安时在黄州的亲密往来，留下了许多感人至深的故事。可想象得到的是，苏庞之间的交往切磋，对提高苏轼的医学知识肯定是有所裨益的。

元祐四年（1089 年），苏轼任杭州知州，上任伊始，杭州大旱，疫病流行。除了施粥外，苏轼安排官府广泛使用圣散子方，结果又救人无数。在《圣散子后叙》中苏轼写道："圣散子主疾，功效非一。去年春，杭之民病，得此药全活者，不可胜数。所用皆中下品药，略计每千钱，即得千服，所济已及千人。由此积之，其利甚薄，凡人欲施惠而力能自

① 〔宋〕庞安时：《伤寒总病论》。

② 牛亚华：《〈圣散子方〉考》，《文献》2008 年第 2 期。

办者，犹有所止。若合众力，则人有善利，其行可久。”① 圣散子方后来却杀人无数，造成了诸多悲剧。中医的灵魂在于辨证论治，在非辨证基础上滥用圣散子方而酿成的祸害，若都归罪于苏轼，自然是说不过去的。

苏轼对医学的另一贡献是《苏沈良方》。苏轼一生交游甚广，好收集医方。他将一些验方、名方整理成册，编成《苏学士方》，后人又将苏轼的《苏学士方》和沈括的《良方》汇编成册，传为《苏沈良方》。据胡道静先生研究，在《苏沈良方》所收载252则医方和医药论说中，目前可以确定为苏轼所做的有49则。② 苏轼的一生，常以病喻世、以医喻政，发表了不少精彩绝伦的策论。

另外，苏轼在笔记杂著《东坡志林》和《仇池笔记》中，记载了宋代丰富的中医药文化史料及他自己对医药健康的体验与感悟。

纵观其跌宕起伏的一生，苏轼有着浓厚的医学情怀。作为中国历史上最为杰出和闻名的文化人物之一，他通过开启民智、搜集验方、编撰方书、论述医理、针砭时弊、施方舍药、创建病坊等方式，对弘扬中医药文化和推动医学知识的宣传普及做出了自己独特的贡献。③

庞安时

庞安时（约1042—1099），字安常，自号蕲水道人，蕲州蕲水（今湖北浠水）人，杰出医药学家，被誉为“北宋医王”。

庞安时出身于世医之家。庞安时天资聪颖，生性好动，记忆超群。庞安时的父亲庞之庆希望儿子长大后能继承祖业，故在其幼时就亲授以《脉诀》等医学典籍，但庞安时总觉太过浅显，于是便开始自己钻研

---

① 〔宋〕苏轼：《东坡全集》卷三四。

② 胡道静：《〈苏沈内翰良方〉楚蜀判——分析本书每个方、论所属的作者：“沈方”抑为“苏方”》，《社会科学战线》1980年第3期。

③ 薛芳芸：《论苏轼的医学情怀》，《医学与哲学》2013年第2期。

《黄帝内经》等，竟能过目不忘，时出新意。

行将弱冠，庞安时罹患一场大病，因此致聋，从此与人交谈须借助纸笔手语，这给他以不小的打击。好在有长辈好友的劝说开导，庞安时才逐渐走出了人生的低谷，他自谑这是“天使我隐于医欤”。大病愈后，庞安时决心抛却杂念，潜心医学，开始对《素问》《灵枢》《太素》《针灸甲乙经》以及经传百家之说皆做深入研读，这使得他通达各家之学，他一生最推崇的是《难经》一书。[①]

庞安时素好读书和藏书。史料记载：“君性喜读书。闻人有异书，购之若饥渴，书工日夜传录。君寒暑疾病，未尝置卷。其藏书至万余卷，然皆以考医方之事。晚好佛学，盖有得焉。”[②] 因为一生博览群书，穷究物理，庞安时的医学思想极为丰富。他既精于伤寒，又熟谙温病，于伤寒造诣最深，对张仲景《伤寒论》多有创见与发挥。宋代大文豪苏轼称赞他：“精于伤寒，妙得长沙遗旨。”苏门四学士之一的张耒赞道：“淮南人谓庞安常能与伤寒说话。”

庞安时一生著述颇丰，最重要的当数《伤寒总病论》六卷（亦有《伤寒卒病论》和九卷之说）。此书撰著时间不详，约刊刻于1100年。据统计，该书录证53类，载方244首，对张仲景《伤寒论》中方证俱无者、有证无方者、方证不全者、妇幼伤寒辨证论治不足者等都做了大量的补充，所论伤寒之理、法、方、药对后世伤寒学及温病学的发展都产生了重要的影响。[③] 庞安时治伤寒主要从病因、病机入手，强调素体正气的决定性作用，但也紧密地结合时令、气候、体质、饮食、情志等因素，辨证施治思想贯穿始终，他借用五行理论来阐释伤寒的传经规律，善用大黄和表里双解剂，对仲景学说做了进一步的阐释，丰富了伤寒病

① 〔元〕脱脱等撰：《宋史·庞安时传》。

② 〔宋〕张耒：《柯山集·庞安常墓志铭》。

③ 叶贤恩：《庞安时传》，湖北科学技术出版社2010年版，第149～150、177～183页。

的治疗方法。[1]《伤寒总病论》还将温热病分为“伏气”和“天行”两大类，提出温病与伤寒应寒温分治，不能全赖伤寒之汗吐下法，提出“温毒说”和“异气说”，主张温毒五大证与四时、五行、经络脏腑联系起来辨证论治，强调疫病预防的重要性，对后世温病学的形成和发展做出了巨大的贡献。[2] 诚然，受时代所限，书中对病因的某些认识现在看来难免显得有些迷信和落后。

《伤寒总病论》自刻印后，流传甚广，影响颇大。《宋史》《直斋书录解题》《文献通考·经籍考》《四库全书总目》《四库全书简明目录》《中国医籍考》《慈云楼藏书志》《经籍访古志补遗》等文献著述中均有记载。该书在日本等国亦有流传。

除《伤寒总病论》外，庞安时还撰有《难经解义》（又作《难经解》《难经辨》）一卷、《主对集》一卷、《本草补遗》一卷、《庞氏家藏秘宝方》五卷、《验方书》一卷等，惜均已亡佚。

庞安时的医学思想还体现在他丰富的临床实践上。庞安时临证诊脉，尤其重视人迎、寸口并用，认为此二脉“阴阳相应，如两引绳。阴阳均，则绳之大小等。故定阴阳于喉手，配复溢于尺寸，寓九候于浮沉，分四温于伤寒……审而用之，顺而治之，则病不逃矣”[3]。庞安时对本草学、内科、妇科、儿科、伤科、精神科及疑难杂症等皆有深入研究，常针药并施，为人治病，十愈八九，为后世留下了很多富有启发意义的医案。

史料记载庞安时为一难产婴儿“隔腹针刺”。桐城一妇人难产，生产七天孩子仍在腹中，医生们都没有好的办法，请庞安时诊治，庞安时

---

① 李隆映：《略论庞安时〈伤寒总病论〉的主要学术成就》，《湖北中医杂志》1983 年第 6 期。

② 毕岩、岳冬辉、张瑞彬：《庞安时〈伤寒总病论〉温病论治探析》，《中医药临床杂志》2014 年第 11 期。

③〔明〕李濂辑，俞慎初审定，俞鼎芬、倪法冲、刘德荣校注：《李濂医史·庞安时传》，厦门大学出版社 1992 年版，第 76 ~ 77 页。

判断婴儿已出胞，系一手误执母肠所致，于是令产妇家人以热水温其腰腹，自己为妇人上下按摩，然后隔腹按摸婴儿手，用针刺其虎口，婴儿被刺痛即缩手而诞下，右手虎口果留有针痕。①

其他医案在《独醒杂志》《名方类证医书大全》等古代文献资料里亦有记载，不一而足。

庞安时名震江淮。元丰五年（1082 年），苏轼左手伤肿，庞安时一针而愈。苏轼对庞安时医术大为叹服，尝曰：“术学精妙，而有贤行，大类蜀人单骧，善疗奇疾。字安常。知古今。删录张仲景已后《伤寒论》，极精审。其疗伤寒，盖万全者也。”② 苏轼还将庞安时推荐给自己一些患病的朋友，如同朝大医家苏颂等。苏轼素爱秘方，却不惜将巢谷密授之圣散子方传于庞安时，后被庞安时载入《伤寒总病论》，成为治疗寒疫之剂。庞安时还治好了张耒多年的顽疾——风痹证，其高超的医技让张耒大为折服，张耒敬他为“医王”。有诗为证：“德公本自隐襄阳，治病翻成客满堂。懒把穷通求日者，试将多病问医王。一丸五色宁无药，两部千金合有方。他日倾河如石鼓，著书犹愿记柴桑。”③

庞安时乐善好施，医德十分高尚，治病从不计于利，甚至为重病患者和远道而来的患者“辟邸舍居之”。“邸舍”即“病坊”，为庞安时首创，是现代医院住院部的雏形。苏轼后任杭州太守，建置了安乐坊，很可能是受到了庞安时病坊的启发。庞安时大医精诚，对寄居病坊的病人，亲自过问饮食和药物，对于不能治愈的病人，则如实相告。而对病人的酬谢，却常予以谢绝。

庞安时一生活人无数，坦然面对自己的生死。史载：“年五十八而疾作，门人请自视脉，笑曰：‘吾察之审矣。且出入息亦脉也，今胃气

---

① 〔宋〕洪迈：《夷坚志·夷坚甲志·庞安常针》。
② 〔宋〕苏轼：《东坡题跋·书庞安时见遗廷珪墨》。
③ 〔宋〕张耒：《柯山集拾遗·赠庞安常先生》。

已绝。死矣。'遂屏却药饵。后数日，与客坐语而卒。"[①] 为纪念其卓越的医学功绩，当地百姓于浠水县城内建药王庙，塑有庞安时与苏轼对语的泥像，庙门上刻有"洞天福地"四字，民国初尚存，后毁于战事。作为与李时珍齐名的荆楚最伟大的医药学家之一，庞安时的医疗事迹和医学贡献在世人中广为传颂，鄂州籍传记作家叶贤恩、武汉籍医家熊传海与浠水籍医家范恒皆曾为庞安时立传。

郭 雍

郭雍（1103—1187），字子和，号白云先生，祖籍河南府西京（今河南洛阳），集平生之力精研易、医、兵法、历学等，著名的哲学家、医学家。

郭雍出身于将门世家。父郭忠孝，世称"兼山先生"。靖康年间，金人犯永兴，郭忠孝坚守直至城陷，以身殉国。祖上尤其是父亲的坎坷命运，使得郭雍对时事淡漠，一生隐居于荆湖北路硖州（今湖北宜昌），放浪于长阳山谷间，现宜昌市长阳土家族自治县还保存有"郭雍洞"。乾道年间，湖北帅张孝祥荐其于朝，旌召不起，宋孝宗稔知其贤，赐号冲晦处士，后又封颐正先生。

父郭忠孝为程颐学生，对《易》《中庸》之学颇有研究，是南宋"兼山学派"的代表性人物。郭雍承袭家学，对易学有很深的造诣。

医者，易也。自古医易不分家。郭雍之仲兄，字子言，幼年多疾喜方，遍访名医，深得仲景之论。[②] 受益于易学和家学，郭雍晚年笃好医学，尤精伤寒，辑补了张仲景的《伤寒论》。

郭雍所撰《仲景伤寒补亡论》，又称《伤寒补亡论》。全书共二十卷（其中卷十六明代已亡佚，实存十九卷）。鉴于当时所见《伤寒论》之残

---

① 〔元〕脱脱等撰：《宋史 · 庞安时传》。

② 〔宋〕郭雍：《仲景伤寒补亡论 · 自序》。

缺，郭雍考证《黄帝内经》《难经》《诸病源候论》《千金要方》《金匮要略》《类证活人书》（又名《南阳活人书》《无求子伤寒百问》）等中医典籍以及庞安时、朱肱、常器之等诸家学说予以辑佚补充，并参合个人见解作为羽翼。书中引用常器之学术思想尤多。日本著名医史学家丹波元胤据此认为郭雍与常器之有交集，且得其指授。①

《仲景伤寒补亡论》最主要的特点有三：第一，该书编次与一般《伤寒论》传本不同，内容也有所扩充。第二，全书仿效《黄帝内经》体例，以问答形式呈现，广采各家学说。第三，对张仲景原论中有论而无方的条文，补以庞安时、常器之两家之说，尤以常器之之言为主，并将作者个人的见解校补于后，方便后学。如卷四的六经统论部分，郭雍所补方剂就高达 37 个，其他如内科杂病、温病、妇人伤寒、小儿伤寒等，补益方剂亦不在少数。

该书最主要的学术贡献有四：第一，折中诸家，使《伤寒论》条文的理解和遣方用药更趋合理。比如卷八的不可发汗四十条这样写道："庞氏曰：动气者，谓心腹中虚气动；若误汗者，先服五苓散一服，次服竹叶汤。朱氏曰：凡脉濡弱，不可发汗；诸动气在心腹上下左右，不可发汗；诸脉动数微弱，不可发汗；皆宜小建中汤。烦躁者，宜竹叶汤。雍曰：诸动气不可发汗者，皆宜茯苓桂枝甘草大枣汤。"很明显，郭雍撷诸家学说之优点，在用药上也更契合临床实际。第二，突出类证，方便临床。该书搜集伤寒病常见证达数十个，每个主证下汇集了不同证型的条文，并详加分析，处以方药。如郭雍首提"才感即发"之温病，并将温病分成三类："医家论温病多误者，盖以温为别一种病。不思冬伤于寒，至春发者，谓之温病。冬不伤寒，而春自感风寒温气而病者，亦谓之温。及春有非节之气，中人为疫者，亦谓之温。三者之温，自不同也。"这使得温病由原来单一的"伏气"概念向一类病证总称迈出了一

① 〔日〕丹波元胤著，郭秀梅、〔日〕冈田研吉整理：《医籍考》，学苑出版社 2007 年版，第 235 页。

大步，有力推动了明清温病学说的形成。① 第三，穷经探微，创立新说。《仲景伤寒补亡论》在精研历代伤寒著作基础上，创造性提出了很多新的观点。如该书首倡新感温病。再如以病机从毒立论。据统计，该书用“毒”字高达324次之多，使用“毒气”一词也有43处。② 第四，该书具有重要的文献价值。《仲景伤寒补亡论》旁引各家学说，特别是对常器之的相关学说做了较详细的记载。再如伤寒名例十问认为“古之传书怠堕者，因于字书多省偏旁，书字或合二字为一”，故卒病乃杂③病之误写，对考证《伤寒杂病论》一书提供了新的视角。

该书在辑佚方面有一定的贡献，但也存在明显的缺陷，如体例混杂，张仲景原文与后世注文相互掺混，未能考证原始出处；其所补内容有时难免一家之说。

据《宋史·艺文志》载，郭雍还著有《冲晦郭氏兵学》七卷。宋代桑世昌在其所辑的《兰亭考》卷八中，认为郭雍著有短文《褚兰》。朱熹在郭雍《仲景伤寒补亡论》的后跋记载，郭雍还有“历书、丛书”等著作。

---

① 符友丰:《郭雍外感温热思想浅深》,《陕西中医》1986年第12期。

② 李董男:《郭雍疫病学术思想浅析》,《中国中医基础医学杂志》2011年第6期。

③ “杂”古代的一种写法为“雜”。

元　代

邹天贵

邹天贵，生卒年不详，字羲天，新喻州（今江西新余）人，后避乱寓居武昌（今湖北鄂州），精于针灸，名噪一时，淡泊名利。

《武昌县志》载："邹天贵，字羲天，其先江西新喻人。元季奉父俊轩避乱于金牛镇，遂家焉。天贵博通经史，世以医名，力排河间丹溪之弊，尤精子午流注针法，活人无算。江南北就医者，衣履常满一时。医士戴志高、李子善，后先与论素灵诸书，皆有所发明，获其旨趣以去。长沙毛西野、苏州陈绍先、荆南会彦嘉辈尤深知其性情学术，各为文以纪之。京师来聘者踵相接，皆不赴。颜其堂曰：'存心'。有诗一帙，新喻进士傅玉润为序行之。"①

---

① 〔清〕钟桐山修，柯逢时纂：《中国地方志集成·湖北府县志辑》第33辑《光绪武昌县志》卷二六《方技·三》，江苏古籍出版社2001年版，第720页。

明　代

万密斋

万密斋（1499—1582）（一说1478—1588）①，名全，字全仁，号密斋，常以号行世，黄州府罗田（今湖北罗田）人，著名医学家，兼通内科、外科、妇科、儿科、痘诊、养生、伤寒等，尤精于妇科、儿科。万密斋名噪于时，后被康熙嘉封为“医圣”。

万密斋出身于世医之家，祖父、父亲均为儿科医生。祖父万杏坡，豫章（今江西南昌）人，为万氏家传儿科第一世，早卒。父亲万筐，号菊轩，成化庚子年（1480年）因兵荒而迁居罗田。数年后，万菊轩医名大噪，为万氏家传儿科第二世。至万密斋，更以儿科驰名，为三世。家庭环境对万密斋产生了深远的影响。万密斋天资聪颖，自幼习儒。父母对万密斋期望颇高，希望他通过科举考试出人头地。万密斋边修习举子业，边继承家学，攻岐黄之术。他常代父出诊，或为学中师友治病，渐有医名。曾参加过几次乡试，可惜未中。30岁时父亲去世，万密斋遂最终决定弃举从医。万密斋家学渊源，博及各家学说，深厚的儒学功底为其日后的医学成就奠定了坚实的基础。

万密斋治医，勤求古训，博采众方，既取诸家之长，又勇于实践创新。除继承家学外，更以《黄帝内经》《难经》为本，精研《脉经》

---

① 李今庸：《湖北中医学史稿》，湖北科学技术出版社2016年版，第84页；南东求、方汉文、程五金：《万密斋传略》，《黄冈职业技术学院学报》2002年第2期。

《神农本草经》，博采张仲景、刘完素、李东垣、朱丹溪诸家之说，兼通内、妇、儿科及养生之学。临床上，万密斋精于辨证论治，强调“医要识证，药要对证”“凡为医者要识脉证，审其病证知其病之所在，诊其脉知其病之虚实”，如此才能“吐下之差、补泻之适，则十全之功自可得也”。他的行医足迹遍及罗田、蕲水、英山、麻城、黄冈，远至武昌、郧阳等地，活人甚众。

万密斋的医学思想宏博精深，从儿科、妇科、伤寒、温病、养生领域可窥一斑。

（一）在儿科方面，万密斋的学术思想恢宏精进

一是独创“三有余、四不足”论。即“肝常有余，心常有余，阳常有余，脾常不足，肺常不足，肾常虚，阴常不足”。所谓的有余、不足并非指一般虚实，更非“邪气盛而实，精气夺则虚”的病理状态，而是以小儿生理特点立论，进一步论证小儿病理特征。

二是首重望诊，四诊合参。万密斋在诊治小儿疾病时对望诊极为重视，同时也注意四诊合参。

三是谨守病机，注重脾胃。万密斋在探讨小儿常见病、多发病的病因病理上，提出不少新的见解。如认为急惊风与慢惊风都是症状，必须审症求因。在治疗上非常注重脾胃，选方用药精练轻灵。小儿由于形气未充，脾常不足，加之饮食不能自节，寒温不能自调，故脾胃最易受伤。万密斋把“节饮食，慎医药”列为小儿保健防病的首要原则。

四是预防为先，保育为要。万密斋十分重视小儿的胎养，在《育婴秘诀》卷首详细论述了有关胎养及保育的原则和方法。万密斋强调胎养之道重点在于保孕期母体健康。他还重视精神调摄，强调早期教育的重要性。这种重视小儿身心健康的观点在今天仍有很强的指导意义。

五是治学严谨，遵法不泥。万密斋一生求实而不慕虚荣，无论是前贤之论，还是祖传之法，他都要反复临证实践，从不轻易盲从。万密斋的医论多继承前人经验，上遵《黄帝内经》《难经》《伤寒杂病论》，旁汲朱丹溪、李东垣各派，尤崇钱乙学术观点，但不迷信，而是以务实求是的态度待之。

（二）在妇科方面，万密斋的学术贡献尤为突出

一是调经注重情志、体质与痰湿，主以理气血，补心脾。万密斋认为，妇人疾病多与情志有关，医者处方用药时必须考虑在内。根据患者的体质胖瘦施治是万密斋的又一特点。此外，万密斋认为素体痰涎壅盛会导致月经不调。在治疗上，尤重于理气血，补心脾。理气血多用四物汤与二陈汤，补心脾多用六君子汤与人参知母麦冬汤。

二是妊娠强调择时、优生与养胎，主以清热益脾胃。他认为，人们应清心寡欲，注重保养。婚后的性生活是否节制、适时，不仅关系到能否孕育，也关系到能否优生。万密斋把胎养内容归纳为六大方面，即戒房事，节饮食，调七情，适起居，慎医药，重禁忌。

三是产后分辨虚实、败血与聚散，主以行滞补气血。万密斋认为，虚证多由产时失血过多，冲任受损，气血亏虚，脏腑衰弱而致；实证多由产时败血未能及时顺利排出体外，流散脏腑经络而成。

（三）在伤寒方面，万密斋对前人的思想多有发挥

一是深入阐述六经形证。宋代朱肱倡言六经即足三阴三阳经脉。万密斋吸取了朱肱六经经络学说精华，而又否定其伤寒传足不传手之说，认为脏腑和经络为一有机整体，六经形证当以脏腑经络参合而论。刘完素的六经气化说，将经络、气化参合而论，复证以三阳关系，别有旨趣。

二是系统诠释六经传变。万密斋认为，治法应随脉证而定，不可拘于传经日数，颇具辨证思想。

（四）在温病方面，万密斋对前人的思想多有继承和发展

一是论温病病因，着眼于火与湿。万密斋不仅认识到温病具有强烈传染性，而且对戾气的性质用六淫进行归纳，指出了温病的发生多为感受火、湿之邪，抓住了温病发病的主要原因，为后世温病学家从火热、湿热等方面论治提供了重要依据。

二是论温病传入途径和传变规律。万密斋在指出温病经口鼻传入的同时，还阐述了上受之邪，先犯肺卫，次犯心血的传变规律及病位。这与后来清代叶天士“温邪上受，首先犯肺，逆传心包”的“十二字纲领”异曲同工。

三是叙小儿疮疹，属伏邪温病。万密斋认为温病既有新感，也有伏邪，并较早提出小儿疮疹属伏邪温病之说，并主张用代天宣化丸等药预防，对小儿疮疹的防治具有重要意义。

四是言戾气可以防备。万密斋明确指出天地所生之戾气，当用天地所生之物防备。并根据戾气的不同种类，给予相应的药物。

从万密斋治疗温病所用方药及随症加减情况看，现在治疗温病的大多数治法，如解表、清气、和解、祛湿、通下、清营、凉血、开窍、滋阴等，皆已被他应用到温病不同阶段的治疗中。万密斋对温病病因、传染途径、传变规律及防治等做了系统论述，为温病学的形成和发展，提供了重要的理论依据。

（五）万密斋的养生思想深邃而先进

一是节食寡欲，固护脾肾。万密斋在《养生四要》一书中，列寡欲为养生学的第一要义。他在该篇说，“饮食男女，人之大欲存焉，口腹之养，躯命所关”，认为食欲和情欲是人类赖以繁衍生命、维持生理功能活动正常进行的两大需要与本能。

二是动静适度，养心益肝。万密斋认为养生在倚乎“动”的同时，必须重视“和”的作用。他所说的“和”，指的是无使过激的慎动。至于治动之法，他列举了打坐、五行相胜等多种方法。在治疗侧重点上，又以心肝为先。万密斋根据不同脏器特性与不同形体部分的特点，提出了不同的保养措施。如“目宜常瞑，瞑则不昏”“齿宜数叩，叩则不龋”“腹欲常摩，摩则谷不盈”。

三是法时应天，调摄阴阳。万密斋认为“阴阳和则气平，乖则生病”。针对五脏的属性喜恶，他提出了“春食麦与羊，夏食菽与鸡，秋食麻与犬，冬食黍与彘”的具体食疗措施，根据不同的季节进行相应的调理。

四是防病却疾，要在中宜。所谓中宜，指的是临证用药遣方，既要药能对证，随症化裁，又要在中病之后，把握机要，适可而止，以避免邪去正虚，变乱又起。“与其病后才服药，弗如药前能自防”“不治已病治未病”是万密斋“却疾篇”的立论宗旨。他认为治病施方，应不妄投峻剂。

综上可见，万密斋学术思想源清流洁，本盛末荣，涉及儿、妇、内科及优生、优育、延龄、广嗣、养生、保健，堪称博大精深。因其发皇古义，务实求是，颇多创见，故对明清临证医学具有深刻的影响；同时因其以人为本，施治灵活，实用性强，故对当代中医药理论研究与临床工作也具有重要的参考价值。

万密斋广纳前人经验，继承家学，著书立说，撰有《保命歌括》三十五卷、《伤寒摘锦》两卷、《养生四要》五卷、《万氏女科》三卷、《幼科发挥》两卷、《育婴秘诀》四卷、《痘疹心法》二十三卷、《片玉新书》五卷、《片玉痘疹》十三卷、《广嗣纪要》十六卷、合为《万密斋医书十种》，七十余万字。此外，有手抄本十余种，包括《万氏外科心法》十二卷、《点点经》四卷、《痘疹歌括》五卷和《幼科指南》两卷等。万密斋的医著说理深入浅出，明白易懂，便于学习和记忆。同时，在继承传统的基础上，还有许多精辟独到的见解，为后世所推崇。

万密斋是与李时珍齐名的医学大家，明代有“万密斋的方，李时珍的药”之说，也就是说万密斋因医而闻名，李时珍因药而著称。时人称为“神医”。康熙追封其为“医圣”。康熙四十七年（1708 年），罗田知县沈廷桢亲自为其重树墓碑并题写碑文，碑文中有“国朝加封医圣”字样，字迹至今清晰可见。据整理研究，国内外许多医家都给予万密斋很高的评价。[①] 王肯堂、张景岳、武之望、沈金鳌分别在《证治准绳》《景

---

① 熊传海主编：《鄂东四大名医》，中医古籍出版社 1998 年版，第 246 ~ 247 页。

岳全书》《济阴纲目》《沈氏尊生书》中，以不同篇幅摘引了万密斋的观点及有关治则。清代医家陈复正在其撰写的《幼幼集成》一书中，引用万密斋的麻痘专论占三分之一。另外，日本的汤本求真、丹波元坚以及朝鲜的许浚分别在《皇汉医学》《杂病广要》《东医宝鉴》中大量引用了万密斋医书的内容。足见万密斋医学贡献之大，其学术思想对后世影响深远。①

李时珍

李时珍（1518—1593），字东璧，号濒湖山人，世称李濒湖，黄州府蕲州（今湖北蕲春）人，著名医药学家、博物学家，被后世誉为“医药双圣”。

李时珍出身于蕲州的一个世医之家。蕲州是人杰地灵之地，诞生了康茂才、顾问、顾景星、黄侃等诸多名人。李时珍家与顾问家世代交好。顾问亦蕲州人也，嘉靖十七年（1538 年）进士，其弟顾阙同为进士，兄弟二人均为当时著名的理学家，并称“二顾”。顾家殷实，拥有丰富的藏书，李时珍常出没于顾家，这为他学习先进知识和查阅各种资料提供了极大的方便。更重要的是，蕲州是著名的医药之乡，历史上名医辈出，以蕲艾为代表的中药材更是享誉中外。李时珍的成才之路无疑受到这样的社会环境影响。但李时珍之所以成为千古名医，更与其家庭环境有着直接关系。李时珍的祖父李晓山为当地一位铃医，有一些关于他的传说，但无文字可考。到了其父李言闻一代，家世逐渐显赫，医名日盛。李言闻，字子郁，号月池，为当时蕲州地区名医，医术精湛，医德也颇为高尚。顾景星在写《李时珍传》时言：“父言闻，孝友，以医为业，王侯

① 傅沛藩、姚昌绶、王晓萍主编：《万密斋医学全书》，中国中医药出版社 2015 年版，第 845～861 页。

重之。”① 而且，李言闻非常重视将自己的医学思想进行整理和总结，著有《四诊发明》《痘疹证治》《四言举要》《蕲艾传》《人参传》等。

受当时社会环境的影响，李时珍和他的家人都想通过科举之路光耀门楣。明嘉靖十年（1531 年），李时珍考中秀才。然而命运终归不济，他于嘉靖十三年（1534 年）、嘉靖十六年（1537 年）、嘉靖十九年（1540 年）三次赴武昌参加乡试，皆名落孙山。这对他的打击很大，最终他决心弃儒学医，专心于医学事业。当然，李时珍的从医之路和他的身体状况也不无关系。他从小羸弱多病，“幼多羸疾，质成钝椎”，比一般人更懂得健康的可贵。嘉靖二十年（1541 年），李时珍决心抛弃一切杂念，潜心于医药研究。

嘉靖三十年（1551 年），李时珍因治好了富顺王朱厚焜儿子的病而医名大显，被武昌的楚王聘为王府的奉祠正，兼管良医所事务。后来，李时珍被推荐到太医院工作，授“太医院判”职务。由于多种原因，李时珍任职不到一年，便辞职归乡。在太医院期间，李时珍接触到丰富的医药文献资料，他发奋苦读“上自坟典，下及传奇”的各类书籍，在看到历代本草“第其中舛谬差讹遗漏不可枚数”之后，他树立了重修本草的伟大志向。在回乡行医的同时，李时珍开始搜集查阅大量的文献资料，并利用一切机会考察求证药物，开始准备纂辑《本草纲目》。

经过 27 年坚持不懈的努力，三易其稿，李时珍终于在万历六年（1578 年）完成了《本草纲目》的初稿，时年 61 岁。后又经过 10 余年的修改完善，终于完成《本草纲目》一书的全部编纂工作。这期间，为了精确考证某些药物的形状、性味、功效等信息，李时珍“渔猎群书，搜罗百氏”，远涉湖南、江西、安徽、江苏等地，采集药物标本，亲验药物疗效，拜渔人、樵夫、农民、车夫、药工、捕蛇者等为师，真正做到了勤求古训、博采众方、知行合一、求实创新。万历二十一年（1593 年），在《本草纲目》刊刻流行之前，李时珍因长年累月的超负荷工作，

---

① 〔清〕顾景星：《白茅堂集》卷三八《李时珍传》，康熙四十三年刻本。

积劳成疾，不幸与世长辞。

除《本草纲目》外，李时珍还著有《奇经八脉考》《濒湖脉学》《五脏图论》《三焦客难》《濒湖医案》《濒湖集简方》等医书。李时珍对中医药学的巨大贡献可从以下几个方面窥得一斑。

一是药物学贡献。该书以唐慎微《经史证类备急本草》为蓝本，借用朱熹《通鉴纲目》之名，集历代本草学之大成，集中体现了李时珍的药物学思想。全书共52卷190余万字，分为16部60类，其中载药1892种，收方11096个，附录插图1109幅，引用文献上自战国、下迄明万历年间，无疑是一个巨大的文献宝库。正如同时代的大文豪王世贞所言："凡子史经传，声韵农圃，医卜星相，乐府诸家，稍有得处，辄著有数言""上自坟典，下及传奇，凡有相关，靡不备采""如入金谷之园，种色夺目；如登龙君之宫，宝藏悉陈"。书中不仅记载了16世纪以前的中国药物资源，还记载了一些从海外，如波斯、印度及地中海等地区传入的天然药物及其相关知识。

《本草纲目》所载药物"每药标正名为纲，附释名为目""次以集解、辨疑、正误，详其土产形状也""次以气味、主治、附方，著其体用"。从药物的历史、形态到功能、方剂等，叙述甚详，极大丰富了本草学的知识。该书最大贡献在于采用了"析族区类，振纲分目"的科学分类①，将药物根据自然属性进行分类，从无机界之水、火、土、金石，到植物界之草、谷、菜、果、木、服器（指植物制品），再到动物界之虫、鳞、介、禽、兽、人，共16部。这种从低级到高级的自然分类法是当时世界上最先进的分类方法，打破了自《神农本草经》以来沿袭了一千多年的上、中、下三品分类法，比西方植物学家林奈的自然分类法足足早了近200年，对后世科学研究产生了深远的影响。

二是医学贡献。李时珍不仅深谙药物学，同时也是一位杰出的中医临床家，对医学的发展做出了诸多贡献。《本草纲目》不仅是一本药物

---

① 郑建明：《李时珍》，南京大学出版社2010年版，第86页。

学著作，也蕴含了极为丰富的中医学思想。《本草纲目》开辟了专门章节，论述医药之间的关系，而李时珍的医学思想不经意地流露在字里行间。其一，首倡“脑为元神之府”之说。李时珍在《本草纲目·卷十二木部·辛夷》明确提出：“脑为元神之府，鼻为命门之窍。”这一思想无疑是对《黄帝内经》“脑为髓海”“心主神明”等学术观点的继承和发展，是医学理论的重大突破。现代科学亦证明“脑为元神之府”是完全正确的。其二，开创“肾间命门说”。《本草纲目·卷三十果部·胡桃》指出：“命门者，三焦之本原。”命门“在七节之旁，两肾之间。”这是对《黄帝内经》《难经》等医学典籍中“命门学说”的继承和发展，是中医命门学说的一个重大转折点，即由左肾右命门之说过渡到两肾之间的命门说；也是中医基本理论一次重大突破，使一般的命门理论衍变成完整的肾间命门学说，从而开辟了“补脾不如补肾，补肾不如补命门”的新见。[①] 其三，丰富了瘟疫疾病的中医药防治思想。在《本草纲目》中，李时珍将“瘟疫”的范围拓宽至26种之多，全书“辟禳瘟疫”药物涉及16部中的12部，共81种药物。[②] 其中，《本草纲目·卷三主治药上·瘟疫》专列瘟疫防治篇，分辟禳、瘴疠两类，载录古今防瘟疫措施83种之多，其中空气消毒、蒸煮消毒法为首创。[③] 此外，《本草纲目》还丰富了“脾土为本”的理论，补充和匡正了“十剂”思想，贡献了大量颇有价值的医案和临床诊疗经验，对今天的临床仍有重要的指导意义。

《本草纲目》的科学贡献不止于本草学和医学，它几乎涉及古代科学的各个领域，如植物学、动物学、矿物学、地质学、化学、物理学，乃至文学、气象学和物候学等[④]，因此某种意义上它也是一本博物学巨著。著名生物学家达尔文称它是“中国古代的百科全书”。英国著名科

① 钱远铭主编：《李时珍研究》，广东科技出版社1984年版，第156～157页。

② 王益杰、王剑：《试论〈本草纲目〉“瘟疫”防治思想和现代临床价值》，《时珍国医国药》2020年第7期。

③ 宋翠琏：《李时珍对瘟疫防治的贡献》，《湖北中医杂志》1984年第2期。

④ 李今庸：《湖北中医学史稿》，湖北科学技术出版社2016年版，第79页。

学史家李约瑟在《中国科学技术史》第一卷中，对李时珍及其《本草纲目》做了这样的评价：“毫无疑问，明代最伟大的科学成就，是李时珍那部在本草书中登峰造极的著作《本草纲目》。李时珍作为科学家，达到了同伽利略、维萨里的科学活动隔绝的任何人所不能达到的最高水平。”《本草纲目》自问世之后，多次重刻再版。万历三十二年（1604年）以前，《本草纲目》即已传入日本，并在日本多次翻刻及注释，对日本药物学产生了巨大影响。①《本草纲目》在韩国和越南等地也颇受欢迎。18世纪以来，它被相继翻译成日语、韩语、法语、英语、德语、俄语、意大利语、拉丁语等多种文字，广泛流传于世界，创造了中外文明交流史上的奇迹。2011年5月，金陵本《本草纲目》与《黄帝内经》一起入选联合国世界记忆遗产名录，足见其世界影响力。

李时珍的医学思想还体现在其对脉学的整理和发挥上，集中反映于《濒湖脉学》《奇经八脉考》中。

嘉靖四十三年（1564年），李时珍著成《濒湖脉学》。这是一部公认的由博返约、简明切用、易读易记的脉学专著，为后世医家所推崇。②

隆庆六年（1572年），李时珍著成《奇经八脉考》。他不仅对八脉分布路线进行了系统的整理，还阐述了奇经为病的基本病理变化，提出了“因病药之”的奇经治则，确立了奇经病证辨证施治的初步规范等，对中医经络学说和养生学等发展具有重要的贡献。③

历史上，李时珍一直是学术研究中的显学。关于李时珍的学术思想研究，较有影响的有钱超尘的《李时珍研究集成》、王剑的《李时珍医药学全集》（上下册）、柳长华的《李时珍医学全书》等。关于李时珍传记，历史上有《明史·李时珍传》、顾景星的《白茅堂集·李时珍传》

① 真柳诚著，郭秀梅译：《〈本草纲目〉最初传入日本的记录及金陵本的所在》，引自中国中医药学会李时珍学术研究会编《纪念李时珍诞辰480周年学术论文集》，中医古籍出版社1998年版，第21～26页。

② 赵宏恩：《李时珍对脉学的贡献》，《中医杂志》1983年第9期。

③ 喻自成：《略论〈奇经八脉考〉的学术贡献》，《中医杂志》1985年第4期。

等。近代以来，更是涌现了一大批传记作品，其中较有影响者如唐明邦的《李时珍评传》、王剑编著的《李时珍大传》、王玉德等著的《医中鸿儒，本草巨擘：李时珍传》等；英语版传记有 Chang Hui - chien（张慧剑）的 *Li Shih - chen：Great Pharmacologist of Ancient China*（University Press of the Pacific Honolul，2005 年版）和毛和荣等翻译的 *A 500 - year Chronicle of Great Events of Li Shizhen and the Compendium of Materia Medica*（人民卫生出版社，2021 年版）。

鉴于其卓越的医药学贡献，在 1951 年世界和平理事会维也纳会议上，李时珍作为世界唯一的医药学家被列入了世界文化名人的首批名单之中。1953 年，莫斯科大学为李时珍塑像，将他视作世界上最有名的科学家之一。郭沫若于 1956 年 2 月为李时珍墓题词："医中之圣，集中国药学之大成。《本草纲目》乃一八九二种药物说明，广罗博采，曾费三十年之殚精。造福生民，使多少人延年活命。伟哉夫子，将随民族生命永生。"伟大的李时珍精神永垂不朽！

梁学孟

梁学孟，生卒年不详，字仁甫，别号玄诣山人，生活在嘉靖至万历年间，承天府景陵（今湖北天门）人。

据其《自序小引》可知，梁学孟年轻时因患火病而辍举子业，遂习医，探究痰火证治，遍访名医，切磋医技，医术渐彰。因感"诸方书悉备，独痰火一门缺然"，乃集"二十余年所揣摩经验者，汇成一帖，名曰《痰火颛门》"，比另一本痰火专著《红炉点雪》早问世二十余年。该书主张痰火为病，不拘一经，弗泥一脏，崇尚调摄脾胃、安神扶正，冶李东垣、朱丹溪之学于一炉，另辟痰火病治蹊径，卓然自成一家。

该书共四卷。卷一总论痰火宜忌、调摄要点、病因病机、脉理运气、药性证治等。宗《黄帝内经》大旨，撷取李东垣、朱丹溪诸家精要，深入剖析痰火成因，着意发挥十二经疾火病状，反复申明"淡味养阴"之理，详细列举调理脾胃诸法，强调痰火病治，应以理脾为关键。卷二、卷三为各论，分述诸气、失血、咳嗽、发热骨蒸、传尸、自汗盗汗、惊悸怔忡、梦遗、赤白浊、五淋、咽喉痛、泄泻等病证治，博采众方，参合已验，错综会通，推陈出新，以期倡明痰火病脉证治。卷四辑录梁学孟医论，致力于阐发脉诀、岁时气运、亢害承制、病机十九条、六经传变、五脏虚实补泻、病治逆从反佐、杂症用药节略等有关医理，并附历代名医治验，以备学者揣摩。

考《痰火颛门》一书，梁学孟的医学思想可窥一斑。[①]

（一）痰证变幻多端，理脾顺气为要

梁学孟认为痰属湿，乃津液所化，是津液败浊的产物，痰之为物，无处不到。因此，他十分重视痰的辨证与治疗。关于痰的辨证，梁学孟根据自己的临床心得，发现了痰游溢各经、为病不一、千状万态、不可枚举的病证特点。如谓痰“或夺于脾之大络之气，则倏然仆地，而为痰厥；升入肺，则喘急咳嗽；溢于心，则怔忡忧惚；走于肝，则眩晕，麻木不仁，胁肋胀痛；渗于肾，不咯而多痰唾；留于胃脘，则恶心呕泻而作寒热；注于胸，则咽膈不利，眉棱骨痛；入于肠，辘辘有声；散于胸背，则时作一点疼痛，或寒如冰，或背痹一边。散则有声，聚则不利”等。梁学孟从脉色上指明了痰病证候的共同特点。如“凡杂证类乎外感内伤，不能辨状，胸膈不利，饮食减常，肤色如故，其脉沉弦细滑，大小不匀，当用行痰气之药”“凡有痰者，眼皮及目下必有烟灰色，举目便知”。因梁学孟之言，颇符合临床实际，因此很快受到医家重视，和他同时期的明代医学名家龚廷贤著的《寿世保元》，即节取之。

治痰重视理脾、顺气，是梁学孟治疗痰病的主要思想。他认为痰之动，湿也，主于脾，故脾胃为痰之总司；周流一身以为生者，气也，善导痰者，必先顺气。因此，治痰常用朱丹溪法，以二陈汤为主，并针对

---

① 陈仁庆：《略论梁学孟对痰火学说的发挥》，《湖北中医杂志》1990 年第 5 期。

痰病病因的风、寒、热、食、郁、虚等予以加减。

（二）发挥火之含义，补虚泻实护中

火有生理与病理、外火和内火之分，又有君火、相火及脏腑之火之别。梁学孟认为“十二经之病，火居大半”，因此致力于火的研究。在朱丹溪“相火论”、李东垣“阴火论”等学术思想的启迪下，他对内火颇多发挥：其一，补充了朱丹溪相火发源于肝肾，是人身之动气，相火妄动为贼邪的论点，强调了君相二火之间的关系。他改称君火为“天火”，相火为“人火”（朱丹溪称君火为“人火”，相火为“天火”），认为“肝肾之阴，悉具相火，是人而通乎天者”，如“人心听命，彼五火将寂然不动，而相火惟有裨补造化，以为生生不息之运用”，若上焦天君失职，心火蔓延，相火猖獗，二火相煽，则出于脏腑，而为贼邪。其二，较详尽地阐明了火与气血的关系。他认为“人之正气，与血相配，血行脉中，气行脉外；灌溉百骸，循环无端，此为生生不息之妙用也，人惟诸所动乱劳伤，乃为阳火之化，神狂气乱，五志厥阳之火起焉”，并提出了“诸气皆属火”“诸血俱作热”的论点，从而完善了脏腑阴阳气血失调导致内火病变的机制，并为临床诊治另辟蹊径。对于内火病变的辨证与治疗，梁学孟除指出脏腑火病各异，治宜对症酌方，选药如黄连泻心火、黄芩泻肺火、石膏泻胃火、柴胡泻肝火、知母泻肾火外，还十分重视内火的虚实辨治。此外，值得一提的是，梁学孟治疗内火之证，反对纯用苦寒泻火之剂，提倡用甘草缓其力，他认为，“脾胃者土也，乃人身之所以为本者也，今火病而泻其土，火固未尝除，而土已病矣！”故他强调，“治火病，以理脾为主，此真诀也。”这不仅体现了梁学孟时时注意顾护脾胃的思想，也是他治疗火病的心得所在。

（三）痰火主论痨瘵，调治颇有心法

关于痰火之名义，梁学孟之前，殊少论及。他说：“相火寄于肝肾之内，附于肺脾之间，虚无定位，触经而发……主于脾，谓之痰火。”首先对痰火进行了说明，但细析所论，则重在论述痨瘵一病。其后明代

龚居中《红炉点雪》曰："夫痨者劳也，以共劳伤精气血液，遂致阳盛阴亏，火炎痰聚，因其有痰有火，病名酷厉可畏者，故今人讳之曰痰火也。"可见梁学孟的学术思想对龚居中产生了较大的影响。

痰火的成因，梁学孟认为是多方面的，如人饮食有节，起居有常，不为七情所伤，不为色欲所迷，则津循其轨，火调于适，则不患病。反之，将息失宜，调摄无术，则发病。而其中又以二十以内少年之士、茂年苦读之人及淫欲无度者多见。梁学孟认为痰火与阴虚火旺、五脏相互影响、瘵虫传染有关，但就病位重点来说，则认为在肺肾二脏，故强调，肺肾亏虚，下无根本，阳气轻浮，必有盗汗、发热、咳嗽之病。于痨瘵病机，可谓具体而微。梁学孟认为"失血、咳嗽二症，乃痰火之吃紧处"。因此，对于痨瘵，他十分重视失血、咳嗽的辨治。除详列辨证、广选良方外，还阐发了他的治疗心得。如痰火初作，不可用参芪，肺热用沙参代之；退子午热用黄芩、秦艽，退骨蒸热用地骨皮、知母、黄柏，忌用柴胡；痰甚用南星、半夏，宜用天门冬、天花粉、贝母；久咳方可用五味子收敛，但莫若天门冬、百部、百合更稳等。

在痰火的调理方面，梁学孟也有丰富的经验，他根据自己的心得体会，提出了"十宜""十忌"的观点，即脉宜洪实，气宜壮胜，宜善饭，情性宜缓，宜静坐养神，宜缄默自持，宜起居有常，宜饮食有节，宜调理无间，宜药饵和平，以及忌房劳好色，忌嗜酒，忌暴怒，忌大喜大悲，忌多言，忌妄动，忌妄想，忌煎炒、生冷物，忌辛辣热物，忌油腻、夜飧过饱等。在此基础上，重点阐发了"淡味养阴""安养心神"之理。他认为淡具有自然中和之味，有养阴补胃之功；心生凝滞，七情不安，易致阴火炽盛。这不仅对痨瘵调理多有发挥，且于临床有指导意义。

除痰火病的辨治外，梁学孟对中医的运气学说、药物学理论等都有发挥，他的医学思想值得进一步深入挖掘和总结。

周于蕃

周于蕃，生卒年不详，字载播，号岳夫（一作岳甫），武昌府蒲圻（今湖北赤壁）人，尤善小儿推拿按摩术。

历史上关于周于蕃的记述不多。周于蕃自云二十七岁始得子，体弱多病，遇善小儿推拿术的道士，治疗后多有疗效，遂留心此术，并四处求师，随手记录心得，遂成一册。

《小儿推拿秘诀》全名为《秘传男女小儿科推拿秘诀》，又名《推拿仙方》，首次刊行于明代万历年间。未分卷，无目录，但内容齐全，图文并茂。内容主要包括看小儿无患歌、看小儿被惊法歌、看五脏六腑定诀歌、看面定诀、看指定诀歌、看色断生死诀、看症候断诀、变蒸说、四症八候说、拿说、汗吐下说、风气命三关说、男女左右说、分阴阳推三关退六腑说、节饮食说、字法解、手上推拿法等。该书除了讨论小儿推拿按摩手法外，还涉及小儿生理及病理特点、诊断方法、治疗和病后调理等多个方面，尤其对小儿推拿按摩手法进行了详尽的叙述。

该书主要的学术思想与学术价值如下：一是确立了手臂等推拿部位与脏腑的联系，以及脏腑病推治“本经”的原则。明代以前著作涉及小儿推拿的内容很少，常与膏摩并见。单纯论述推拿治病的方法更少见，也未确定手臂等推拿部位与脏腑的关系。该书从推拿实践中总结了推拿部位与脏腑的对应关系，确定了脏腑疾病推治“本经”的原则。在此原则下，灵活运用中医藏象学说中有关脏腑相互关系的理论，如“见肝之病，知肝传脾，当先实脾”“肝经有病眼多闭，推动脾土病即退”，在治疗肝病时推拿脾土等，为将辨证论治运用于小儿推拿的治疗打下了理论基础。二是确立了手法的分类、适应证以及推拿施术先后次序。古无“推拿”之说，明代以前称为“按跷”“跷摩”等，明代杨继洲在《针灸大成》中仍称“按摩”。而该书首次将按摩的手法解析为“推法”与“拿法”。书中对推法与拿法有较为明确的界定。疾病的基本病机是阴阳失调，推拿要调平阴阳。具体分阴阳时以阳边为多或阴边为多，视疾病的性质而定。一般情况下，阳证则多分阴边，阴证则多分阳边。在此基础上，再进行“分经取治”。三是总结了小儿推拿取穴的特点及操作方法。该书将小儿推拿穴位分为两种：一种与针灸的穴位相同，如十四经穴、经外奇穴等；另一种为小儿推拿疗法的特有穴位——线状穴和面状穴。线状穴有手臂的三关穴、六腑穴、天河水穴等，头面的天门穴、坎宫穴和腰背的脊柱穴、七节骨穴。面状穴有手五指的心肝脾肺肾经穴、板门穴、内八卦穴、腹穴等。小儿推拿手法有推、揉、按、摩、掐、捏、运等七种。四是提出了推拿应掌握渐进适应的原则。推拿沉疴久疾，需要时间长，应让患儿有一个适应的过程。该原则的提出，对后世小儿推拿的操作及消除推拿可能带来的负面效应有着重要的意义。五是提出推拿的其他作用及与时辰的关系，发现了部分特定穴位及其治疗作用。有些特定穴位首见于该书，如耳后、肚角、合骨、鱼肚等。

《小儿推拿秘诀》是周于蕃根据原有的小儿推拿书籍加以编撰而成的，可能成书较《小儿推拿全书》早①，其中部分内容与《保婴神术》相同，很可能是周于蕃“陆续参订，有得即录之”的结果。该书首次对明代流行于民间的推拿手法进行了整理和总结，为早期小儿推拿著作之一。小儿推拿手法后来得以发扬光大，周于蕃做出了不可磨灭的贡献。②后世的小儿推拿著作中许多内容均摘自于该书，如《秘传推拿秘诀》《厘正按摩要术》等。

李盛春

李盛春，生卒年不详，字太和，号日新，荆州府江陵（今湖北江

① 金宏柱、查炜：《明代小儿推拿专著举要》，《南京中医药大学学报（社会科学版）》2000 年第 4 期。

② 汪珊、刘培：《〈小儿推拿秘诀〉对中医推拿学的贡献》，《实用中医药杂志》2010 年第 2 期。

陵）人。

李盛春出身于医学之家，初攻举子业，后在其父指导下，于闲暇整理其父传述，并博览医书。

《医学研悦》全书并非李盛春一人之作，乃天启年间一部集体作品。故各子书卷前责任者署名不同，但其末均署有“江陵日新父李盛春汇集，新都肩吾父戴任阅梓”。[①]《医学研悦》包括《伤暑全书》《脉理原始》《胤嗣全书》《病机要旨》《治伤寒全书》《治杂症验方》六种，共十卷。该书阐述医理很少引证典籍，多以临床实践说明道理。由于李盛春治疗经验丰富，故该书少载方书中常见之方。所收方剂，皆为自拟。

遵从以下编写原则：命意铸词，本之古人；凡先君所目击其弊而欲售之人者不载；方书已有者不录；不贵博而贵约，不贵泛而贵精；简便易从。阐理尽量避免与古书重复，叙述经验则不厌其烦。如《伤寒全书》论述伤寒证时，先论伤寒得病之原，次述三阳证与三阴证的主要脉症，后括之以歌。简明扼要，切合实际。

简而言之，《医学研悦》有较深的理论阐发，说理契合实际，以《黄帝内经》《难经》为依据，多有发挥；论治多自拟验方，创造新方，并对药物制法、服法、禁忌等做了详细的阐述，具有较高的临床价值。[②]

刘若金

刘若金（1585—1665），字用汝，号云密，晚号蠡园逸叟，后人常称云密先生，承天府潜江（今湖北潜江）人。

刘若金出身于官宦世家。据《康熙潜江县志》载，刘若金是天启元

① 郑娟娟、赵毅：《〈医学研悦·小儿推拿〉考略》，《中医文献杂志》2021 年第 1 期。

② 张殿民：《海内珍本医书——〈医学研悦〉评析》，《湖北中医杂志》1986 年第 1 期。

年（1621 年）举人，天启五年（1625 年）进士，为官期间知人善任，勤于政事，不辞劳苦，以解民忧，深得民望。后为纪念其功德，特将刘若金所开之河称刘公河，所筑之堤称刘兵宪堤。因被南明王朝之帝朱聿键授刑部尚书职，故后有“刘尚书”之称。①

受“不为良相，便为良医”的影响，刘若金一生都在留心医学，在外为官时亦常收集览阅医书，尤其热衷钻研本草学。八十高龄的刘若金经前后三十年精研细撰，在十易其稿之后，终于实现平生宏愿，完成了足以彪炳史册的《本草述》一书。该书共 32 卷，分为水、火、土、五金、石、卤石、山草、芳草、隰草、毒草、蔓草、水草、石草、谷、菜、五果、山果、夷果、果之味、果之蓏、水果、香木、乔木、灌木、寓木、苞木、虫、鳞、介、禽、兽、人等 32 部，近 80 万字，是继李时珍《本草纲目》之后又一部本草学巨著。

该书按产地、形态、采收、药性、主治、附方、愚按和修治等论述每种药。李今庸认为，刘若金论药，在指导思想上推崇阴阳五行、藏府经络及气机升降学说；在具体方法上注重药性理论与临床运用相结合；在列举资料时讲究旁征博引，既辑录金元各学派的观点，又精选当时诸家的议论，并善于以“愚按”的形式从千秋典籍中探索药效的奥妙，于百家比较处剔发药理的真谛。因此，该书具有较高的理论性、较强的实用性和较好的资料性。② 该书堪称综合性本草，是集药物、药效、药理的论述于一体，而详略比较适中的药学专著。

《本草述》能删繁趋简而择精要，调整分类而定次序，广征诸家而重于临证，破疑察伪而辨名实，引经据典而详析药理，是一部独具特色

① 〔清〕刘焕修，朱载震纂：《中国地方志集成·湖北府县志辑》第 46 辑《康熙潜江县志》卷一六《人物志·列传》，江苏古籍出版社 2001 年版，第 275 ~ 276 页。

② 李今庸：《湖北中医学史稿》，湖北科学技术出版社 2016 年版，第 111 页。

的本草学专著。[1] 在本草学发展史上，《本草述》无疑起到了承前启后的作用。刘若金采用由博返约的方式研究本草，这对后世有较大影响。如杨时泰偶然获此书，“翻阅数过，爱不能释”，花了五年时间，“就其中论义删而约之”，撰辑成《本草述钩元》。再如张琦节录《本草述》原著而编成《本草述录》。还有苏廷琬见《本草述》“曲畅旁通，义无弗彻”，甚喜，遂“摘录大要，诠次成文”，编成《药义明辨》，重在药性药理，不载种类修治。除此之外，清代本草学家邹澍在撰《本经疏证》和《本经续疏》时，采用“例则笺疏之例，体则辨论之体”的写法，对每种药先录《神农本草经》《别录》的条文，后引述药物基原性状，再附列后世药论及邹澍自家论说，以辨析药性及运用。在附列后世药论时，以卢之颐、刘若金两家之说最多。

《本草述》有多个版本刊行于世，有一时期比李时珍的《本草纲目》还要盛行。《潜江旧闻录》载，甘鹏云评价《本草述》云：“乡先生治本草学者，明代凡二家：一为蕲州李东璧氏，一则公也。”将刘若金与李时珍同论。又指出，“李氏《本草纲目》取材至博，论者或议其未能精深”，而“公之《本草述》……从其善而纠其违，遂成一家之言，则精之至矣”。足见此书在当时影响之大。惜近代以来，《本草述》没有引起学术界应有的重视。较近的相关研究有 2005 年郑怀林等[2]和 2022 年焦振廉等[3]的校注本。

程云鹏

程云鹏（1585—1670？）[4]，字华仲，号凤雏（一说名凤雏，字云

---

① 焦振廉：《谈〈本草述〉的本草学史地位及其得失》，《福建中医药》2006 年第 6 期。

② 〔清〕刘若金原著，郑怀林等校注：《本草述校注》，中医古籍出版社 2005 年版。

③ 〔清〕刘若金撰，焦振廉等校订：《本草述》，华中科技大学出版社 2022 年版。

④ 李经纬主编：《中医人物词典》，上海辞书出版社 1988 年版，第 618 页。

鹏)，又号香梦书生，南直隶歙县（今安徽歙县）人，后居汉阳府江夏（今湖北武汉），精通儿科。

程云鹏出身于书香门第，家中藏书丰富，自幼习儒，至中年，其母殁于痁疾，妻亡于血证，三子二女夭折于惊风、痘疹等症，乃深悔不知医学。昼读夜思医书，久之，精贯医理。每思亲人枉死庸医之手，常痛哭失声，不能自止。

程云鹏行医二十余年，大有心得体会，著述甚富，崇祯十七年（1644 年）著成《慈幼新书》（又做《慈幼筏》《慈幼秘书》）。程云鹏还著有《灵素微言》《脉复》《伤寒答问》《医贯别裁》《种嗣玄机》《医人传》等，未见刊行，陈梦赉对各书义类有初解①。

《慈幼新书》最初作者名为张景岳，后学者考证实为程云鹏所撰。曹炳章《中国医学大成》认为系书商所为。② 中国中医科学院图书馆藏有范行准先生捐赠的乾隆十一年玉诏堂刻本，护页上写道："此书为程云鹏所辑，书估托名张景岳以欺读者。"且中国中医科学院图书馆藏康熙五十年刻本石经楼藏版作者自序："岁丙子，余客广陵，与门人成生聘讨论古今医籍著书七种……一曰慈幼筏。"由此可见，此书作者确为程云鹏，与张景岳无关。③

《慈幼新书》从医学的角度讨论了小儿保育问题，介绍了新生儿疾病、儿科病证、营养不良诸症及其治法。卷首论保产，先明未产保养、临产将护等一系列胎前注意事项及相关疾病的治疗；卷一论小儿禀赋、脏能、脉候、胎病及变蒸等，论小儿体质、诊法、辨证以及出生儿疾病的治疗；卷二论小儿咽喉、齿、舌、口、耳、目、鼻、囟、脐、语迟、夜啼、龟胸、鹤节、行迟、五软、五硬等杂证的辨治；卷三、卷四、卷五、卷六论小儿痘疮的辨证及治疗方剂；卷七论麻疹、丹毒、急慢惊风、风痫、发热等；

---

① 陈梦赉编著：《中国历代名医传》，科学普及出版社 1987 年版，第 330 ~ 331 页。

② 曹炳章：《中国医学大成》，中国中医药出版社 1997 版，第 547 ~ 630 页。

③ 张伟娜：《〈慈幼筏〉成书年代考》，《中华医史杂志》2010 年第 6 期。

卷八论伤寒；卷九论感冒、咳嗽、痰喘、疟疾、痢疾、吐泻等；卷十论食疳诸积、腹痛、溺血等；卷十一论疮疽、杂症；卷十二论应用药性等。全书对小儿的生理禀赋、脏腑特点以及各种病证的证治论述甚为详备，各证均附有医案。其广博精微，无一不备，诚保婴之慈航也。

《慈幼新书》吸取了《活幼心法》《痘科类编释意》《吴氏痘科秘本》等书之长，对痘疮论述甚为详尽，用4卷专论痘疮。按发热、见点、起胀、灌脓、结靥、落痂等不同阶段分述其证治，治法上力倡因势利导。书后录痘证常用药物126味，介绍每药的药性、归经及主治。对痘疮发病原因、病理变化、临床表现、顺证、逆证、预后判断、治疗和预防均做了详细的论述，形成了完整的痘疹预防诊治体系，对于发疹性传染病的防治具有临床指导意义。①

《慈幼新书》搜集儿科名著论述，结合程云鹏祖藏秘方及本人经验，内容涉及小儿诸科病证，理、法、方、药齐备，论叙详备精当，切合临床实用，无空论泛述之弊。

---

① 尚莉丽：《新安医学儿科学术成就及学术思想探讨》，《中医杂志》2010年第51卷增刊1。

清　代

叶志诜

叶志诜（1779—1863），字仲寅，号东卿，晚号遂翁、淡翁，汉阳府汉阳（今湖北武汉）人。

叶志诜天性聪慧，勤奋好学，于书无所不读，收藏金石、书画、古今图书甚富，为清代著名金石收藏家和鉴赏家。

叶志诜学识渊博，除擅长金石文字外，还注重养生术，兼通针灸、经络之学。医学著作有《神农本草经赞》四卷。前三卷全文收录孙星衍、孙冯翼所辑《神农本草经》原文，将每种药物编成四言韵诗赞语，多为药性、主治，赞语句句含典，出处不限于各类本草书籍，亦包括各类诗文杂史。卷四为月令七十二候赞，二十四节气分七十二候，以每候为一赞，以备记天时、序人事、调气候时参用。

《神农本草经赞》后收录于《汉阳叶氏医学丛刻》和《珍本医书集成》。除《神农本草经赞》外，《汉阳叶氏医学丛刻》还包括《观身集》《颐身集》《绛囊撮要》《信验方录》《五种经验方》《咽喉脉证通论》等医书。民国著名医家裘庆元在编纂《珍本医书集成》时，收录《神农本草经赞》并云："《神农本草经》原本甚少，叶氏以别出心裁，用古博文字，每首撰成四言赞文。尤恐后人费解，又自加诠注，令读其书者，别饶异趣，于古经自然熟记不忘焉矣。"[①] 评价不可谓不高。

---

① 裘庆元辑：《珍本医书集成》，中国中医药出版社 1999 年版，第 245 页。

杨际泰

杨际泰（1780—1850），字平阶，谱名杨士英，黄州府广济（今湖北武穴）人，以善治鸦片毒瘾而闻名，开创了中医治毒戒毒的先河。

杨际泰出身于医学世家，少治儒学，专研四书五经，攻举子业。然杨际泰多次科举不第。这期间，杨际泰耳濡目染，旁读《黄帝内经》《难经》《伤寒杂病论》等大量医书。嘉庆二十五年（1820 年），杨际泰已不惑之年，遂决心放弃功名，潜心医业，以承父兄之志。杨际泰学养深厚，精勤不倦，过目不忘，投身医门后，昼随父诊，夜研医书，不出几年，医术大进，救治患者无数，医名亦渐远播。

杨际泰中年时，清廷腐败，鸦片大量流入中国，杨际泰忧心忡忡，彻夜难眠，决心通过医学拯救同胞于水火。为求得解毒良方，杨际泰下烟馆、会烟民、尝烟毒，高价购得关于鸦片毒性的小册子，详细了解吸毒工具、吸毒方法，仔细观察吸食鸦片者毒瘾发作时各种症状。为收集更多治疗方法及药方，杨际泰还带徒亲赴广东、云南、福建等地，细心察访吸食鸦片者诸种详情，四处求教戒毒脱瘾方法。经反复研究试验，他最终确定 6 个处方，并根据不同发作症状，又配制加减配伍辅助处方 7 个，同时还采用针刺、灸熏、按摩等诸法。杨际泰于鸦片毒性研究及诊治上，积累了丰富经验，开创了中医药诊治鸦片毒性的先河，对于中医学自身的发展而言，是具有开拓性意义的。

为唤醒广大同胞，杨际泰特意编写《告乡民书》一书，四处张贴，宣讲鸦片毒害。在《告乡民书》中，杨际泰直言吸食鸦片的巨大害处，以此劝人戒吸鸦片。杨际泰因此以“戒毒神医”闻名海内外，留下了“北有杨际泰，南有林则徐”“南有林则徐断绝毒源，北有杨际泰解除病根”等美誉。

为将家族治验特别是自己治毒经验进行系统总结并传之后人，杨际泰呕心沥血，著成《医学述要》一书。

该书按照中医临证特点，分门别类，择其要者，整理成册，是谓“述要”。诚如《医学述要·序》所言，“而君不自秘也，以数十年所读之书，证之于数十年所理之证，集为一编，名曰‘述要’”。全书约80万字，共20部36卷126门，记载3406证，除药物疗法外共321法，药方2100多种。该书涉及医学四诊、医门八法、脉象理论、伤寒、温病、外科、儿科、内伤病、妇产科、五官科以及方药等，内容十分丰富，是一部颇有实用价值的医学全书，具有系统性、实用性和通俗性等特征。①

在《医学述要》的第十一卷，杨际泰专列“鸦片烟毒”篇，为当时使用中医药戒除鸦片之毒起了引领性的作用，也为现代戒毒提供了可行的方法。② 他根据吸食鸦片后的症状、体征，及病情进展的不同，提出了不同治法、方药，衍生出急性中毒期3个戒毒主方、慢性中毒期7个处方和慢性中毒兼夹病证期9个处方，戒毒中药多温、平，辛、甘、苦，主要入脾、肺、心、肾、肝经，多燥湿化痰、解毒止痛、宁心、温补肾阳，具体用药上以当归、生甘草、半夏、罂粟壳、白术、朱砂频次较多。

杨际泰为中医药学的传承和发展做出了自己的贡献，他伟大的爱国主义精神和高尚的人格品质值得后人敬仰。

朱庆甲

朱庆甲（1831—1895），原名世诚，字长卿，别号溱趣山人，武昌府武昌（今湖北鄂州）人，大生堂药局创办人。

朱庆甲出身于诗书世家，乃宋代理学家朱熹之后。朱庆甲幼承庭训，才思敏捷，豁达开朗，幽默风趣。

---

① 杨瑰瑰：《清代鄂东名医杨际泰及其〈医学述要〉之价值》，《黄冈职业技术学院学报》2019年第5期。

② 冯紫香等：《清代名医杨际泰〈医学述要〉初考》，《亚太传统医药》2019年第11期。

朱庆甲弱冠时患足疾，请医诊治，愈治愈剧，当时医生皆技穷。卧床久之，朱庆甲便取家中方书数种，堆置床头，病轻时翻阅。见其中有伏热伤筋一症，恍然大悟。乃检视三年来所服药方，非散即补，非燥即温，不仅无益，反而有害，于是服用凉血泻火药，当晚病稍减，调治半年，始愈。朱庆甲于是立志学医。于咸丰四年（1854 年）在西长岭街创办大生堂药局，并亲自撰书“大道慕岐黄以上；生机满天地之间”一联挂于厅堂之内。自此潜心研究医学，以寿人济世为己任。

朱庆甲未延师授业，而自学成才，除因其笃志不移、勤奋好学之外，究其外因有三：一是祖上代有儒医，家学影响深远；二是祖辈遗留的典籍方书甚富；三是交游广。

鉴于诊务繁忙，为深研医理，著书立说，朱庆甲特将医药方书移至药局楼上，如此则方便省时。《医学入门》八卷即于此编成。《医学入门》引数十家言。清光绪林仲镛在《七秩寿序》中提及：“其先君子长卿公……为士林雅重……弱冠患足疾，因习医……尝著《伤寒辨论》十卷，为黄冈一中丞所得，其稿遂失。又著《医学入门》八卷。”可知朱庆甲在著《医学入门》之前，曾著《伤寒辨论》，惜此稿早佚。

2016 年，《医学入门》由其后人朱祥麟等整理后刊行于世。[①] 该书分元亨利贞四部，其中元部辑医法提纲，亨部辑病源摘要，利部辑脉诀合参、脉理详解，贞部辑药性分类、用药心法、汤头约选、杂症纪略四种。书中征引前贤著作达二百余家，并结合己见，颇多阐发。

朱庆甲一生，精勤治学，广收博采，宗古不泥。对《黄帝内经》《伤寒杂病论》研究颇精，对后世诸多医家著作亦广为涉猎，并提出自己独到的见解。他所推崇的除张仲景外，还有孙思邈、李东垣、朱丹溪、李时珍、张景岳、喻昌、李士材、王清任、徐洄溪、汪切庵等。他认为《黄帝内经》为医学渊薮，《伤寒杂病论》为论治准绳。

朱庆甲坚持，凡医疗必以中医理论为指导。他根据《黄帝内经》病

---

① 〔清〕朱庆甲著，朱祥麟等整理：《医学入门》，人民军医出版社 2016 年版。

机学，强调治病必求于本。摈斥不讲求辨证，不知药物组方配伍，而以药试病的浅工陋习。可见他对医学基础理论的注重。朱庆甲重视伏气致病；辨证论方，不偏于阳，亦不偏于阴；临证论药，见解独到。

朱庆甲学验俱丰，广施仁术。他曾言："凡有患病者招之，余不辞劳琐，不畏寒暑，一以广己之见闻，一以应人之急迫。"朱庆甲治病，每奏奇效，口碑载道，声震鄂东南。乡梓感其医德高尚，赠予"是乃仁术"金牌，高约三尺，宽约一尺，笔力雄健。朱氏学问，代有传人。其子朱彝亭、孙朱瀛洲、曾孙朱英航、玄孙朱祥麟，皆医学有成者。所创办的大生堂药局发展到一定规模，至曾孙朱英航时（1954 年），响应政府号召，实行公私合营而关闭，历时整一百年。①

田宗汉

田宗汉（1839—1906），字云槎，号瀛峤，汉阳府汉川（今湖北汉川）人，著名水利学家、医学家。

田宗汉天资聪颖，自幼喜览群书，尤爱钻研轩岐医学、舆地图经、策论兵书及测算技术，在医学、测绘、水利、军事诸方面，均有著作。

咸丰、同治年间，田宗汉投身军政，曾任兵部职方司。所经江河，留意考察，特别是汉江。先后撰写《汉水源委考》《治汉要略》《汉川图记征实》《湖北省汉水图说》，绘制《汉川县舆图》《湖北汉水全图》，为湖北水利事业的发展做出了卓越贡献。

田宗汉曾多地为官，但仕途颇为不顺，于光绪九年（1883 年）回归故里，专攻岐黄。田宗汉医术较精，颇有治验。临证多有创见，善兼顾气候、地理等自然环境的变化，全面观察、分析发病原因和疾病的性质。

田宗汉在随军征战和探索汉水利病之余，留心民间疾病，开展医学研究，对《伤寒论》《金匮要略》诸医典颇有心得体会。同治、光绪年

---

① 朱祥麟、朱寒阳：《清末名医朱庆甲》，《湖北中医杂志》2004 年第 5 期。

间，经反复历验，创“伏阴”说。[①] 伏阴病乃春夏淫雨阴霾太过，阴邪伏藏孙络，至夏秋卒发。其证见先痢后呕、厥逆转筋，与先呕后痢、腹痛转筋的霍乱不同，忌猛投苦寒之品。

田宗汉著有医书 8 种，汇编为《医寄》丛书，寓意“以示终生寄于医”。其中《医寄伏阴论》两卷、《医寄痰饮治效方》三卷，而《医寄温热审治》及其他五种惜已失传。

《医寄伏阴论》共上下两卷，卷上列时行伏阴总说、伏阴霍乱辨、原病（七条）、变症（十九条）、死候（十三条），卷下列禁令（十条）、瘥后（七条）、伤寒阴病比类、金匮阴病比类、伤寒霍乱比类、舌鉴。时行伏阴总说、伏阴霍乱辨主要对伏阴病进行界定，并与霍乱进行鉴别。原病与变症仿《伤寒论》文体，以条文形式对伏阴病的常候与变症进行论述。禁令列伏阴治疗禁忌，瘥后述伏阴初愈的调理，伤寒阴病比类、金匮阴病比类、伤寒霍乱比类则以《医宗金鉴》相关内容为主，兼采尤在泾《金匮要略心典》等书，以印证伏阴病机证治。舌鉴共 25 式，计初病二式、易治四式、可治五式、危候七式、死症七式，绘舌图 25 幅，图下简说诊治意义。

该书篇幅精简，学术特色鲜明。书中先立论、阐说，后辨证、用药，自成一体，既不背古训而又确有卓见，对中医外感病学在伏阴病领域的缺略进行了有效补充与完善。在诊断上，田宗汉特别重视辨证，注意伏阴与霍乱、伤寒阴病、金匮阴病的鉴别，对《医宗金鉴》有关内容进行梳理摘录，成伤寒阴病比类、金匮阴病比类、伤寒霍乱比类三篇，虽以述为主，却对伏阴证治意义重大。舌鉴部分图文相彰，对伏阴诊断有重要价值。在治疗上，田宗汉强调人身以阳气为本。在用药上，认为阴渗之气深入于里，真阳欲绝，非纯阳之品，不足以破阴气而发阳光，大忌苦寒助邪，消克伐正；同时反对过投辛热，倡言用温热药须“恰中病

① 李经纬主编：《中医人物词典》，上海辞书出版社 1988 年版，第 90 页。

情”为止；且以法统方，用方简练。[①] 总之，该书从理论和实践角度完善了中医伏阴病理论，丰富了中医疾病学说。[②]

在《医寄痰饮治效方》一书中，田宗汉列八十五方、一百一十八法，总结了治疗痰饮十一法，即调理脾肺，通利三焦法；温肺逐寒，和中导饮法；涌吐法；养液弭痰法；泄热清肺法；豁痰清宫，益气安神法；育阴潜阳，豢龙定风法；息风泻火，涤痰清神法；益气补血，降火涤痰法；升清降浊，理气化痰法；温中补土，行气导痰法。[③] 他还首创“癫疾有虫”之说。[④]

此外，田宗汉还善制剂，其秘传的熙春和血膏，远销河南、陕西等地。[⑤]

杨守敬

杨守敬（1839—1915），字惺吾，谱名开科，榜名恺，更名守敬，晚年自号邻苏老人，荆州府宜都（今湖北宜都）人。杨守敬一生勤奋治学，博闻强记，以长于考证而著称于世，是一位集舆地、金石、书法、泉币、藏书以及碑版目录学之大成于一身的大学者。他一生著述达 83 种之多，被誉为“晚清民初学者第一人”。他虽未直接从事医学，但热心于古医书的搜集、整理、刊刻，为医籍文献的流传做出了巨大贡献。

杨守敬自幼嗜书，却学优而未能仕。他曾先后七试进士，终因时运不济而落榜。每次入京赴考期间，他都乘机遍游京师的书店，广泛搜罗

---

① 谭光华：《田宗汉〈医寄伏阴论〉学术思想初探》，《四川中医》1991 年第 1 期。

② 张琳叶、焦振廉：《清末医家田宗汉及其〈医寄伏阴论〉述略》，《陕西中医》2016 年第 8 期。

③ 陈重阳、张荔：《田宗汉治疗痰饮十一法》，《湖北中医学院学报》1999 年第 3 期。

④ 陈重阳：《田宗汉首创“癫疾有虫”说》，《湖北中医杂志》1991 年第 3 期。

⑤ 汉川县卫生志编纂委员会编：《汉川县卫生志（1727—1985）》，1990 年版，第 385 ~ 386 页。

古书和碑版文字，由此奠定了他的目录版本学和金石考据学的基础。

光绪六年（1880 年），杨守敬第六次会试不中，无奈之下，应使日大臣何如璋的邀请，作为使馆随员出使日本。当时，日本正值维新之际，提倡新学，摒弃旧学，古典汉籍更是被看作落后的象征而随意抛掷。于是他得以大量购进许多国内已散佚的善本秘籍。

归国后，杨守敬被选为黄冈市教谕，调黄州府教授，充任两湖书院地理教习及勤成学堂、存古学堂总教长。在此期间，他将在日本搜集、购买的和影抄的古籍书目提要手稿，整理成为《日本访书志》十六卷，这是近代一部重要的目录学著作。同时，继续搜集整理古籍的工作。

著名中医文献学家李今庸认为杨守敬在中医学文献整理保存方面做出了重要的贡献，主要有以下三点。

（一）多方搜集，用心良苦

杨守敬的藏书多达数十万卷，部分来自国内，部分是在日本购买或影抄的，其中医书占有很大比例。他说：“余初游日本，访求古书，于医方尤多。”他购回的古医籍多为有价值的罕见珍本，如杨上善《黄帝内经太素》二十三卷、《黄帝明堂》一卷（卷子本）、《千金翼方》三十卷（校元本，日本文政己酉从元刊摹刻本）、《神农本草经》五卷（日本森立之辑本）、《经史证类大观本草》三十一卷（元刻本）、《伤寒论》十卷（影北宋本），诸如此类，不一而足。其中，《黄帝内经太素》《黄帝明堂》均为珍贵的卷子本。杨上善《黄帝内经太素》在《新唐书》《旧唐书》中皆有著录，北宋以后散佚，《宋史·艺文志》中仅存三卷，宋代林亿校正医书时曾提及，元以后则很少提到。杨守敬从日本获得唐写卷子本，影抄而归。此书几经影印、排印，广为流传，成为当今国内研究、校勘《黄帝内经》的重要参考书。另如《伤寒论》系明代赵开美复刻宋本《伤寒论》，是现存最早版本，有相当高的学术价值。

（二）研究整理，精益求精

杨守敬对他得到的每种有价值的古医籍，都进行过一番考察与研究。

他在《日本访书志》中为每本书所做的提要，内容丰富，又各有重点，涉及作者、版本、卷第分合、内容品评等多方面，因此该书被称为目录版本学中具有代表性的著作。

杨守敬凭借丰富的目录版本知识，对每种书籍都考辨版本源流，并通过比较，对版本优劣做出评价。如王叔和《脉经》，《隋书·经籍志》与《新唐书》中均有著录。后来随着时间的推移，出现多种版本，优劣难辨。杨守敬考证了版本源流，辨明了《脉经》版本的来龙去脉。他指出，该书在宋代一刊于熙宁，再刊于绍圣，三刊于广西漕司，四刻于濠梁何氏。元代泰定年间又刊于龙兴儒学。明朝的毕玉、袁表、沈际飞等刻本都源于泰定本，只有吴勉学《古今医统正脉全书》收载的是宋代何本。清代阮元影抄宋代何本，著于《四库未收书目提要》中，而无雕版传世。金山钱氏雕刻的是明代袁本，在质量上不如宋代何本。这些情况，杨守敬一一说明，使后人了解《脉经》版本流传的全貌。

（三）致力传播，不遗余力

杨守敬不是仅仅满足于个人的收藏和研究，而是尽快将所得到的珍善本公之于世，以弘扬民族文化，振奋民族精神。杨守敬在日本时，正逢《聿修堂医学丛书》的版刻拍卖，他便倾囊而购，带回国内，并于光绪十年加序，以“飞青阁藏版”之名刊行。此书刊行后，风行海内。

李今庸认为，杨守敬的一生，为医籍文献的保留、整理与传播，做出了巨大贡献。他的功绩，甚至与历史上的王叔和、王冰、林亿等在整理医籍方面有突出贡献的人相比，也毫不逊色。①

汪古珊

汪古珊（1840—1917），原名改勉，字昌美，施南府恩施（今湖北

① 李今庸：《湖北中医学史稿》，湖北科学技术出版社 2016 年版，第 125 ~ 131 页。

恩施）人，土家族。

汪古珊年幼学儒，天资聪敏，博学强记，后弃儒而习医，拜访名师，购各种医书，昼夜研究，因此医道大进，医技日精。

汪古珊治医学，总以《灵枢》《素问》为归极，《伤寒论》《金匮要略》为参佐，虚心学习，对推拿、偏方等也非常熟悉，应用灵活。汪古珊一生，精求不倦，博览群书，治学严谨，主张理论联系实际。他集三十余年临床心得，采撷诸家之长，历时六年有余，辑成土家族医学巨著《医学萃精》。

《医学萃精》共16卷近60万字。全书可分为三大部分。第一部分为基础理论部分，从卷一至卷五。卷一首论医史，次论本草，收药468种。卷二为五行生克、胎化生死图说。卷三讨论脉学，次及五运六气主病。卷四、卷五论伤寒温病，以六经为定法。第二部分为杂证灵方部分，为卷六至卷十，专论内科杂病，列证67种，最早提出以专病专方论治，每个病之后列一至两则单验方。卷十末列有98条杂治，这些治法大都是当时恩施民间的土方土法，随手便得。第三部分为分科论述，主要涉及外、妇、幼科。卷十一为外科丛真，以“红、白”二字为阴阳二证论治，并提出以桂枝汤为基本方，加减为痈疽疱毒的总专方。卷十二、卷十三为女科提要，以“培土崇阳，调经益血”为治疗的总则。卷十四、卷十五为幼科提要，以太阴、太阳辨急慢惊风。卷十六全录黄元御以六经论痘科。

《医学萃精》在生理、解剖、病理、诊疗等方面都自成体系，具有显著的民族性、地方性，集清末以前土家族医学之大成。汪古珊主张由浅及深，从源到流，返复为约，择善而从。他全面系统地继承了祖国传统医药理论，结合本民族地区疾病的发病规律，提出“以阳统阴”的学术思想，把人体生理、病理的变化用太极八卦图模式加以阐述，具有重要的理论创新意义。①

---

① 严其云：《鄂西土家族名医汪古珊与〈医学萃精〉》，《中国民族民间医药杂志》2002年第3期。

吕承源

吕承源（1840—1920），字玉泉，号根腴，安陆府天门（今湖北天门）人。

吕承源自幼学习辞章经史，14岁致力于医学，熟读家里藏的各种医书，但只通文义，不理解脉症方药。同治元年（1862年）在医术精湛的蒋香林医生指导下，学习《本草纲目》，懂得了一些论证论方的知识。同治七年（1868年）又拜著名医生鲁鹤山为师，学医八年。

吕承源自光绪二年（1876年）起悬壶济世。光绪九年（1883年），当地流行霍乱，死者不计其数。吕承源以自己丰富的理论知识和临床经验，针对霍乱，传方施药，治愈百名患者，名声大振。

民国三年（1914年），吕承源开设“柏寿堂”诊所，专一治病，直至终年。

吕承源处方用药偏于热者，尤以脐风之疾最为突出，颇有独到之处。他曾言：“脐风疗以甘温，不用寒苦，为独得之秘”“轻用理中，重用桂附八味，所活者多。”

吕承源以毕生的精力，博览群书，研究各医家的特长，不拘泥先人之说，不照套古方之药，取其长，舍其短，颇具独见，自成一格，多以大剂量治疗重症，愈者不少。平日勤笔善记，每有治验心得，便写成文，日积月累，终成卷书《医学一得》，于光绪二十五年（1899年）出版。

吕承源亦精通诗文，另著有《瑞柏园诗文集》一书。①

宝 辉

宝辉（1844—1911），字玉珊，号西园居士、两湖钓翁，荆州府江

① 天门县卫生志编辑室编：《天门县卫生志》，1984年版，第143～144页。

陵（今湖北江陵）人。

宝辉性颖悟，初业儒，嗜读书，少年后便矢志岐黄之术，医书无所不窥，皆能潜心考究。宝辉周游多地，跟师习医，医术益进，察证论治，毫无难色。宝辉为医，善于博取诸家之长，而尤尊崇张仲景，认为历代医家中无偏者仅张仲景一人，而金元诸家多以偏得名，故尤致力于救偏。

在基础医学理论联系临床方面，他重视人体营卫气血流通和三焦的气化，运气、阴阳的变化，七情、九候的异同，脏腑虚实、经络源流、药物的四气五味等。鉴于当时医者，有的以偏颇之学行世，甚则造成庸医误治，其害匪浅，故撰写《医医小草》等书，提出"天下多一明医而所全者众，少一庸医而所全者更众"，志在补偏救弊，变庸医为明医，更好地服务于患者。

《医医小草》一书不分卷，内容包括：精义汇通、六经提纲、六字（表里、寒热、虚实）真言、六气便解、医经补正、治病法解、素问摘要、辨证治法、审脉等，末附《游艺志略》。

《游艺志略》以论述营卫、血气、脏腑、经络（以奇经八脉为主）为重点，末论真中、类中证治，以及虚劳、关格、温暑、燥疟等，述其游历时得诸师友之精论。

宝辉另著有《资生篇》《易知录》《医籍选》《夜谈随记》等，后三者未见刊行。①

王汝兰

王汝兰（1841—1949），字甫祥，名宏煊，笔名者香，黄州府黄冈（今湖北黄冈）人，精于内、妇、儿三科。

王汝兰广泛研读历代医家经典与医案，吸众家之所长，终自成一家。闻外科名医林新崇善于治疗跌打损伤等骨科疾病与疑难杂症，王汝兰毫

① 余瀛鳌：《荆州宝辉及其〈医医小草〉》，《湖北中医杂志》1981 年第 5 期。

无迟疑，前往拜师学艺。因勤于学习和思考，王汝兰于临证时，一经观察推断，即能迅速了解病机病因，对症下药，药到病除。

他花费近二十年之心血，参校数十家著作，总结数十人临床心得，著成《王氏医恒》。在清末民国初年，该书几乎成为鄂东地区从医者的经典医鉴，只可惜后面散佚不见。后经团风县民盟盟员林泉将《王氏医恒》手抄本献出，终重见天日。

《王氏医恒》共11卷，涉猎中医13科，于病、药、方上均逐一列出历代名医著述。论及疾病时，详述病名、病因、病位、病性、病势及病机。治疗上坚持阴阳五行辨证法，即脏腑辨证、八纲辨证、病因气血辨证。医家治病处方，全凭掌握的药性，故王汝兰结合平生临证经验，参考诸家学说，特做专题阐发常用中药，以便临证医家掌握用药要领。该医著另一突出特点是广辑自汉以来数十家名医之医论医案，包括理、法、方、药诸记载。总结了数十家名医临证心得，将百家之言和己之所见，融为一体，而成《王氏医恒》。整体而言，该书内容实用，操作性强。

王汝兰在治病救人同时，时刻不忘将中医药事业传给后学，使之得以继承发展。据南东求考证，王汝兰在当地所传弟子颇多，皆造诣深厚，享誉杏林。① 毫不夸张地说，王汝兰的医学思想、医德医风影响了几代人。

柯逢时

柯逢时（1845—1912），名益敏，字懋修，号钦臣，亦号逊（巽）庵，武昌府大冶（今湖北大冶）人。柯逢时祖籍江西瑞昌，明末时其祖上始迁至武昌府。著名刻书家、藏书家、中医教育家。

柯逢时少时家贫，早年取秀才，25岁中举。后以教书为务，同时进修举子业。光绪九年，柯逢时中进士，点翰林，改庶吉士，历3年，授

① 南东求编著：《鄂东历代名医传录》，学苑出版社2020年版，第115～118页。

翰林院编修。5 年后任陕西学政，增拨各书院教育费，开设书局，创办书刊。后任江西按察使、湖南布政使、江西布政使、江西巡抚、广西巡抚、贵州巡抚等职。

柯逢时一生喜著书、刻书、藏书。曾校刊《宋本玉篇》，纂修过《湖北通志》《武昌县志》《应山县志》。晚年曾刻《常山贞石志》，与缪荃孙、杨守敬等学者交往甚密，共商影刻校补善本医籍诸事。他私人出资开设武昌医馆，聘请医界名宿讲学，讲授中国传统医药学，如冉雪峰当时悬壶于汉口，即被聘为教习之一。医馆以讲授经典医著为主，如《黄帝内经》《难经》《神农本草经》《伤寒论》《金匮要略》等；旁涉历代名家医著，如《伤寒总病论》《素问玄机原病式》《脾胃论》《格致余论》《医宗必读》《濒湖脉学》《医门法律》《傅青主女科》《温疫论》《医学问对》等，略做变制而出题。① 共收学生 40 余人，其中数人参与校勘医籍。

光绪三十年至宣统三年，陆续刻成《武昌医学馆丛书》，共八种九十六卷，如《经史证类大观本》三十一卷、《大观本草札记》两卷、《本草衍义》二十卷、《伤寒论》一卷、《伤寒总病论》六卷、《类证增注伤寒百问歌》四卷、《伤寒补亡论》二十卷、《活跃全书》两卷。以上多为宋元人所著医方本草。当时安徽泾县人翟展成刻书泥守“以不校校之”之说，明知其误，亦不与刊正，故校记常与原书字数相等。柯逢时一反此风，所做校记简明严谨，颇受后人重视。

柯逢时藏书数万卷，有《四库全书》未进呈钞本，包括元、明小集 800 余种。②

---

① 朱祥麟：《柯逢时与武昌医馆》，《中华医史杂志》2002 年第 1 期。

② 鄂州中医志编纂委员会编：《鄂州中医志》，湖北科学技术出版社 2006 年版，第 76 ~ 77 页。

朱彝亭

朱彝亭（1852—1922），名敦伦，字叙五，号彝亭，武昌府武昌（今湖北鄂州）人。著名中医学家，大生堂药局创办人朱庆甲之子，朱氏第二代传人。

朱彝亭父朱庆甲命其学商，然因家庭环境熏陶，朱彝亭意在学医，其父不允，朱彝亭未敢违父命，但心志仍在于医，偷空私下看医药方书。一日被账房先生发现，告其父，朱庆甲呵斥他，并询问所读之书，朱彝亭答乃《伤寒论》等，朱庆甲问其内容，朱彝亭对答颇为娴熟，朱庆甲悯其心诚而志恒，于是允其弃商从医。自此，朱彝亭愈加发奋，锲而不舍，博览方书，多能成诵，终有所成。

据后人朱祥麟整理，朱彝亭在学术上全面继承其父衣钵，视病以阴阳为总纲，首重人体阳气；治疗以八法为总纲，尤重祛邪，祛邪又以汗下两法为擅长。① 朱彝亭用汗法，除秉承《黄帝内经》、张仲景、张从正之说外，还继承孙思邈、李东垣之说，如治疗水肿、黄疸、怔忡、痰饮、内伤郁火、中风、妇科、五官科、跌打损伤等，风寒湿邪无论在表、在经、在脏、在腑，皆有应用汗法的病机，从而进一步扩大了应用范围。用汗法时，严格遵守其父之戒，如脉沉细数，阳虚者不可发汗；足冷脉微者，不可汗；脉伏者，不可汗；尺脉迟，营弱血少者不可汗；疮家气虚者不可汗；淋家、汗家、亡血家、津液不足者，不可汗；腹中脐旁上下有动气筑筑然动者，不可汗。用时还要配以温阳、益气、滋阴、养血等法，权衡制宜，以保无虞。至于下法，古人不仅在外感热病邪气入里时应用，内伤所致脏腑气血痰食壅结时也相机而施。如张仲景治腹满食滞、虚劳肌肤甲错、湿热黄疸、悬饮、结胸、胁痛、蓄血、肠痈、痉病等。朱彝亭还推崇张从正所用下法，非常赞赏其“陈莝去而肠胃洁，癥

---

① 朱祥麟：《朱氏中医世家学验秘传》，人民卫生出版社 2014 年版，第 9 ~ 10 页。

瘕尽而营卫昌”之语。并认为，病至极期，每每邪气亢盛，因而治疗必须挫其锐气，此时大积大聚，不逐之不足以存正，邪去则正安。正是由于这一指导思想，朱彝亭临证时用下法治疗了许多疑难重症，常获桴鼓相应之效。

朱彝亭一生忙于诊务，活人甚众，未曾著述。人送其雅号“憔悴先生”，乃谓其为医务所困顿，寝餐未有宁日也。①

① 鄂州中医志编纂委员会编：《鄂州中医志》，湖北科学技术出版社2006年版，第77页。

民　国

杨恭甫

杨恭甫（1858—1933），本名葆寅，以字行于世，晚年自号避庵、亦园老人，江苏东台人。

杨恭甫的一生充满传奇色彩。他出身于医学世家，家中十世以医为业，其父杨小谷为晚清著名儿科医生。他幼年丧母，少年丧父，为继承家学渊源，刻苦研读，遍览医书典籍，早年在家乡行医已有名声。为进一步深造，他远涉江南，师从名医费绳甫，刻苦钻研，医术日精。1885年，返回家乡悬壶济世，声名鹊起。1887年，经费绳甫推荐，到汉口行医。上午在医寓看病，下午外出义诊。由于医术精湛，治无不愈，名噪一时。

1894年，清廷钦差、驻英法公使龚照瑗出使欧洲，途经汉口，突然腹泻，施治无效。杨恭甫一贴药即治愈。龚照瑗召见后，对杨恭甫的爱国情怀、精湛医术深表赞赏，遂聘请他任随从医生，赴欧洲考察。杨恭甫在为使馆人员、华侨治病之余，详细考察了英国、法国、意大利、比利时的政治、经济、科技、商贸等，翻译了《铁路章程》《印花税章程》，绘制了《西欧航海图》。作为医生，他着重考察了医卫方面，深感虽然祖国的传统医学博大精深，但对西方的外科学、护理学、医院管理不可不学习借鉴。于是他搜集资料，详加记载，以备回国后在中国的医学改良中派上用场。他是武汉地区第一个出国考察的中医。

1897年，杨恭甫回国。1901年，他回武汉重操医业。辛亥革命爆发后，他投身革命军。由于封建官僚势力掣肘重重，遂放弃仕途，于1913年再返汉口，武汉医界同仁喜迎杨恭甫回汉，并推选他为汉口医学研究会会长。

杨恭甫心怀“不为良相，便为良医”之志，一定要在医学上有大的贡献。他曾说：“仆二十年前随使西欧，参观英、法、意、比各国医院，规模之大，医药之精，自无待论，即‘看护’一门，精细熨帖，无微不至，尤足令人敬佩！故我国自通商以来，西人之医院林立，而中国之医院寥落如晨星者，非医之难，实‘看护’无人之难也!”为将中医与西医结合起来，也为开辟前所未有的中医护理学科，他一直寻找机会，要创办一所中西医结合医院，并要开办一所中西医结合护理学校。

在杨恭甫等人的不懈努力下，1916年，由汉口慈善会会长蔡辅卿等人发起，向社会集资以筹建汉口慈善会中西医院，首任院长即“博通内经之书，兼明西医之说”的杨恭甫。在规划医院总体设计时，从布局到组织管理，从设备到医疗护理，杨恭甫尽量吸取西方医院的优点，打破中西医界限，选聘学术精良、勤敏于事的中西医师和医疗技术人员。

1920年10月，医院落成，内设内科、外科、妇科、幼科、化验室、调剂室、解剖室等科室，购置大量中医药材、西医药品、化验设备、X线机等，设施均处于当时先进水平，拥有病床100余张。遇疑难杂症，中医西医通力合作，会诊治疗，且对贫苦患者送诊施药，每日住院、门诊病人数以百计。这是我国第一家中西医结合医院。

杨恭甫力主开办的中医护理学校——汉口慈善会中西医院附设看护养成所也同时办成，学校注重护理在医疗上的作用，培养了一批护理人员，开创了中医护理人才培养的先河。教学科目分中医、西医，中医有形体、脏腑、经络、内伤外感、幼科、妇科、药性、脉法等课程；西医有看护学、诊断学、药性学、外科学、手术学等课程。

1926年秋，国民革命军北伐攻占武汉，全院医护人员欢欣鼓舞，医院改称陆军卫戍医院，杨恭甫仍任院长。他将院内100多张病床全部腾出，并设法增加床位，尽力收治从前线送来的伤病员，悉心医治和护理，先后治愈重返前线者有5000余人。1928年，杨恭甫被推举为汉口中医检定委员会主任委员，两度主持中医考试。

杨恭甫能诗文，善书画，喜交游，为人倜傥豪放，洒脱不凡。著有《匡庐避暑日记》和《柿轩遗稿》。晚年辞去职务，寄情山水，吟诗作画，终其余年。①

王和安

王和安（1870—1959）（一说生于1872年），原名德丙，字秉钧，号和弇，湖北郧西人。

自修中医，钻研中医古籍经典，对医圣张仲景的《伤寒论》《金匮要略》及清末名医陈修园的《公余十六种》等医学典籍领悟尤深。正是对这些经典医著的长期刻苦研读，为王和安后来成为一代名医打下了坚实的基础。1923年，王和安迁居汉口，在汉口设有医寓，是当时武汉地区著名的经方派大师，在中医药界享有较高的声誉。

王和安一生都在为中医药奔走呼号，为传承和发展中医药事业做出了艰辛的努力和卓越的贡献。1929年，南京国民政府通过《废止旧医以扫除医事卫生之障碍案》（以下简称《废止旧医案》）。消息一经传出，立即引起全国中医药界的极大愤怒和强烈反对，上海中医药界率先提出并组织了全国请愿。王和安被武汉地区中医师公会推举为代表，会同全国各地代表，奔赴南京请愿。迫于各方压力，南京国民政府最终放弃了《废止旧医案》。王和安在这次中医存废斗争中做出了历史性贡献。不仅如此，为了中医药事业的继承和发展，王和安与中医药界的其他代表趁热打铁，继续向国民政府请愿，希望能成立“国医国药特别管理局”和“国医国药整理委员会”。1929年7月，武汉市成立中医检定委员会，王和安为委员，负责对全市中医进行审查考试。1930年5月，中央国医馆

① 刘宝森：《从汉口慈善会到武汉军区卫生学校》，《公益时报》2020年5月5日。

获准成立。作为湖北省武汉市的中医代表，王和安受聘担任理事。1933年4月，湖北省成立分馆——湖北省国医馆。同年7月，王和安受湖北省国医馆的推举，着手筹办了汉口中医医院，并与名医冉雪峰等筹建湖北中医学校。抗日战争爆发后，王和安先后移居重庆、成都。

王和安医术精湛，医德高尚。他擅长中医内科、针灸。1938年底，他返回家乡郧西行医。1950年11月，他进入郧西县人民医院工作，是郧西县人民医院第一位中医。在行医中，他始终坚守医者仁心，对那些穷困贫苦的病患尽量少收费、不收费。至今在他的家乡，人们还传颂着他为贫苦百姓看病分文不取的故事。

王和安是当时中西汇通流派的杰出代表之一，从他的代表作《伤寒论新注》中可见一斑，他的主要学术观点包括以下3个方面。①

一是主张中西会通。王和安身处民国时期，当时西方医学在中国大地已逐渐传播开来。王和安虽然立足于中国传统文化与中医学，但他并不故步自封，并不排斥西方文化与西医学。相反，他主张吸取西医学的精华来补充中医学的不足。

主要包括主张中西医互通互补。② 借助近代西方医学的解剖、生理、病理知识来解释《伤寒论》的六经各证。③ 从中西会通的角度来分析六经的实质和传变。

二是重阳思想。寒温之争在中医发展史上一直存在，对此，王和安无论在理论还是临床上，都持重阳思想。他强调阳气对人体生命活动的重要性，认为阳气与疾病的病因、病机和治疗息息相关，甚至疗效取决于阳气。

---

① 王和安编述，王怡群校缮，农汉才、黄力点校：《王和安伤寒论新注》，福建科学技术出版社2014年版。

② 湖北省卫生厅中医处、湖北省中医药研究院主编：《湖北当代名中医传》，湖北人民出版社1989年版，第536～537页。

③ 黄力、农汉才：《〈伤寒论新注〉学术特色浅析》，《上海中医药大学学报》2012年第1期。

三是重视扶正气，激发人体自愈能力。重视固护正气，是中医学说的一个重要特征，这一点在王和安的学术思想中亦有体现。王和安认为张仲景的辨证处方均以正气为着眼点。他以正气学说来解释中医对生理、疾病、治病、愈病过程的认识。

王和安一生笔耕不辍，主要著述有《伤寒论新注》及《金匮要略新注》。《伤寒论新注》以六经为篇，共 49 章 394 节。《金匮要略新注》以各证为篇，共 460 节。在这“两注”中，王和安广征博采，博览群书，参考研读 40 多种医著。曹炳章在《历代伤寒书目考》中称赞了《伤寒论新注》，张锡纯在《医学衷中参西录》中引用王和安对《伤寒论》的见解不下十处，范中林等医家亦有引用。总之，王和安对于《伤寒论》学说的整理与发挥，在民国时期颇具影响。王和安遗稿《精要启悟》记录了他一生的临证经验。此外，王和安尚有《经穴集成》和《药稿》两部遗著。

王和安一生都刻苦好学，钟爱中医药事业，深钻精研医学名著，学识渊博，有自己独到见解。他曾经叮嘱自己的弟子们：“发上等愿，享下等福，择高处站，向远处行。”王和安一生真真切切践行了这四句话。

李家相

李家相（1875—1970），湖北天门人，精于眼科。

据后人整理资料，李家相的父亲教书，并于乡里行医，对中医眼科之临证治疗有颇多独到之处。这对李家相的成长产生了深远的影响。① 李家相自幼聪慧，6 岁入塾就读，17 岁随父学医。除学习中医经典著作外，其父还授以《龙树眼论》《秘传眼科龙木论》《原机启微》《眼科大全》《医宗金鉴·眼科心法要诀》《目经大成》等眼科专著以及治疗眼疾

① 湖北省卫生厅中医处、湖北省中医药研究院主编：《湖北当代名中医传》，湖北人民出版社 1989 年版，第 444 ~ 447 页。

的经验。历经八载寒暑，李家相开始悬壶乡里，专攻眼科。30 岁时，他已成功研制紫金膏眼药和发明上夹手术，对睫毛倒入症、风眩赤烂症、重症沙眼、迎风流泪症、烂眩风症、角膜血管翳等症，均有良效。

1923 年在竟陵镇开设李恒丰药房，挂“李恒丰”眼科诊所牌，专事中医眼科。1935 年，他成功研制小儿麻毒入目证治方、偏头风血障证治方等方药，疗效显著，求医者络绎不绝。

1956 年参加联合诊所。此后相继成功研制白内障初期证治方、青光眼初期证治方、暴盲证治方等方药。为继承发扬其学术经验，《湖北中医药学术经验汇编》（第 1 辑）将李家相治疗眼科疾病的经验收入书中，列举了李家相对常见的 41 种眼病的诊断及其使用的药物。书中还附有李家相的临床经验随录。①

李家相综合家传秘方和前贤经验，勇于探索，敢于实践，在中医眼科多种顽固疾病的治疗中，积累了丰富的经验，有不少独到的见解。如睑缘炎，他根据“风盛则痒，湿盛则烂，热盛则赤，不通则痛”之说，认为此病的病因病机多为内有湿热，外感风邪，风湿热邪，互相搏结，气血结聚，壅遏胞睑而成。② 临床中又可分为风盛鳞屑型、湿盛糜烂型、热盛溃疡型等，不管什么类型、有何特点，金银花、五倍子必为首选药物。因为两药均有清热解毒、消肿止痒、敛疮止血、化腐生肌之功，并在不同时期有不同的治疗作用。他指出：“初起必用二药，可止痒除屑；弦赤糜烂必用二药，可退赤除烂；溃疡脓肿必用二药，可消肿除疡。”

王子吉

王子吉（1877—1943），名承坤，字子吉，以字行于世，湖北松

---

① 湖北省卫生厅编：《湖北中医药学术经验汇编》（第 1 辑），1965 年版，第 58 ~ 82 页。

② 李存信：《李家相治疗睑缘炎经验》，《中医杂志》1999 年第 8 期。

滋人。

王子吉 7 岁入私塾，聪明好学，每遇疑惑，必寻根究底，直到弄懂。因体弱多病，16 岁离校回家发奋自学。因出身贫寒，科考落第，仕途不通，遂在家务农。他在一次耙田时，忽然吐血，感到难以继续从事体力劳动，经人介绍，随当地名医唐午学医。唐午见其学医志坚，才应允收为门徒。王子吉从此孜孜不倦，苦读中医经典。对《伤寒论》《金匮要略》等原文及注释，皆能背诵。他勤奋好学，深得老师器重。出师后，在家乡挂牌行医。

王子吉医术精湛，熟谙内、外、妇、儿各科，擅治瘟疫时病。1918 年，县内瘟疫流行，一些医生辨证不明，误诊为伤寒。使用羌活、防风之类发散药物，以致误治而使不少人丧命。王子吉独具高见，宗温病学之旨，采用桑菊、银翘等辛凉之剂，屡获效验。

王子吉治病诊断细致，遣方用药，认真化裁。王家桥有一富豪，因迷恋酒色而长期脾胃不和，多位医生用温补之剂，不见效果。王子吉诊治后谓阴虚火旺，肝木抑土之故。主张以六味地黄汤加减，服后，顿获显效，因而受到人们的赞扬。

1942 年，县内小儿麻疹流行。王子吉怀救死扶伤之志，深入调查其流行病因，认为是时令反常，气候怪异，盛夏阴雨连绵，湿遏过盛；入冬应寒不寒，气温升高，小儿体质稚嫩，故易感染。于是根据《黄帝内经》“冬不藏精，春必病温”之旨，拟治疗小儿麻疹的验方，自费印发，供全县医药同道参考。

王子吉长年累月，手不释卷，成高度近视。凡出诊，必自带文房四宝。常伏膝上书写处方，每个处方，必立医案，以阐明理、法、方、药之义。对药物炮制熨称，及时检查。如发现药物不合格，即叮嘱患者退还药店，另行补换，直至药味符合要求。

王子吉一生体恤穷人，乐善好施。当他看到当地黄家坪河常因山洪暴发，南北两岸相隔，有碍交通及患者就诊，于是捐献资金，修木桥一座，桥高不受水位影响，桥宽可容车马通行，至今传为佳话。①

刘兴斋

刘兴斋（1877—1952），又名刘去风，湖北松滋人。

刘兴斋弱冠时，因患骨髓炎而右臂功能障碍，虑及生计，遂跟师习医。刘兴斋自幼好学，习医后，手不释卷，对中医经典孜孜钻研，酷暑严寒亦从无懈怠。他一边学习，一边实践，不到数年，竟深得医学要旨。

他医德高尚，以济世活人为宗旨，从不计较报酬。每当重症患者请他诊治，闻讯即往，故求医者络绎不绝。他对药物炮制质量，要求严格，常亲自逐味检查、复核，以防差误。

刘兴斋博览医书，技术精湛，他宗《黄帝内经》《难经》之旨，师仲景，效金元名家，外科方面崇尚徐大椿，尤精于叶天士、薛生白、吴鞠通、王孟英的温病新学。他重理论，更重临床实践，经常告诫后学：不懂脏腑经络和四诊、八纲，不明六淫、五气，不能识症辨证；不讲理、法、方、药，就不足以言医。

刘兴斋学识经验丰富，求医者众多。设帐授徒，规定学制三年：两年读书，一年随师伴诊。因白天忙于诊务，所以他晚上授课，从不间断。

晚年，刘兴斋刻将其病案编纂成册，因医务繁忙，无暇整理，志未酬而人已逝。②

冉雪峰

冉雪峰（1879—1963），原名敬典，后更名剑虹，号雪峰，别号恨生，四川巫山（今重庆巫山）人，著名中医学家、教育家。

---

① 松滋县卫生局编：《松滋县卫生志（1911—1985）》，1985 年版，第 237 ~ 238 页。

② 松滋县卫生局编：《松滋县卫生志（1911—1985）》，1985 年版，第 236 页。

冉雪峰出身于中医世家，祖上五代都为医，而且都是清朝御医。受家庭熏陶，冉雪峰自幼习文学医，致力于中医药学。他 12 岁起随父采药，同时习医。15 岁时，就可以独立诊病。17 岁于故里开诊，不到 20 岁时就可以接替父亲为人看诊。1903 年，在民主思潮影响下，冉雪峰来到湖北武昌，在报馆当校对、记者和编辑。1907 年，受聘于湖北医学馆教习，后担任馆长。1911 年，他参加武昌起义。袁世凯窃国后，冉雪峰在报纸上揭露抨击袁世凯投降卖国、复辟帝制的罪行，由此身陷囹圄。后经保释出狱，不再过问政治，悉心研究医学。1917 年，冉雪峰正式悬壶于武昌，后迁至汉口。当时鼠疫流行，冉雪峰在临床实践中研究采用太素清燥救肺汤和急救通窍活血汤等方药，收到良好疗效，并著有《温病鼠疫问题解决》《霍乱症与痧症鉴别及治疗方法》《麻疹商榷正续篇》等文，因而驰名武汉三镇，享誉医林。

1919 年，鉴于“西医东渐，中医衰落”，他联合中医名家，组建湖北省中医师公会与中医学会，并兼任湖北省《中医杂志》编辑。1923 年，他在武昌独资创办湖北中医专门学校，并自任校长，冀以“发扬国粹，造就真材”，前后培养 500 余名中医师。1929 年，出任汉口卫生局中医考试委员、湖北省政府中医检定委员会委员。当国民政府通过《废止旧医案》后，冉雪峰率武汉中医药界名流组成请愿团赴南京抗争，同时在报纸上发表文章据理驳斥，并与天津名医张锡纯结成“南北同盟”，反对扼杀中医药事业的行径，从此享有“南冉北张”之誉。中央国医馆成立后，他任该馆医务处处长和湖北省国医馆馆长。抗日战争期间，冉雪峰捐款并组织湖北省战地后方服务团，任团长及中医救护医院总院副院长，为抗日将士和难民免费治病。

武汉沦陷前夕，举家到四川避难。应诊之余，埋头著书，并亲手制作人体骨骼标本，绘制数百幅人体解剖学彩图，旨在进行中医改革与创新。1946 年，他返回汉口，悬壶应诊。1949 年，举家搬至重庆。1955 年 11 月到中国中医研究院（今中国中医科学院）工作。

冉雪峰谦逊好学，知识渊博，一生都在苦研中医学术。他的学术思想主要体现在崇古而不泥古，创新而不离纲，提倡古为今用、洋为中用。在尊古的基础上，他又结合自己的长期研究和临床实践，创立了“一融三合”的独特学术思想。①“一融”，即伤寒与温病相融汇。冉雪峰主张融汇张仲景《伤寒论》和后世的温病学说，认为“伤寒原理可用于温病，温病治疗可通于伤寒”，所以他既能遵古法，用经方和古方，又能灵活运用时方，临床疗效卓著。“三合”，即哲学与科学、中医与西医、理论与实践相结合。他认为，科学为哲学之骨，哲学为科学之干，哲学无科学作骨，失之空疏，科学无哲学作干，过于呆板，故其方解多采取现代医学生理与药理来证实说明。他一贯主张不同学科之间应交流，主张中医学西医，其《大同方剂学》和《大同生理学》等著作中的“大同”二字即蕴含着早期的“中西结合”之义。他极力倡导中医理论与实践相结合，强调“坐而言，起而行为医道”。他常教导学生：“医学一道，既不能离开书本，也不能专靠书本，既要凭经验阅历，也要懂得经籍要义”。

冉雪峰一生活人无数，经验极其丰富。他善用经方，尤善治疗各种疑难杂症。他一生勤于著述，著作颇丰，撰有《大同方剂学》《大同生理学》《国防中药学》《麻疹商榷正续篇》《新定救护药注解》《健忘斋医案》《内经讲义》《伤寒论讲义》《冉雪峰医案》《中风临证效方选注》《冉注伤寒论》等。其中，《冉注伤寒论》是他最杰出的作品之一，对推动中医理论和治疗技术的发展都有重要的作用。在他 81 岁时，还用 1 个月的时间写成了《八法效方举隅》一书。在中华人民共和国成立十周年时，又著书《冉雪峰医案》为祖国献礼。

冉雪峰一生挚爱祖国医学，毕生致力于医学教育事业，手不释卷，笔耕不辍，博学多思。冉雪峰重视人才培养，自武昌办学至北京执教，他始终以培育中医新人为己任，直接从师习业者如熊济川、龚去非、宦世安等后来均为中医药界之名宿翘楚。另外，郭士魁、陈可冀、李润石、

---

① 徐江雁：《勤学苦研，古今相合，融会贯通——记一代名医冉雪峰》，《北京中医》2006 年第 5 期。

汤辅康等，亦曾受业于他。

朱瀛洲

朱瀛洲（1881—1950），武昌府武昌（今湖北鄂州）人。

朱瀛洲出身于中医世家，祖父朱庆甲为清末著名中医学家，大生堂药局创办人。朱瀛洲幼承家学，性聪颖。朱瀛洲随父亲朱彝亭习医侍诊，凡《黄帝内经》《伤寒论》《神农本草经》《千金要方》《外台秘要》等，均做研读。至中年尤喜《景岳全书》，谓其学问渊深，论述启人心智。后致力于温病学，对叶天士、薛生白、吴鞠通、王孟英等人著作，研读多年。酷爱费伯雄《医醇剩义》，编成《医醇剩义方歌括》四卷。

朱瀛洲接手祖传的大生堂药局，雇药工数人，自己坐堂应诊，以善治危重病名传乡里。日寇侵华期间，时局动荡，朱瀛洲在大生堂药局中挂“赤贫送诊；不取分文”牌，实施义诊。虽交通时时阻塞，朱瀛洲主持大生堂药局期间仍选用道地药材，遵古炮制，不敢有半点马虎。当时不少难民逃难至此，病人亦多，经朱瀛洲诊治多获痊愈。1947 年前后，瘟疫流行，当时有从阳新县传来的防治瘟疫方，朱瀛洲观其方有效，乃按方配制，免费送人。仁人医德，被及一方，人送“着手成春”金匾。

朱瀛洲认为，人具生机活力，全在脏腑功能协调，而脏腑之生理活动正常，全赖其所藏气血周流运转不息。朱瀛洲临证，既重视脏腑间生克乘侮的相互关系，同时又注重脏腑气血之虚实盈亏、调畅或涩滞，形成诊治的心法、程式与思路。《中医药文化》杂志曾载朱瀛洲在治疗咳嗽、妊娠眩晕、筋痹、阴暑方面的医案四则。①

朱瀛洲留有《朱瀛洲医案》《医醇剩义方歌括》等手稿。②

---

① 朱祥麟、朱寒阳：《朱瀛洲先生处方赏析》，《中医药文化》2009 年第 3 期。

② 鄂州中医志编纂委员会编：《鄂州中医志》，湖北科学技术出版社 2006 年版，第 94 ~95 页。

董永钦

董永钦（1882—1958），字奉之，一作风枝，湖北松滋人。

董永钦为人正直，好讲义气，早在少年时代，就常将纸墨送给贫寒朋友使用。青年时代，喜读稗官野史和传记小说，对于行侠仗义的故事更是津津乐道。

董家略有田产，董父置有大木船一艘，兼营水上航运。董永钦随父学习水运业务。父殁后，董永钦子承父业，断续往来于湘鄂两省沿江地带。1909 年，一次他随船行经洞庭湖，偶因解囊济危而遇一陌生人。此人不但精通技击，而且擅长中医外科，尤其是治疗跌打损伤、痈疽疱疖诸症，往往不用药物，单凭推拿按摩，就能立愈。董永钦将此人迎回家中，拜师学艺。先练技击，后习医术。历三四年，董永钦便得其真传。

1914 年，董永钦开始独立应诊，主治伤科杂病。当时乡里有毛、曾二姓为争地界发生殴斗，毛姓一青年被锐器重伤头部，流血不止，神智昏迷。经董永钦紧急治疗，施方配药，血止复苏，旬月痊愈。董永钦从此声名大振，被乡人誉为“起死回生的妙手”，求医之人络绎不绝。

1937 年，当地村民伐树，有个 6 岁女孩在旁玩耍，被大树打断小腿，伤部红肿，昼夜号啼。请董永钦诊治，诊为小腿骨折，董永钦以手法复合，外敷中草药，然后以小夹板固定，内服中药，每日服三四次。不及 1 个月，痊愈，行走自如。

董永钦行医 40 余年，治疗伤痛病人成千上万，举凡跌打损伤、痈疽疱疖、毒蛇狂犬咬伤、碎骨鱼刺卡喉、妇科痼疾等症，经他治疗，必疗效显著。

董永钦为人宽厚，疏财仗义。他给人治病，不需酒肉招待，不取诊金，只取少量药费。每遇贫困患者，便施义诊。①

---

① 松滋县卫生局编：《松滋县卫生志（1911—1985）》，1985 年版，第 238～239 页。

陈宰甫

陈宰甫（1882—1969），又名宗主，湖北松滋人。

自幼好学，通读四书五经。中秀才，执教于本乡私塾。由于当时政治腐败，民不聊生，贫民患病因无钱请医买药，多有毙命。陈宰甫乃萌救死扶伤之念，兼学中医。这时，陈宰甫祖母患眼疾，恰逢湖南一眼科医生路过，便邀请其诊治，有效。陈宰甫欲拜他为师，竟遭拒绝，更坚定自修祖国医学的志向，遂发奋攻读中医经典，尤对眼科名著《秘传眼科龙木论》，不但深究其意，更重临床实践。1913 年，他以“济贫贱之厄，疗庶民之疾”为己任，开业应诊。凡患眼疾及其他杂病来求治者，陈宰甫均热情接待，细心诊疗，治好重症危症病人不少，因而誉传四方，湘鄂边境慕名求其医治者络绎不绝。

陈宰甫擅长眼科。他从整体观念出发，根据眼与脏腑经络的密切联系，结合《秘传眼科龙木论》之五轮学说，辨证求因，把眼疾分为内、外二障。认为外障乃六淫外邪侵袭所致，多发生在肉轮、血轮、风轮、气轮四个部位。病发肉轮，多属脾胃功能失调；病在气轮，与肺和大肠疾病有关；病发血轮，多为心或小肠疾病所致；风轮疾病，多为肝胆发病。故在外障治则上，以疏散风热、活血祛瘀、行气降逆为主，药用羌活胜湿汤、桃红四物汤之类加减化裁。同时用自制的甘石散点服和广大重明汤熏洗局部。他谆谆告诫后学：“眼有百表之功。”在眼病初起之时，“宁可投十剂破散之品，不可服一剂寒凉之药。”

在诊治内障眼病时，他认为病在水轮及内脏，主要是脏腑功能失调，多为肾与膀胱病变所致。故在治法上，遵照《黄帝内经》“五脏六腑之精气，皆上注于目而为之精”“肝开窍于目”的理论，注重培补肝肾，以滋水涵木为其大法，常以三仁汤、四物汤、逍遥散加减化裁，继用杞菊地黄丸、明目地黄丸。

陈宰甫善于总结临床心得。他集一生之经验与学术见解，编写成

《医病百方》一书，传授后代。①

孙惠卿

孙惠卿（1883—1968），字嘉微，号隆净，武昌府江夏（今湖北武汉）人，著名针灸学家，现代“梅花针疗法”的创始人。

孙惠卿一生充满传奇色彩。孙惠卿幼年时患过一次痧症，后来经家人刮痧治愈，这使得年幼的他对中医充满了好奇。1915 年，孙惠卿独子因患淋巴结结核而死亡，孙惠卿在悲痛之余决定弃商从医，潜心钻研中医学。

《素问·皮部论》云：“凡十二经络脉者，皮之部也。是故百病之始生也，必先于皮毛。”《灵枢·官针》又云：“半刺者，浅内而疾发针，无针伤肉，如拔毛状，以取皮气。”“扬刺者，正内一，傍内四而浮之，以治寒气之博大者也。”受此启发，孙惠卿从人体十二皮部与脏腑、经络联系密切入手，运用梅花针叩刺皮部可激发和调节脏腑、经络的功能，达到通脉化瘀、去湿排邪、防治各种疑难疾病的目的，即“毛刺者，刺浮痹皮肤也。”

孙惠卿受民间刮痧和用柳条抽打疟疾病人等治病方法的启发，认识到疼痛刺激也是治疗疾病的一种方法。他倾尽心血，苦心钻研，几经实验改进，终于发明了竹筷形梅花针和弹刺式治疗方法，此后又发明了孙氏诊察法。1923 年，孙惠卿在汉口首次将其用于临床，大获成功。最初，他仅想单纯地治疗淋巴结结核，后来治疗范围逐步扩大到风湿性关节炎、神经官能症、急慢性肠胃炎、神经性皮炎、面神经麻痹以及哮喘等疾病。因为梅花针疗法安全、简便、诊费低廉和疗效显著，孙惠卿一夜成名。1926 年，北伐军攻占武汉，孙惠卿参加了国民革命军。1935 年，孙惠卿回到故乡武汉。

① 松滋县卫生局编：《松滋县卫生志（1911—1985）》，1985 年版，第 239 ~ 240 页。

孙惠卿的梅花针疗法因简便易行和疗效显著得到了社会关注，孙惠卿因梅花针疗法蜚声遐迩，许多人慕名求医。1950 年，孙惠卿受邀进京，与施今墨一起，作为中医南北方代表，出席第一届全国卫生会议。1954 年，孙惠卿正式调往北京，任孙惠卿刺激神经疗法诊疗所所长。1956 年任中国中医研究院孙惠卿刺激神经疗法治疗所研究员。1959 年，在侄孙孙忠仁和学生郭万学等人的协助下，孙惠卿著成《刺激神经疗法》①。

古人把五根细针捆成一束，用来针刺治病。因其针形及针刺后皮肤泛起的红晕都酷似梅花，故而得名“梅花针”。梅花针疗法一反常规针法，把刺激患者皮肤、黏膜引起的疼痛感觉视作良性反应和治病的基础。后来，他和学生在治疗理论上参考了巴甫洛夫学说，用神经学中的反射来解释它的治疗原理，故而孙惠卿曾把这种疗法定名为“刺激神经疗法”。后来，在孙忠仁和学生的共同努力下，“刺激神经疗法”最终被修定为中医药界公认的“梅花针疗法”，孙惠卿也从此被公认为现代“梅花针疗法”的创始人。

自从古法针灸中挖掘出梅花针疗法之后，孙惠卿慢慢形成了将“诸疮痛痒皆属于心，诸风掉眩皆属于肝，诸湿肿满皆属于脾，诸气愤郁皆属于肺，诸寒收引皆属于肾”之提肾阳、排寒湿、通百脉、调五脏、平阴阳、祛邪毒的中医理念，从而将梅花针疗法大大向前推进了一步，按其所病，溯其所属，从而治之，无不奏效。

孙惠卿在长期从事梅花针的研究工作中，积累了丰富的实践经验。通过敲、摸、推、压、捏等手法，以酸、痛、麻、木等为病理阳性反应，以结节、条索等作为诊断疾病的依据。这个诊断依据与神经解剖中所述的脊髓各节段同内脏的相互关系大致相同，与足太阳膀胱经脊背俞穴同脏腑的相互关系也有相似之处。他将擅长的脊柱两侧检查诊断法与中医的望、闻、问、切相结合，能初步检查诊断出各脏腑器官所患疾病。检查中发现的病理阳性反应往往是针刺治疗的重点，对治疗有着指导意义，

① 孙惠卿：《刺激神经疗法》，湖北人民出版社 1959 年版。

同时也起到评估疗效的作用。孙惠卿弹刺手法熟练准确、运用自如，利用腕力对皮肤进行刺激，平、稳、准，弹而有力，并总结出弹、快、轻、平“四要”和慢、压、针、拖“四不要”等经验。[①]

孙惠卿一生为中医药事业培养了大批优秀人才，使得梅花针疗法得以在全世界不断发扬光大。

郑显庭

郑显庭（1887—1960），又名先渼，湖北荆州人。

郑显庭少年时期正值清末，朝政腐败，他目睹现实，深感为拯救祖国，首当改变国人体质，于是矢志求医，刻苦攻读《黄帝内经》《神农本草经》及张仲景之书。1923 年，赴上海中西医院函授学校学习，卒业后在沪应诊，后回武汉市任中医检定委员会委员、汉口中西医会监察委员、武汉市中医药分会高级顾问等职。1930—1933 年，在湖北省国医馆任职，并受聘为沙市国医药会执委兼秘书。1933 年后，在湖北国医专科学校任教，对继承发展祖国医学、培养中医药人才做出了不懈的努力。他于 1940 年回到沙市，为振兴荆沙中医药事业四处奔走。1944 年迁居重庆，在重庆《华西医药月刊》工作。不久回沙市任中医分会理事长。新中国成立后，长期在沙市中医医院从事临床工作。

郑显庭学识渊博，尤对方剂、药物探究颇深。临证善用《千金要方》《外台秘要》所辑之方，对宋代《太平惠民和剂局方》研究颇深，信手拈来，便可应急。他主张为医者重在识方用药，而用方之要，以效速为贵，若能将药物研制成丸散膏丹，“临时按证施治，用以救急拯危，甚为稳妥。”

郑显庭面对我国农村、山区缺医少药以及深夜急诊的需要，提出了在遵循祖国医学方剂配伍的特点和规律的基础上，进行中药的剂型改革，

① 孙霈：《孙惠卿与梅花针疗法》，《中国针灸》1997 年第 3 期。

探讨中药的化学成分，为促进中医药工作的开展起到了良好的作用。

在湖北国医专科学校任教期间，郑显庭利用休息时间，精选古今经验良方，汇集名家特长，结合个人临床经验，历时2年，撰成《丸散膏丹集成》一书。此书将古今验方按不同剂型分为62类，每方下分列发明、功用、药品、制法、参考等项。明确了病各有方，方各有用，使医家病家不致误用，而药剂人员可以按方配制，免失制方原意。1957年，郑显庭对原书修订补充，于1959年由上海科学技术出版社出版发行。至1963年，此书先后4次刊印，发行共达21000余册，并流传海外。①

谢汇东

谢汇东（1887—1971），谱名支松，又名春圃，号爱梅山人，湖北天门人，著名中医教育家。

谢汇东出身于中医世家，1914年毕业于湖北私立法政学校，后回乡随父学医。1919年谢汇东发起并成立汉口中西医学研究会。20世纪20年代后期，谢汇东加入全国中医药界组织——医界春秋社，经常在该社出版发行的杂志《医界春秋》上发表中医药学术论文。

1929年，国民政府通过《废止旧医案》，激起中医药界人士和人民群众的公愤。各省中医药界人士联合起来，在上海成立全国医药团体联合会，并派出代表赴南京请愿。谢汇东被选为汉口分会常委，在武汉创办并主编《汉口医药月刊》，呼吁拯救祖国医学，声援南京请愿。

1931年，谢汇东与冉雪峰等在汉口创办汉口医药学社，并担任社长，收学生30余人。1933年，湖北省国医馆正式成立。谢汇东主动向湖北省国医馆申请，将汉口医药学社扩大改组为湖北国医专科学校。该馆批准了这一申请，并指定谢汇东负责筹备。他四处奔走，多方联络，

---

① 湖北省卫生厅中医处、湖北省中医药研究院主编：《湖北当代名中医传》，湖北人民出版社1989年版，第427～430页。

邀请当时武汉名医参加湖北国医专科学校教学工作，并四处游说，募集资金。1933 年，湖北国医专科学校在武昌正式成立，谢汇东被委任为校长。同年冬，谢汇东辞职去湖南，参与创办湖南国医专科学校，任教务主任。翌年底返汉，创办华中新中医专科学校，任校长。

抗日战争胜利后，国民党的反中医政策变本加厉，迫使全国中医药界再次联合起来，组织请愿团。谢汇东以汉口中医师公会理事长的身份，被选为全国中医药界驻京请愿团代表兼秘书长，参与起草请愿书，赴南京请愿未成。谢汇东回汉主办《青年中医月刊》。旋又赴南京，被推为中国医药改进会秘书长及代理理事长。1947 年被任命为中央国医馆医务处副处长，兼任南京《救国日报》副刊——《中医特刊》主编。他借助多种医药报刊和所兼任的多种社会职务，大力宣传中医中药，呼吁人民群众“关心国家富强，民族健康，中医中药的生存”。

中华人民共和国成立后，他多次提出发展中医药的建议。1950 年，谢汇东被调至卫生部医政处中医科。在卫生部工作期间，提出发展改进中医中药五年计划的建议。后调往中国中医研究院工作。

1934 年，谢汇东著成《医经总论》一书，旨在结合中医典籍，探讨中医基础理论，反映其中西会通的思想。

谢汇东一生致力于发展祖国医学事业，培养中医后继人才，提出“沟通中西理论，科学地发扬中国医药学”，以及主张兴办中医学校、中医医院、中药厂、中医研究机构等，并为之进行了艰苦卓绝的努力和探索。①

陈顺理

陈顺理（1889—1974），湖北潜江人，擅长中医外科。

陈顺理 18 岁拜师学医，3 年师满，即开始了他的行医生涯，在家乡

① 天门县卫生志编辑室编：《天门县卫生志》，1984 年版，第 152 页。

为乡亲邻里治疗疾病，解除痛苦，抢救生命，深受人们的信赖。1956年，陈顺理受湖北省中医进修学校附属医院的邀请，欣然来到武汉，在该院任中医医师，并担任外科副主任，负责临床、教学、科研工作。1959年，湖北省中医进修学校改建为湖北中医学院（今湖北中医药大学），陈顺理转至湖北中医学院附属医院工作。

陈顺理在学医、行医实践中，刻苦钻研医术，博采百家之长，总结前人的理论和实践经验，结合个人医疗实践，逐渐形成一系列诊病治病经验，在中医内、外科方面都有精湛的技艺，尤其擅长中医外科疾病，特别是脉管炎、风湿性关节炎、痈疽疔疮、痔瘘及多种皮肤病等。他还精通多种膏丹的炼制方法和临床运用，治愈许多疑难杂症，使不少患者免于开刀之苦而获痊愈。

陈顺理为使中医药事业兴旺发达，后继有人，先后带徒60余人，将自己丰富的医疗经验毫无保留地传授给学生，深得学生们的爱戴。他还亲自编写《湖北省中医进修学校外科讲义》（手稿），撰写临床经验总结多篇（手稿），给后人留下了珍贵的资料，为祖国医学的丰富和发展做出了贡献。①

蒋树人

蒋树人（1890—1963），号笠庵，湖北天门人，擅长中医内科，兼通妇科、儿科、眼科与针灸，著名中医学家和中医教育家。

据柯新桥整理资料，蒋树人出身于书香门第，他曾祖父、祖父、父亲均系当地长于医道的名儒。他少时体弱多病，患肺痨咯血，幸得精心诊治，方使沉痼之疾渐见消除，身体逐渐康复，这让他从小对中医产生了好感。受家庭环境的熏陶，蒋树人自幼生性敏捷，勤奋好学，博览群

① 湖北省卫生厅中医处、湖北省中医药研究院主编：《湖北当代名中医传》，湖北人民出版社1989年版，第1～2页。

书，尤好钻研经史，14 岁立志学医。1909 年起，继承父业，在教馆谋生，同期兼营聚顺丰诊所。他文史基础坚实，擅长训诂、考据和校勘，对《易经》《礼记》颇有研究，对《黄帝内经》《伤寒论》等中医经典亦有研究心得。①

蒋树人一生充满传奇色彩。前半生，他主要从事文史方面的教学，兼而行医。五四运动之后，蒋树人为获新知，以裨实用，于 1920 年毅然就读湖北国学馆暨中华大学，获法学士，著有《政治概论》等。20 世纪 30 年代以后，他决定将更多精力投入中医药事业。1933 年任湖北国医专科学校温病学兼法医学教授。1937 年，进入湖北省民政厅任禁烟科科长，为肃清烟毒，尽职尽责，同时任教于武昌国立师范专科学校。1947 年任中华大学、江汉纺织专科学校教授。

1956 年他被任命为湖北省中医进修学校副校长，并担任教员，加入武汉中医研究班，从事中医教学和科研工作。1958 年任湖北中医学院副校长，专门从事中医教学工作。为提高教学质量，他结合自己的学习心得和临证经验，先后编写了《伤寒论讲义》《金匮要略讲义》《方剂学讲义》等多种教材，并亲自给学生讲授相关课程。

无论研读文史还是从事中医临床或教学，蒋树人总能做到一丝不苟、勤求古训。他对中国医学史及历代著名医家的主要学术思想都有较系统的了解。

临床上，他师古而不泥古，总能做到知常达变，运用自如。蒋树人选方用药，以精用经方、小方见长，用药上主张味宜少而不可杂，量宜小而不可大。尤其对于一些慢性虚劳病证，常告诫不可过用辛燥或苦寒之品，以防伤及阴精阳气，但又可因病情需要大剂量使用。如一壮实的狂证病人，大便秘结，数日不解，呼号怒骂不宁，以芒硝为主用药，每剂竟达 4 两（120 克）之多，患者连服 3 剂后，病情缓解，继用他药调理而愈。他还擅长内外调治，如在给患者内服药时，常外施针灸按摩，

---

① 柯新桥：《蒋笠庵先生生平及学术特点记略》，《湖北中医杂志》1988 年第6 期。

或兼用其他外治法，十分注重手法的选择。

蒋树人医术精湛，医德高尚。临证中即使遇到复杂疾病，他亦尽量避免使用珍稀贵重药物，力求达到既能治愈疾病又能减轻患者负担的目的。对平民百姓，不论寒暑昼夜，有求必应，尤对贫苦患者，免收诊金，还以自备成药相赠，因而深受病家欢迎，名声愈显。

蒋树人医学渊博，经验丰富，尤以伤寒、金匮及方剂学造诣较深。先后编有《方剂学讲义》《伤寒论讲义》《金匮要略讲义》等书，其中《金匮要略讲义》一书为全国高等中医药院校教材。①

何晓峰

何晓峰（1891—1963），湖北嘉鱼人，精于妇科。

何晓峰自幼在乡里读小学，后考入武昌第一师范学校，后返回嘉鱼，以教书为业，同时拜师学习中医。1917 年，何晓峰开始行医应诊。1931 年，他迁居武昌，继续行医。1938 年，日寇逼近武汉，他返回嘉鱼开业。1946 年，他又回到武昌行医。

1951 年，何晓峰参加武汉中医进修班学习，并任内科辅导员。1957 年开始，在湖北省中医进修学校附属医院任中医内科医师。

何晓峰一生从医数十载，学识渊博，经验丰富，学贯中医各科，旁及道家养生之学，对内、外、妇、儿、针灸、按摩、气功导引等都有很深的研究。临证时能根据病人病情，辨证施方，针药按摩，各适其宜；温凉补泻，恰到好处。故疗效卓著，享有盛誉，尤其在妇科方面。他在妇科门诊坐诊时，就诊者日盈其门，甚至有的病人家属在前一晚便带着床席坐卧在门口等待。

何晓峰不仅医术精湛，医德也特别高尚。在诊疗工作中，他详细问诊，悉心诊断，对病人和蔼而热情。遇有会诊，随请随到，发表意见时

---

① 天门县卫生志编辑室编：《天门县卫生志》，1984 年版，第 146 页。

很谦虚。教学生时，他认真负责，严格要求，随时随地讲解难题，每周定期授课，深得学生和医界同道的敬仰。

何晓峰一生忙于诊病，著述不多，现存《新编按摩秘要》一部，惜未刊行，已残缺不全。①

蒋玉伯

蒋玉伯（1891—1965），字成瑞，湖北枣阳人，著名中医学家、中医教育家。

蒋玉伯出身于中医之家，自幼随父蒋鹏程习医，同时接受近代教育。蒋玉伯在早年读书时即有志于中医，“辄读医书，不忍释手”。1914—1916年，入湖北法政专门学校学习。1921年经人介绍至北京图书馆从事编辑工作，得以阅读和收藏大量医学典籍及经方、验方，为后来医学生涯奠定了坚实的基础。1923年，在北平考取中医开业执照，正式于西直门外悬壶济世。1927年，蒋玉伯回武昌行医。由于他精通医理，擅长内科、针灸，兼通外、妇、儿各科，善治绒毛膜上皮癌、多囊肾、胆囊切除后流脓、心脏病等疑难杂症，声誉卓著，就诊者甚众。

后来，蒋玉伯参与创办湖北国医专科学校，并担任学校教务长兼内科、药物学教授。1938年，湖北国医专科学校停办，他携全家返枣阳，创办了私立复兴中学，任该校董事长。1941年，迁至郧阳，专行中医业。1945年后，迁回武昌行医。

新中国成立后，蒋玉伯继续积极从事中医和中医教育事业。1955年，任湖北省中医进修学校第一副校长。1960年起，任湖北中医学院副校长。

蒋玉伯致力于中医药事业，有丰富的临床经验。他临证讲究辨证施

① 湖北省卫生厅中医处、湖北省中医药研究院主编：《湖北当代名中医传》，湖北人民出版社1989年版，第12～14页。

治，治则严谨，方法灵活。他说：“善医者临证要先审症求因，辨证论治，然后法定方来。”又说：“治病之法，于虚实寒热、气血上下之分，透得其情，按脉审证，依法立方，则治一病之法，可以旁通治诸疾。”他重视方药的运用，认为“医知病理，而不知深究药物，不能收十全之功。”他十分赞赏徐灵胎的观点：“若夫按病用药，药虽切中，而立方无法，谓之有药无方；或守一方以治病，方虽良善，而其药有一二味与病不相关者，谓之有方无药。”同时，治病善用单方草药取捷，指出：“方贵简约，简约则熟练而力专，繁多则散漫而力薄。”有时采取针药并用，以期速效。对于急治之方或证候专一者，他多从于简，常师法仲景；对于缓治之方或证候复杂者，多从于繁，以调理脾胃为主。对于年过半百、肾气衰弱者，常用景岳之方；对于肾阴不足者，又崇丹溪治法。至于腑实胀闭急下之证，攻下之法亦不可废。总之，他精通各家学说，不存门户之见，不持骑墙之论，掇拾精英，删除臆说，择其善者而从之。

蒋玉伯不仅临床经验丰富，对中医药理论也有很深的造诣。早在20世纪30年代，就有多种著作问世。其中《中国药物学集成》[①] 历经十余寒暑，四易其稿而成，颇受当时中医药界的赞誉。新中国成立后，他在湖北省中医进修学校和湖北中医学院任职期间，相继著有《内科学讲义》《妇科学讲义》《针灸疗法经穴证治备考》等。另有《灵枢经注释》《辨证论治概述》等遗稿，尚未刊行。其临证经验由学生整理成《蒋玉伯医案》，另《湖北中医医案选集》曾收录其医案十余则。[②]

张丹樵

张丹樵（1892—1958），湖北汉川人。

---

① 蒋玉伯：《中国药物学集成》，上海知新书局1935年版。

② 湖北省卫生厅中医处、湖北省中医药研究院主编：《湖北当代名中医传》，湖北人民出版社1989年版，第3～8页。

年少时，张丹樵随父在汉口学习中医外科。1921年左右，单独应诊。在医治痈疽疔疮等顽疾方面，颇有声望。张丹樵还将自学的西医理论用于临证。

张丹樵在学术上，博采众长，走中西医结合之路。他在《湖北医药月刊》杂志发刊词中提出："近日科学昌明，急宜融合中、西医、药学术，造成有系统之精确医学。"还在杂志上发表署名文章并倡导："用科学方法，整理国医、药学术""应先就外科从事整理，以资改进。……从中、西学说，融合真理，力求造就中西合璧之外科学。"并提倡"鼓励农民广为引种药材""进而精制，不惟可以供给医用，亦可挽回利权，殆亦改进医药之一助。"在与谢汇东合办诊所时，也规定："凡关内外两科相关之疾病，用会诊法；凡关中西医士束手之疑难重症，另行会商有医学经验之同道，确定精当之法。"①

孔少珩

孔少珩（1892—1965），湖北通城人。

孔少珩幼年家贫，20岁时考入通城预科中学，3年后升入湖北武昌府学校。毕业后，从其舅父学医。孔少珩刻苦攻读历代医家名著，如《黄帝内经》《伤寒论》《金匮要略》以及陈修园的医学著作。不到数年练就了扎实的基本功，临证处方，药简效宏，医名渐播，前来求医者络绎不绝。

孔少珩学识渊博，通中医内、外、妇、儿各科，尤以内科、妇科见长。处方药味少，配伍严密，常云："用药不要多，而要精适恰当"，常用方如四物汤、二陈汤、小青龙汤、逍遥散、人参败毒散等，加减灵活，治疗多种疾病，效果良好。他医德高尚，对于贫苦者常不收诊费。当时

---

① 汉川县卫生志编纂委员会编：《汉川县卫生志（1727—1985）》，1990年版，第393～394页。

凡有医名者出诊，都骑马、坐轿，而他出诊时无论路途远近，总是步行。他一生因忙于诊务，无暇著述，仅遗有少量零碎医稿。①

夏滋圃

夏滋圃（1892—1977），字锡霖，湖北黄安（今红安）人，擅治内科杂病，长于妇、儿科。

夏滋圃幼承庭训，继入私塾读书。13 岁考入黄安县国立中学，由于家贫，中途辍学还乡，以教私塾维持生计。时值战乱，瘟疫流行，家人病殁十之二三，又苦于自身羸瘦多病，从而选择了行医之路。18 岁始入医门，上溯岐黄，下览百家，无论酷暑严寒，挑灯夜读，手不释卷。而立之年，医名远及武汉等地。应汉口药店之邀，在统一街、打铜街一带行医。武汉沦陷后，愤然还乡。

1953 年他率先加入中医联合诊所。1956 年，调至红安县人民医院工作。在名老中医献书献方活动中，他昼夜不停地整理了五万余字的《采风录》和《验方选》献给国家。

夏滋圃一生勇于钻研，虚心求教，并勤于总结，医学造诣颇深，积累了丰富的理论知识和临证经验。

于内科杂病，受李东垣脾胃学说影响，夏滋圃尤其重视胃气作用，认为杂病多为慢性，临证应以扶胃气为本，盖脾为后天之本，胃为水谷之海，久病必致胃弱，中气渐伤，故药量宜轻。用药宁可再剂，不宜重量，恐戕胃气。治则从温补、化湿、分利、疏散、消导、调整气机等法入手。基于此，其临证组方，药味虽不多，然配伍严谨，常以轻剂取胜。

于妇科疾病，夏滋圃认为，妇科疾病不外乎经、带、胎、产、乳之类，而经、孕、产、哺，皆易耗血，故妇人血常不足，气常有余。病机

---

① 湖北省卫生厅中医处、湖北省中医药研究院主编：《湖北当代名中医传》，湖北人民出版社 1989 年版，第 378 ~ 379 页。

应着眼于肝、脾、肾、心，注重于冲、任、督、带诸脉。其临证时，多主张以调整脏腑功能、调补冲任为主，常获满意疗效。

于儿科，夏滋圃对小儿感冒、咳嗽、哮喘、腹泻、疳积、遗尿、夜啼、麻疹、水痘、虫证、暑湿等病，治验颇多。他主张古方活用，时方合参，单方结合，不拘于成方成法。

夏滋圃一生俭朴成风，医德高尚。常言："医者应有割股之心，病人度分秒如岁月，求医治如敬神灵，生命在于顷刻，切不可草菅人命。"

现存《夏滋圃医案》和《读书札记》手抄本于世。①

刘止安

刘止安（1893—1967），字荣填，号迟步山人，湖北兴国州（今阳新）人，以针灸见长。

刘止安出身于儒医之家，幼承家学，年方弱冠即常代父出诊。1928年，刘止安在重庆针灸讲习所就读。后东渡大阪学习汉医。回国后，悬壶于南京、余姚、奉化等地，屡起沉疴，声名日噪。1938年，刘止安定居汉口，时常寻访针坛哲匠，如承淡安、焦勉斋、孟子英、黄云章等。1944年，刘止安避难于阳逻乡间。1945年，刘止安重返汉口，未及一年即移居武昌，不久名噪江城，与杨济生、蒋玉伯被誉为武汉针灸"三鼎足"。

刘止安每遇贫病交迫者，屡慷慨解囊，代付药资路费。他德艺双馨，在武汉及周边城乡享有很高的声誉。

新中国成立后，刘止安先后在武昌刘有余药店坐堂，在武汉市中医进修学校任教，在武昌中西联合诊所应诊，后因诊所搬迁，刘止安因足躄往返不便，故退居家中。晚年以撰文为主。

刘止安认为人之气禀，罕得其平，有偏于阳而阴不足者，有偏于阴

① 湖北省卫生厅中医处、湖北省中医药研究院主编：《湖北当代名中医传》，湖北人民出版社1989年版，第319～322页。

而阳不足者，故必须加以匡扶。匡扶之道主要是扶正祛邪两途，换言之就是补虚与泻实两法，而具体进入人体起作用的介质是药物、针灸或内气等，特别是针灸、内气。

刘止安临证时十分重视运气学说，诊治疫病时必根据气候与自然变化，立法投方选穴，著有《气候与疫情》。刘止安于疫病自己的独到见解，认为疫病病机是感受外邪—邪内蕴毒—毒致热生—热毒炽盛。疫病之治，首当用清，热清则毒无所倚。清热的同时，佐以轻拔气机、疏透血络之法，以保护受累脏腑免受实质破坏。对于中风、风水、胸痹早期，刘止安每兼用清法，以免心、肾、脑组织变性受损。若遇正虚邪实，阴阳有离绝之势，当先行回阳救逆。不能片面套用西医理论，投以大量苦寒之剂，以致气血凝滞，毒邪冰伏。

对于杂证，刘止安着重补肾健脾。对于重症，刘止安主张针灸、方药并行不悖，内应外合。他提倡针灸医生不仅要具备雄厚的功底，以便运气行针、刺穴布气、导引按跷，还要娴熟方脉药理。

《湖北当代名中医传》载他治疗便秘、类中风、痢疾、泄泻医案四则①，其医学思想可见一斑。

曾少达

曾少达（1893—1967），名昭荣，号少达，湖北武汉人。

曾少达少时家贫，聪敏好学，年岁稍长便怀“不为良相，便为良医”之志，刻苦自学中医，上至经典著作，下至诸子百家，无所不读。曾于药店工作，对药物形状、炮制、性能、效应皆了然于胸。故对医和药皆有较深造诣。悬壶汉阳、汉口，医名颇著，不独为病家拥戴，亦为同道所推崇。

---

① 湖北省卫生厅中医处、湖北省中医药研究院主编：《湖北当代名中医传》，湖北人民出版社 1989 年版，第 208 ~ 211 页。

20世纪20年代末，国民政府通过《废止旧医案》，全国哗然。各大城市中医师自发推选代表赴南京请愿，曾少达被推选为代表。由于全国中医药界的抗争，及全国人民的支援，国民政府被迫收回成命。

后国民政府于南京创立中央国医馆，曾少达被推选为理事兼学术整理委员会委员。此后，各地中医师自行组织医师公会，发行会刊。卫生行政部门实行中医师考试制度，曾少达受聘为武汉市中医考试委员，并常为医师公会会刊撰稿。

新中国成立后，曾少达历任武汉市中医进修学校副校长、武汉中医学院研究室主任、湖北第二中医研究所副所长。

曾少达与陆真翘等合著《中医护理学简编》。撰有《论金元四大学派》《从经典著作及前贤体会中分析自汗、盗汗的发病机制》《论治病必求其本》《论津液》等文。《湖北中医医案选集》亦收载其部分医案。

曾少达精于岐黄典籍，学宗仲景。治外感诸证慎于“保存津液”；治内伤杂病注重脾肾。临证认真，用药严谨；理法方药，环环相扣；书写脉案翔实，字句精炼，字迹工整。给他发药的药工常说：“凭处方上的字也可卖钱”。给他抄方的学生说：“给曾老抄方，收获极大，是一种享受”。由此可见人们对他精湛学识的推崇。①

胡衡甫

胡衡甫（1893—1968），字秉钧，又名晴谷，湖北麻城人，擅长内科，尤其是咳嗽、哮喘等疾病。

胡衡甫幼年丧父，22岁时跟随舅公学医。出师后，悬壶麻城，兼营胡长春药店。求治者日多，自此学验渐丰，誉驰遐迩。省内曹冰清、蒋玉伯、张梦侬等同道，常与之切磋。

---

① 湖北省卫生厅中医处、湖北省中医药研究院主编：《湖北当代名中医传》，湖北人民出版社1989年版，第323～328页。

胡衡甫与北京秦伯未、上海余无言常函牍往来，结为至交。并先后为余无言所著《金匮要略新义》再版题跋，为《翼经经验录》撰序。

胡衡甫治学严谨，学识渊博，虽好古而不泥古，博采各家之长而融会贯通。他一生渔猎群书，凡字字句句，皆细心推敲，浓圈密点、注按眉批，充满字里行间，上自轩歧蕴奥，下及药物方义，皆探微索隐，用功极深。如肺痈一证，《金匮要略》论之为“始萌可救，脓成则死”，他结合临床实践，解释曰：“一般肺痈所唾出者为腥臭之浊痰，并非已成之脓。如肺已坏死，津液告竭，病势已入损途，则所吐者为真脓。”这一观点得到当时名医秦伯未的赞赏。

在临床上，胡衡甫十分强调中医的辨证论治。他常言：“医之难，难于辨证。审证既得，用药宜专，若以模棱两可之药治病，以冀幸中，是自欺欺人。”当时，秦伯未拟编著一本有关临床的实用书，来函征询最需要解决的问题，他坦陈己见，极力主张贯彻辨证论治的原则，强调理论联系实际，深得秦伯未的赞赏。他常告诫学生：“医者当趋重实践，不尚浮夸之词。”“从事医学，不仅为总结成绩，对于失效之病，尤有研究之价值，当集思广益，探索失败之原因，结合中西医之治疗，互相参究，期于病之必愈而后已。”

胡衡甫晚年虽诊务繁忙，社会活动较多，但仍手不释卷、孜孜以求。1958 年，他对珍藏多年的万密斋名著《片玉心书》手抄本进行校勘，出版发行千册，并请秦伯未题写了书名。20 世纪 50 年代以后，他以“一息尚存书要读”的精神，旁搜远绍，伏案修文，将自己几十年的读书心得和临床经验整理成《医案存菁》《柏举下工论医杂著》，此两稿后来合为一部《衡庐医话》①。

---

① 胡衡甫：《衡庐医话》，湖北省麻城县卫生局 1981 年版。

杨树千

杨树千（1893—1971），亦名先橘，湖北宜都人，著名历史地理学家杨守敬之孙，擅长内科。

杨树千幼居武汉，后拜上海名医丁甘仁为师。1925 年，杨树千回汉，在武昌开设医寓，主内科。1929 年，为反对国民政府《废止旧医案》，他被推选为代表，与张丹樵、曾少达等赴南京请愿。1930 年任湖北省国医馆董事会董事。1945 年，任汉口中医师公会执行委员。1949 年以后，历任武汉市卫生局中医考试委员、中医联合会及卫生工作者协会执行委员、中医药学会副主任、武汉市中医进修学校副校长等职。1955 年，调往中国中医研究院，任中医研究班副主任并承担中药剂学、内科学的教学工作。

学术上，杨树千崇尚时方和温病学派的经验，临床上既规矩绳墨，又不抱残守缺。他认为病常复杂多变，医勿为症所惑；辨证论治，必以主症主脉，找出症结所在，使之牵一动百，一解百解；因季之冬夏、地之高下、气之燥湿、人之老幼、病之表里、新久各异，法亦随之而异，切不可以一方一药治多变之疾。他尤长于肝病的辨证论治，将肝病分为肝郁、肝气、肝热、肝阳、肝风、肝厥、肝寒、肝虚、肝实、肝病犯胃、肝病克脾、肝胃湿热、肝脾寒湿、肝火犯肺、肝病及肾等类型。病有阴阳寒热之分，气血虚实之别，尚有虚实夹杂和本虚标实之异，只有准确辨证，方能论治有得。①

用药上，他稳健精练，尤谙《神农本草经》及古今方剂，融时方与经方于一体，化裁加减极为灵活，君、臣、佐、使，配伍明晰，常有事半功倍之效。他反对滥用补药，纵使非用不可者，亦主张应遵“滋中微散，则补不呆滞；散中有补，则散不伤阴”的原则。他主张大苦大寒、

① 苏诚炼：《杨树千老中医对肝病的辨证论治》，《辽宁中医杂志》1982 年第9 期。

辛温燥烈之药慎用或少用，必用者当分清虚实、寒热，决定孰多孰少。对温热病伤津者，他喜用鲜石斛、鲜生地、鲜芦根之属。他善用温胆汤、四逆散加减，治疗各种疾病。①

杨树千主编有《中医药简编》，著有《伤寒选录》《金匮选录》《温病选录》《中医诊断学讲义》《喉科概要》等，以及介绍丁甘仁治疗喉疾经验的学术论文多篇。

陆继韩

陆继韩（1894—1958），湖北武汉人，精通中医内、妇、儿等科，擅长温病，尤善治外感热病和湿温。

陆继韩出身于中医世家，自幼聪颖悟达。当时社会动荡，民不聊生，陆继韩企望通过法律拯救国难，遂就读于武昌公立法律专科学校。毕业后正值军阀混战，所学无所用，乃奋然放弃所学，跟随兄长学医，从此矢志于祖国医学，以救死扶伤为己任。他勤读医学典籍，博采各家著作，1922年于武昌开业，逐渐医名大噪，誉满武汉三镇，每日求治者络绎不绝。

20世纪20年代初，国民政府通过《废止旧医案》。消息传开，全国哗然。各省市选派代表赴南京请愿，陆继韩作为代表赴南京参加了请愿。经过请愿代表的据理力争和全国舆论的支持，终于迫使国民政府收回成命。随后成立了中央国医馆，各省市相继成立了分馆，陆继韩被推举为湖北省国医馆馆长。

鉴于取得中医生存权利来之不易、中医后继乏人的状况，陆继韩与武汉同道筹集资金，参与创办了湖北国医专科学校，陆继韩负责讲授内科、伤寒、温病等课程。陆继韩授课理论发微颇多，深获学员好评。

---

① 苏诚炼、林兰：《老中医杨树千应用温胆汤的临床经验》，《上海中医药杂志》1983年第12期；苏诚炼、林兰：《杨树千老中医应用四逆散的临床经验》，《辽宁中医杂志》1983年第2期。

陆继韩虽然诊务繁忙，但一直致力于中医团体的组织工作。因办事秉公，深孚众望，1934 年以后，一直兼任武昌中医师公会理事长。抗日战争时期，陆继韩本着爱国热忱，创办了中医救护训练班和湖北国医界抗敌后援会，发动中医人员，为抗日救亡服务。

1950 年，他组建武昌第一个联合诊所，并任所长。1956 年，武汉市成立中医医院，陆继韩出任首任院长。

陆继韩在中医学术上，孜孜以求，对温病学说研究造诣颇深，精于叶天士、薛生白、吴鞠通、王孟英等温病学家学术思想。他主张融各家之长，为今时所用，反对理论脱离临证的随意杜撰。如认为喻昌的“温病三纲说”在探讨春温机制上，诚为“独辟榛芜，探窥穷奥”，但对人为地将伤于寒与冬不藏精“勉强割裂，分为三翼”，则认为多与临证不符，而不足取。① 陆继韩发表了《温病概论》《温病分类及证治》《叶氏伏气篇译》《外感病》《伤寒论释义》等文。②

刘武荣

刘武荣（1894—1971），字选万，号岭东医隐，湖北天门人，长于妇科。

1912 年，刘武荣思想上受辛亥革命影响，创办改良私塾，名为“维新小学”，讲授新文化，传播新思想，教学之余，攻读医书。1925 年，开办志仁药房，专门行医，为乡里治病。1929 年，中医药界掀起反对国民政府《废止旧医案》的浪潮，刘武荣起而响应，和天门中医药界同仁组织国医改进会，创办会刊，驳斥“废除中医，取缔中药”谬论，提出“整理中医中药的精华，使之发扬光大”。1931 年，加入全国性中医学术

① 王天位、徐泽：《陆继韩》，《中国医药学报》1989 年第 1 期。

② 湖北省卫生厅中医处、湖北省中医药研究院主编：《湖北当代名中医传》，湖北人民出版社 1989 年版，第 218 ~ 221 页。

团体——医界春秋社。在《医界春秋》杂志上发表了《小青龙汤喘去麻黄之怀疑》等多篇文章。1947 年，任天门中医讲习所教务主任兼教员，授伤寒课。1957 年，调至湖北省中医进修学校任教。1959 年，该校改建为湖北中医学院，担任药物教研组组长。1963 年前后，多次出席在北京、合肥、南昌等地召开的全国高等中医药院校教材编审会议，并参加编审工作。

刘武荣一生致力于中医中药研究，他认为中医理论应遵古而不泥古，不遵古就为无源之水、无本之木，但不重视后世发展，中医就不能进步，所以他既重视对《黄帝内经》《伤寒杂病论》《难经》《神农本草经》等经典著作的研究，也注重对金元四大家及近代医家论著的阅读。① 刘武荣长期担任药物教研组组长及承担方剂、中药的教学工作，先后编写《中药学讲义》《方剂学讲义》及《中医妇科学讲义》。1963 年，他参加了全国高等中医药院校教材《中医妇科学》的编写和审稿工作。

刘武荣一生著述甚多，主要有《妇科实践录》《妇科医案选评》《方剂学》《经方解表》《毒物学讲义》等。其中，《妇科实践录》记述了其妇科医案 40 则，较全面反映了他的中医妇科学术思想，如法宗经典，对中医四大经典尤为推崇，善于变通古方；溯源求本，调经治带一元论，即治带下以调经、调经以治带下；平剂扶危，即不用偏奇怪方和昂贵之药，贵在切中病机。② 病重时，刘武荣仍在坚持编写《古今医案选评》一书。③

王晋三

王晋三（1894—?），字号不详，湖北襄阳人，长于内、儿、妇科。

---

① 湖北省卫生厅中医处、湖北省中医药研究院主编：《湖北当代名中医传》，湖北人民出版社 1989 年版，第 15～16 页。

② 王荫三：《刘武荣妇科临证经验浅谈》，《湖北中医杂志》1995 年第 4 期。

③ 天门县卫生志编辑室编：《天门县卫生志》，1984 年版，第 149 页。

王晋三祖辈以行医为业，16 岁跟随父亲学医。其父教子甚严，令其精读医家经典，遍阅百家医方。后侍诊于侧，承袭家学，日诊夜读，孜孜不辍。每次代父出诊，归来后必禀报病源脉证，如一一相符，方许配药。经过 10 年的理论学习和实践训练，王晋三 26 岁时开始独立挂牌行医，一直严遵家训，谨守医道，勤勉治学，到老亦未曾懈怠。

王晋三一生从事中医临床工作，有丰富的诊疗经验，在襄阳一带享有盛名。临床中，王晋三重视脾胃的作用，最喜用亦最善用沉香降气散治疗内科杂病，随症加减，巧妙化裁，临床收效甚佳。他认为妇科疾病，约而言之，经、孕、胎、产均以血用事，总属气血失调之变，调理气血则诸疾可痊。至于带下，治在脾肾两脏，尤以调脾为主，同样体现了他治病重视脾胃的学术观点。此外，在方药运用方面，王晋三颇能一方多用。举阳和汤为例，原方出自《外科全生集》，本为阴疽、流痰而设，王晋三借其温阳补血、散寒通滞之功，用于治疗内科寒湿痹证，常获佳效。因寒湿之邪，多发下肢，壅滞于经络，阳气不行，为痛为拘，日久则湿痰瘀血互结，邪实正虚，借用阳和汤温补通散，若漫天阴霾、河川凝塞，得阳和煦照，则层冰尽释，百脉流通。

王晋三为人谦逊，虚心好学，认为医者应当医德医术兼备，方能为良医。常教育后学，宁可改行不为医，决不可为庸医误人。治病不贪利，不沽名，待病人不论富贵贫贱，一视同仁。他常“左手收进富家钱，右手资助贫家寒”，为穷人免费出诊，代支药费，深受百姓称道。

王晋三平生忙于诊务，未遑著述，且常自谦不敢以一得之见以炫人。①

① 湖北省卫生厅中医处、湖北省中医药研究院主编：《湖北当代名中医传》，湖北人民出版社 1989 年版，第 486～487 页。

贺绥之

贺绥之（1895—1957），字才福，湖北公安人。

贺绥之幼年入私塾，后跟随舅父学医。1924年，迁居松滋，开设鸿顺药铺，挂牌行医。

当时有县府典狱官之妻患伤寒，病势垂危，请贺绥之诊治，他遣方用药，两剂而愈。遇有危重病者，贺绥之本着“救死扶伤，胆大心细”的原则，尽最大努力进行抢救。如一薛姓小儿急发下腹剧痛、发热、脉数、舌苔黄厚、腿屈难直、二便不通，他确诊为肠痈，紧急开处方，巧施治。患儿连服中药三剂而愈。

新中国成立后，贺绥之虽已年过半百，但他老当益壮，坚决执行党的卫生工作方针。1950年，他响应抗美援朝号召，为购买湖北卫生号战斗机，带头捐款。他经常背着行李，深入农村种痘防疫、查螺治病。晚年，他仍不遗余力，言传身教，先后带出多名弟子。①

胡桂卿

胡桂卿（1896—1965），原名桂馨，湖北汉川人，精通中医典籍和各家学说。

胡桂卿7岁入私塾，以读四书五经为主，兼读古典医籍。祖父、父亲均兼通医理。濡染既久，领会渐多，坚定了从医的思想。16岁拜师，习医2年，白天认真伴诊，夜晚苦读医书，医理医术不断提高。但是，由于当时有“老医少儒”之说，恐行医不能为人们接受，遂弃医教书。19岁开始，边教书边行医。在此期间，翻阅家中数千册医学藏书，抄写了古典医籍三十余册，如《理虚元鉴》《怡堂散记》《小儿诸热辨》《六

① 松滋县卫生局编：《松滋县卫生志（1911—1985）》，1985年版，第240～241页。

因条辨》《伤寒医诀串解》《黄帝内经素问校义》等。同时，还通过各种途径收集了许多民间流传的土方土法、各方名医的单方验方和辨证施治的经验，辑录成册，以钻研医理、提高医术，如《经验方》《叶氏医案》《医方辑录》《杂录》等。

胡桂卿自幼立志成为一名有成就的中医以济世活人，并为此不懈地努力。由于当时国民政府主张“废医存药”，并数次下令取缔中医，致使祖国传统医学日渐衰微。因此，他一度对行医丧失信心。新中国成立后，党和政府对中医药事业极为重视，他对中医药事业恢复了信心。由于医术高明，精通医理，他被湖北省中医进修学校聘为教师。

胡桂卿治学严谨，态度谦逊，工作认真负责，正如他在自述中所写的“为了国家的需要，滥竽教职，讲授医学系我新的工作，既无成规可循，又不能敷衍从事，于是埋头苦干，日夜不休，虽冬令严寒，更深人静，我仍独坐一室研究问题，以求适当之解决。”他博览群书，深研各家经旨，并结合自己多年积累的经验，终于写成了数十万字的学科讲稿，深思精研于陋室，挥笔口授于课堂，深受学生欢迎。

胡桂卿精通中医四大经典，对《黄帝内经》不仅背诵如流，更有独到见解。他认为《黄帝内经》成书有两千余年了，古人之言，不全同今人之语，古人之意，不全同今人之思，今人学之，必存许多疑团。所以，他不仅详论其书原委，发其文之奥妙，还对每个字的音韵、读法、声调、字形、字义加以详细讲解。

胡桂卿在讲授各家学说时也竭尽全力，务使学生多获知识。编校全国高等中医药院校教材时，他不顾年老体衰，夜以继日，认真批文校点，提炼文字，力求准确无误。

胡桂卿从医期间为众多患者解除痛苦；执教期间，培育了不少中医药人才，他对祖国医学和祖国医学教育事业做出了很多贡献。①

黄耀庭

黄耀庭（1896—1970），原名绍武，湖北随州人，精于五官科和外科。

黄耀庭少年失怙，母亲将其抚育成人。因家境贫寒，仅念私塾9年。16岁，跟随叔祖学医。在叔祖督导下，黄耀庭勤学深研，无间寒暑，尽得真传。所读医籍，自《灵枢》《素问》《伤寒论》以下，莫不探幽发微，透彻领悟。重要经文，以及《濒湖脉学》《药性赋》《汤头歌诀》等都能背诵如流。

19岁时，黄耀庭行医乡里。治病救人，投无不效，随州一带，遐迩闻名。20世纪40年代初，黄耀庭举家迁到汉口。黄耀庭初到武汉，人地生疏，虽怀绝技，鲜为人知。然而，他毫不气馁，埋头苦干，凭借精湛的医技、高尚的医德，终于在名医云集的武汉赢得一席之地，饮誉江城。

学术上，黄耀庭重视人体气化功能。他说："人生气交之中不见气，犹鱼在水中不见水。气机条达，升降有序，人则安和无恙。如若枢机不利，出入紊乱，人则易患六淫外感、七情内伤。积聚症瘕、痈疽疮疡、疙瘩痞等，无一不系气化失司所致。中医诊病，纵病情万端，总脱离不了阴阳气化。若辨证准确，用药适当，治必奏效。否则，反为医误。"

黄耀庭医学知识广博，临证经验丰富。对耳病的研究，颇有造诣。他认为耳疾多由"嗜欲不节，劳伤过度，水竭火盛，无根之火浮动于上"所致。辨证上，黄耀庭强调"左耳聋，属足少阳胆火，由怒气伤肝

① 湖北省卫生厅中医处、湖北省中医药研究院主编：《湖北当代名中医传》，湖北人民出版社1989年版，第20～21页；汉川县卫生志编纂委员会编：《汉川县卫生志（1727—1985）》，1990年版，第396～397页。

而起；右耳聋，属足太阳膀胱经之火，由色欲伤肾而起；左右具聋，属足阳明胃火，由嗜饮醇酒，恣食肥甘而起。三种病因不同，其实起于忿怒者多。以人之情欲妄动，最易激动肝胆之火，而生耳鸣耳聋。”治疗上，他主张“肝胆火旺者，平肝清热，龙胆泻肝汤、当归龙荟丸、柴胡清肝汤主之；水亏有火者，滋阴降火，知柏地黄汤或大补阴煎加龙骨、牡蛎、石决明、磁石等药主之；肾阴不足者，壮水滋阴，六味地黄汤主之；痰阻清道者，清热化痰，温胆汤加胆星主之；血瘀气滞者，活血行气，当归复元活血汤加香附主之；伤寒失表，邪陷少阳者，和解表里，小柴胡汤化裁主之。”

黄耀庭治疗喉科疾病，疗效亦著。他认为咽喉乃呼吸、饮食的道路，与脏腑经络有着密切的联系。咽喉部有病，可以影响整个机体；机体内部的病变，也可从咽喉部反映出来。某些喉科疾病，如喉风、走马牙疳，病势急骤，变化多端；白喉、喉痧，传染迅速，预后莫测。倘若处理迟疑，后果堪虞。故他治疗喉科疾病，力主内外治法并重，收效神速为贵。他配制的吹口药，能治疗咽喉肿痛、口舌生疮，取效快速，至今为人们所称道。

黄耀庭擅长炼制丹药，治疗险恶痈疮，每获奇效。因药后病人疼痛难忍，他便取西医之长，将丹药制成酊剂，加入少许西药止痛，又改用纱条上药，不仅减轻了病人痛苦，而且扩大了丹药的应用范围。如他用自制的白醑丹治疗化脓性中耳炎和痔瘘，疗效卓著，实属创举。

黄耀庭谦虚好学，诚以待人，常与武汉中医宿老陆真翘、蒋玉伯等切磋医技、交流经验。他不仅医术精湛，而且医德高尚。他对病人及其负责，每遇疑难重症，常常彻夜查阅书籍，认真思考。他一生致力于培养后学，他言传身教，诲人不倦，毫无保留地向学生们传授自己的医疗经验和心得体会。

数十年来，黄耀庭除治病、教学、科研外，还撰写了许多论著，如《耳内证辨论》《耳部六证》《治愈耳聋病四例报告》《中医辨证治疗神经耳聋的初步报告》《辨鼻病证治大意》《论治喉痧》《血吸虫病概论》

《高血压病的中医辨证与治疗》《中医治疗痢疾的体会》等。①

裴如林

裴如林（1896—1976），名维壬，字如林，湖北松滋人。

裴如林出身于医学之家，其父是中医，开松鹤堂药店。他 6 岁入私塾读书，15 岁即辍学随父学习中药炮制技术。18 岁时，父亲病逝，他拜当地名医为师学医。后去湖南石门拜名师专学眼科。出师后子承父业，继续于松鹤堂应诊。当时有一农民因扬麦，不慎麦芒吹入眼内，当即出现红肿疼痛。请裴如林诊治，他施以师传钩割手术将麦芒取出，疼痛即止，服药两剂痊愈。从此松鹤堂的名声在乡里传开了。

裴如林勤学好问，常言“凡能者皆为我师”。他不断吸取同道医学之长，弥补自己学识的不足。在临床实践中，他勤于总结经验，坚持记载《诊余心得》，先后编写《日月眼科》《金玉赋粗解》《验方总登》等，都有一定的实用价值。

裴如林医德高尚，好善乐施。给人治病，必究其病因，细心诊断。对所开药方，一定注明“各包”，以便查对，还亲自叮嘱病家煎熬药汤的方法、服药时间与药量等。裴如林用药力求效速价廉。对需蜜炙、醋炒、酒制的药品，必按操作规范监制。裴如林体恤穷人，对求医的个别贫困者，他常嘱咐在本店配药，免收药费，并在药单上批注“送药”二字。

新中国成立后，裴如林衷心拥护党的卫生工作方针。虽然年过半百，但还集资兴办中医联合诊所，坚持门诊和下乡巡回医疗。20 世纪 50 年代，他献出单方、验方 20 余个，被收入成辑。

裴如林一生为人正直，对子女要求严格，经常告诫做人要“二不

---

① 湖北省卫生厅中医处、湖北省中医药研究院主编：《湖北当代名中医传》，湖北人民出版社 1989 年版，第 22 ~ 27 页。

贪”（不贪财，不贪杯），“二不怕”（不怕苦、不怕脏），对从事医业的次子常谆谆教诲：“字写错，可改；药用错，则人命关天。”①

张梦侬

张梦侬（1896—1977），原名炳丞，字宏彪，号正一，湖北汉川人。著名中医临床家，擅治肝、肾等疑难杂症，尤精于慢性迁延性肝炎、肝硬化、慢性肾小球肾炎、痰饮等，对肿瘤亦有探索研究。

张梦侬自幼聪颖过人，虽家贫，父母仍千方筹措供其读书，并嘱其跟随塾师学习中医。15 岁时，其父与塾师相继谢世，遂辍学随兄打鱼，维持生计，并继续钻研《黄帝内经》《伤寒论》《温热论》《医方集解》《本草纲目》等典籍。他学习极其认真，常因领略书中奥义而忘记打鱼。

1922 年，他在当地名医指导下，研读《针灸甲乙经》《针灸大成》《医宗金鉴·刺灸心法要诀》等，边学边随师出诊，针药并施，疗效颇佳。1928 年秋，应聘至汉川卢寿萱药店坐堂行医。1932 年，他至郑州，经考试取得医师证书及行医执照，并改名梦侬。因数次治愈霍乱、噤口痢、噎膈等重症，声望日高。“七七事变”后，赴西安，先后被选为西安市国医师公会理事长，并组织诊所实施义诊，为广大难民治病。1954 年，他返回家乡湖北行医。1955 年，调往湖北省血防所任中医主治医师，并为省血防委员会暨血吸虫病研究会委员。1956 年，调往湖北省卫生厅医预科任副科长。1958 年，调至湖北省中医进修学校任教，后学校改建为湖北中医学院，担任《黄帝内经》教研组组长。

张梦侬博览群书，知识丰富，广读历代主要医学流派和医家的论著；浏览哲学、天文、史地、文学书籍；采集民间单方、验方，汲取精华，择善而从，熔为己学。他认为：“中医典籍，汗牛充栋，然重复者多，有所发明或独树一帜者较少，故既要广读又要会读，善取人之长，补己

① 松滋县卫生局编：《松滋县卫生志（1911—1985）》，1985 年版，第 241 ~ 242 页。

之短。”在临证处方中，他善于使用单方、验方并吸取其精华。如治疗慢性肾炎的白扁豆散、支气管扩张咯血的鲫鱼、肺结核的白茅根、肝硬化的皂矾醋制粟米，都来自民间验方，经他反复验证，并有所创新。

研究学问方面，张梦侬主张百家争鸣，摒弃门户之见，以冀探清疾病真谛。他认为，中西医各有所长，应互补长短，造福于人民。早在20世纪30年代末，就与西安名医沈反白、顾惺天及牛润泉等中西医同仁组织了医余自由座谈会，每周一次，研究疑难病、传染病等。他较系统地自学了西医知识，直到古稀之年，仍能背诵西医生理、解剖知识。临床上，他常运用西医的检查方法诊查疾病，如实验室检查、超声检查等所得结果，均作为诊病参考。

张梦侬十分推崇《黄帝内经》“人与天地相参”的观点。临证中，极其注意人体内外环境的关系。他认为，人与自然浑然一体，治病必察四时节令、日夜更移、阴阳变化、食居环境等，方能中的。

张梦侬坚决反对把脉诊搞成玄学，为弄清脉理，几乎翻遍了脉学专著及有关医籍。他主张问诊应列为四诊之首，认为问诊不仅可以了解疾病的现在症状，还能深入了解原始病因。他认为寻求诊断依据是治愈疾病的关键。他主张辨证施治，辨证、辨病应与专方结合。认为辨证精当，诊断准确，对初学之人和临证少者，实非易事，如能针对病种提炼有效的方剂，可以大大简化辨证之烦，这样即使非从医者，亦可照病遣药。他的许多临证验方是在这种思想下产生的。

在用药上，他力主骠猛与轻灵结合实际运用，邪浅病轻及上焦之疾，多仿时方之轻灵；邪重病深及顽症痼疾，宜剽悍迅猛之类，直捣巢穴。急重病，多以大剂攻之；慢性病，强调小量守方，或以丸、散之剂缓图。

张梦侬晚年悉心于中医学术，他大量整理临证医案，撰写《临证会要》《儿科辑要》《产后临证医案》等著作及论文10余篇。其中，《临证会要》一书，影响颇大。

《临证会要》一书论述了中医临床各科常见病证，于病证之后，分别叙述证候、病因、治法、方药、用法、方义及按语，后附病案。于按语中阐述其对该病证病因、病机、辨证论治、方药应用等方面的独到见解，发前贤旨奥，会以己见，切合临床实际。所述言简意赅，浅显易懂，故名“会要”。后附录张梦侬代表性医案100余例，展示其辨证思路与方药运用经验，颇具实用价值。①

张梦侬一生立志于弘扬祖国传统医学，他勤奋治学，活人无数，尤擅治疗各类器质性疾病及疑难杂症，用精湛的医术和卓越的临床疗效让“中医不能治器质性疾病”的偏见不攻自破。张梦侬生前十分重视中医的传承工作。临证之余教学带徒皆倾囊相授，深受学生好评。②

陆真翘

陆真翘（1897—1969），字梦庐，原名甘崇兰，江苏太仓人，通晓中医内、妇、儿等科，对温病颇有研究，尤擅治疗湿温。

陆真翘自幼酷爱医学，13岁起，自学医术，后拜太仓名医陆丰华为师，遂改名陆真翘。1918年起，悬壶苏州。1922年定居汉口，以医为业。

陆真翘常为贫苦民众义务诊病，声誉日著，被同行公推为汉口中医师公会理事。1929年国民政府通过《废止旧医案》，企图取缔中医药，陆真翘挺身而出，与武汉中医药界同仁一起，成立了武汉中医药分会，并任常委兼秘书，派代表到南京请愿。后来，国民政府收回成命，成立了一所以学术研究为主的中央国医馆，陆真翘以其在医界享有的盛誉，被聘为顾问。

新中国成立后，陆真翘全心全意投入中医药事业的发展中去，他先后任中医工作者联合会主任委员、中南卫生部中医代表、武汉市卫生局

① 张梦侬：《临证会要》，人民卫生出版社2006年版。

② 湖北省卫生厅中医处、湖北省中医药研究院主编：《湖北当代名中医传》，湖北人民出版社1989年版，第28～35页；汉川县卫生志编纂委员会编：《汉川县卫生志（1727—1985）》，1990年版，第394～396页。

中医考试委员、中国医学科学院湖北分院第二中医研究所所长、武汉市卫生局副局长等职。

陆真翘对脉学颇有研究，在诊断中十分重视切脉，对所有案例的脉象均有较详记述。他认为诸如脉的道理、脉的分类、正常脉与病脉的差别，都有很多学问，在诊察疾病上有很大帮助。在处方用药上，他欣赏徐之才的“轻可去实”之法，处方中大都以轻灵见长，用药取利避弊。

陆真翘对中医理论及其普及非常重视。他认为阴阳五行、五运六气之中朴素的辨证哲理是科学的，乃是中医辨证施治的一种手段。他说：“运动是不息的，宇宙之气的变化也是永恒不息的。人体在自然界中必定受宇宙之气的影响，所以中医的运气学说跟疾病有很大关系。”① 他认为运气学说艰深难懂，故对运气学说用浅显通俗的文字加以解释，便于一般人学习掌握。

陆真翘对中医药事业的发展非常关心，他认为“继承发扬祖国医学，既要继承，同时也要发扬，医药必须并进。目前，中医剂型改革是一个很重要的问题，如果仍然停留在原有形式，就会阻碍中医的发展。”他提出要从种子选择、种植、培育、采集、加工炮制以及性味功能等方面进行研究。改进的目标是既要便于病者服用，同时又不可放弃中药特色。陆真翘自己亦常用单方、验方、草药治病，如用骨碎补、野蔷薇煎水涂擦患处，治疗秃发；老丝瓜、苏叶、川椒煎水外洗，治疗阴囊湿疹；红蓼煎水服，治疗痢疾；鲜扁豆叶捣烂，取汁服，治疗中暑；五味子每日服 20 粒，治疗阳痿，诸如此等。

为了更好地推动中医药事业的全面发展，他撰写了《对西医学习中医问题的商讨和建议》《对学习中医问题的商讨和建议》等论文。1963 年，他参与修订了第一批全国高等中医药院校教材。

陆真翘医德高尚，尤以精湛的医术和全心全意为人民服务的精神而

---

① 管竞环：《陆真翘》，《中国医药报》1988 年第 5 期。

为人民群众所称道。①

曹冰清

曹冰清（1898—1986），原名斌臣，江西高安人，随父行医至湖北安陆、应山（今属广水），著名中医教育家。他中医基础理论扎实，擅长内科，尤其是内伤杂病和外感热病，疗效颇佳。

曹冰清出身于世医家庭，先祖、父辈及其兄长均系当地知名中医。他从13岁起，秉承家学，初习医业。稍长，即在安陆桑树店同仁堂药店当店员。1917年，他到应山马坪谢致顺药店当店员，兼行医。1922年，他在应山城关独立开业。

曹冰清以医生身份掩护过不少革命同志，为他们安排食宿，有时还赠送衣物。新中国成立后，他生活艰苦朴素，工作勤勤恳恳。特别是自1954年担任湖北省卫生厅副厅长以后，他不顾体弱多病，亲自主持制定中医发展规划，并想方设法付诸实行，为湖北中医药事业的发展做出了重要贡献。为了培养高级中医人才，改变中医药事业后继乏人乏术的状况，他极力主张开办中医高等学府。在各级党组织的关怀下，经过多方面的努力，终于在1959年2月建立了湖北中医学院，他受命兼任第一任校长。

曹冰清热爱中医教育事业，为把湖北中医学院办好，亲自制订教学计划，经常检查教学成果。为了掌握第一手材料，有时还跟班听课。为了提高教学质量，他还在全省遴选了一批知名中医来校任教。他对学生的思想状况和学习成绩十分关心，经常深入学生中间，帮助学生树立专业思想，勉励学生勤读、勤思、勤记，养成良好的学习习惯。由于他和全体教工共同努力，湖北中医学院办得有声有色，培养了一大批高级中医人才。

---

① 湖北省卫生厅中医处、湖北省中医药研究院主编：《湖北当代名中医传》，湖北人民出版社1989年版，第222～228页。

离休后，曹冰清对湖北中医学院的建设和教学仍然十分关心，他经常到学生中了解学习情况，还曾用自己的工资购买针具赠给学生，鼓励大家好好学习中医，做中医药事业的继承人。①

冉令山

冉令山（1899—1975），名绍绪，字令山，以字行于世，湖北松滋人。

据同邑袁世林整理回忆，冉令山是松滋药铺广生堂的创始人。其父冉克仁在当地开设私塾，深谙医理，为当地百姓免费治病，家中田地种有各种草药。冉令山从小耳濡目染，长大后便立下学中医之志，拜当地名医为师，潜心学医。

冉令山一生勤奋好学，医术精湛，医德高尚。在辨证施治原则上，上溯东汉张仲景之旨，下取明清诸家之法，宗古人之法而不拘泥，善取众家之长而不偏执，遣方用药，效如桴鼓，对内科杂病及妇科顽症的治疗尤有其独到之处。在治疗妇人产后外感内伤诸症时，当时的医生习惯以补气益血之法施治，而冉令山认为妇人气血亏耗，腠理不密，易感风寒；脏腑空虚，易伤饮食。风寒未去，饮食未消，而擅补，反成大害。用醋炒五积散施治，屡获奇效。冉令山一生行医，留下不少医案。

一天，一位女患者来到广生堂求医。其肚大，还经常伴有疼痛。经过多处治疗，不见好转，疑似有孕。但产期已过，无临盆征兆。冉令山切脉后又看了患者脸色，排除了有孕的可能。然后巧用砒霜，驱除了患者肚内的蛔虫，肚消痛止。在当时的医疗条件下，能够这样精准地判断患者病情，属实难能可贵。后该患者在红纸上写下“妙手回春”四字赠

---

① 湖北省卫生厅中医处、湖北省中医药研究院主编：《湖北当代名中医传》，湖北人民出版社 1989 年版，第 36～37 页。

予广生堂。[1]

他还注意防病，广生堂在感冒盛行期备有三根汤，供人免费服用；他还提倡预防天花等。此外，每至盛暑时节，人们在外纳凉之时，冉令山在门外拼拢四张方桌。请其父坐在台上讲述一些行孝积善、爱国好学的故事。既消夏，又宣传了中华民族传统美德。

汪海门

汪海门（1899—1978），字绍贤，湖北黄冈人，精于眼科。

汪海门自幼家贫，体弱多病，在舅父资助下，读私塾10余年。他目睹穷人有病求医难，遂立志学医。20岁时，他拜师学习中医眼科，研习《程松崖正通先生眼科方》《秘传眼科》《审视瑶函》等眼科专著。1924年开始悬壶应诊。1957年，受当地人民政府聘请，任上巴河卫生院中医眼科医师。由于其医术高明，求治眼病者日益盈门，患者遍及新疆、内蒙古、黑龙江等全国各地。汪海门沉静寡言，待人诚恳，医德高尚。不论病家地位高低、贫富贵贱，均一视同仁，有求必应。

1974年，湖北省卫生局委托当地卫生部门，组织一个有中医、西医参加的发掘、整理汪海门医师临床经验小组，于1976年编成《汪海门眼科临床经验》，后于2014年校注出版[2]。

汪海门以脏腑经络学说及眼科五轮学说为理论基础，强调局部与整体相结合、辨病与辨证相结合。他认为，眼病的病因除外感六淫、脏腑功能失调、外伤和其他疾病的继发等四个方面外，尤须重视三点：一是重视外因的风火为患。二是重视肝肾功能的失调。三是重视脾胃的健运之职。

---

① 松滋县卫生局编：《松滋县卫生志（1911—1985）》，1985年版，第242页。

② 〔清〕汪海门著，南东求、蔡新职校注：《汪海门眼科临床经验》，学苑出版社2014年版。

关于眼病辨证，汪海门指出：以五轮辨眼的局部，以脏腑、气血辨全身，将局部与整体有机地结合，全面地观察、分析眼睛的形态、颜色与视觉的改变，确定眼病的病因、病位、性质和邪正盛衰。在复杂的辨证中，汪海门特别注重外障、内障两大类型，认为外障多发生在肉轮、血轮、风轮、气轮；内障多发生在水轮或眼球内部。

关于眼病治疗，汪海门根据外眼病多风火、内眼病多肝肾阴亏的特点，施以相应的治疗。汪海门治疗眼病的基本原则：一散、二破、三补。三者在一定程度上原则性很强，在复杂的病变中又可相互为用。如外眼病后期兼阴虚者，疏散之中稍佐滋阴；内眼病复兼外邪者，可滋补之中兼施疏散。散、破、补三法，实际运用中既原则又灵活，以杜绝挂一漏万之弊。

汪海门非常重视眼病外用药的研究。他经数十年的摸索，自制龙脑黄连膏治疗急慢性结膜炎、沙眼；蕤仁膏治疗各种睑缘炎；除息硝炉散治疗翼状胬肉；拨云还睛散治疗角膜炎、角膜溃疡、角膜血管翳；金露光明丹治疗浅层角膜炎等，诸方用于临床，常收满意效果。炉甘石有明目去翳、收湿敛疮的作用，是制眼药的主要原料。汪海门针对不同的外眼病，研制了六种不同型号的炉甘石，分别配合其他药物，制成不同的眼药以治疗。

汪海门十分重视理论上的总结，在学术上有自己的许多创见。他认为硬化性角膜炎的病机是肝肺火盛、瘀血凝滞，提出活血化瘀、清热明目为主，或肝心同治，或肝肺同治，或肝胃同治，或肺与大肠同治等治法。他认为中心性视网膜炎虽病位在目，多责之于肝，但必须辨证求因。有因肝肾阴亏，目失濡养；有因七情郁结，妨碍精气上荣；有因饮食伤脾，使精微不能上布；有因失血过多，导致气血亏虚而目失涵养，临床所见以肝肾阴亏者为多。故治疗必须根据不同病因，确立各种相应的治法。①

李润石

李润石（1900—1983），名道富，字树德，号润石，亦称润时，常以号行于世，湖北应山（今广水）人，以善治内科杂症及妇科诸疾蜚声医林。

李润石7岁读私塾，8岁丧父，赖叔父抚养，19岁入德安府汉东中学。毕业后，考入冉雪峰创办的湖北中医专门学校，系统学习中医。1926年，李润石开业行医。翌年，瘟疫流行。诸医皆以伤寒论治，病轻者罔效，重者死亡。李润石因深明伤寒温病之理，辨证施药，应手而瘥。就诊者踵接，医名遂起，于是自立树德堂医寓。后日寇入侵，烽火四起，李润石被迫数易其居，后浪迹江湖，沦为走方医。新中国成立后，李润石回到应山县，加入卫生所。1952年调至应山县人民医院。

李润石治学勤奋，经验丰富。他早年研习古文，通晓经史。后得冉雪峰教导，学有渊源，融汇古今，择善而用。尝谓："不懂经典，不可以为医；不读书外之书，不可予人至巧。"中年以后，认为"金元四大家乃历史时代所造就。他们各能因时制弊，济世活人，故能各成其家。中华人民共和国成立后，人民安居，治未病之法层出不穷，疫病大减。故病者以内伤情志居多。凡内伤杂症及妇科诸疾，大多为肝郁所致。用逍遥散疏肝解郁，柔肝扶脾，调理气血，实为诸病举纲之法，治本之图。"临证善用调和治法，疏理肝脾，条达血气。处方用药上，尊古法而不泥，守成方而知变。他提倡药量宜轻，反对大方重药，每出一方，必审查再三，斟酌分量，注明炮制，常以平淡之剂，收神奇之效。

应山县先后举办三期中医药讲习班，李润石任主讲。曾编印《病机

① 湖北省卫生厅中医处、湖北省中医药研究院主编：《湖北当代名中医传》，湖北人民出版社1989年版，第329～332页。

十九条浅解》《〈金匮〉归纳图表》《伤寒纲要》《〈温病条辨〉歌括》《妇科医案选评》等教学辅导资料。撰有《医理拾粹》《十方化裁》《临床奇难病案汇集》等书，惜手稿散佚。①

陈泽江

陈泽江（1900—?），字海若，湖北应城人。

陈泽江幼读私塾，18 岁时拜师学习中医 3 年，出师后，随师应诊。后陈泽江就读于冉雪峰创办的湖北中医专门学校。毕业后，回应城行医。1941—1949 年，在汉口行医。新中国成立后，回应城行医。1954 年，在湖北省中医进修学校学习。1955 年，调往黄石市中医医院，从事中医临床工作。②

陈泽江数十年来注重中医典籍研究和医疗实践。对《黄帝内经》《伤寒论》《温病条辨》皆有较深造诣。他博览群书，博闻强记，遇学生请教问题，能随口说出此理论源于何处，甚至在某书某页，故有“活字典”之称。临证善于辨证，用药精巧灵活，特别是对外感热病、痹证、气分病具有独到见解。如用创益气升陷汤治胃下垂、子宫脱垂、慢性肠炎、肠风崩漏③；金铃子散治肝阳头痛；宣痹汤治胸痹；生石膏配桂枝治外感高热等皆收良效。

陈泽江著有《痹证防治》一书。该书搜集了散在历史文献中的治痹经验，结合作者多年的临床实践，深入浅出地阐述了痹证的发病原理和分型论治，在症候分类和治疗方法上提出了许多新的见解，如将痹证分

---

① 湖北省卫生厅中医处、湖北省中医药研究院主编：《湖北当代名中医传》，湖北人民出版社 1989 年版，第 398 ~402 页。

② 湖北省卫生厅中医处、湖北省中医药研究院主编：《湖北当代名中医传》，湖北人民出版社 1989 年版，第 356 ~361 页。

③ 张春梅：《陈泽江临证举隅》，《湖北中医杂志》1986 年第 6 期。

为引痹、病痹、着痹、热痹、瘀血痹五种。①

李沛霖

李沛霖（1901—1968），湖北沔阳（今仙桃）人，精于温病。

李沛霖出身于世医之家。16 岁随父学医，1922 年开始悬壶乡里。

李沛霖在临床上积累了丰富经验，遐迩闻名。他曾在上海行医十余年，求医者络绎不绝。他应诊时，望、闻、问、切，力求审查精细，辨证施治，务必丝丝入扣，尤其是立方遣药，有其独到之处。他在上海参加了中央国医馆医药改进会。后返乡，以医术蜚声乡里。李沛霖擅长治疗温病，当时乙脑、流脑、伤寒、霍乱、天花、白喉等烈性传染病经常流行，李沛霖挺身而出，救人无数。

李沛霖医理造诣较深，尤精通温病学。他主张四诊合参，辨证施治；立法遣药以轻灵见长，守古法而不泥古，熔古方时方于一炉，疗效显著。

李沛霖晚年患中风，右侧瘫痪，仍念念不忘工作，常要老伴将其扶坐桌旁，左手运笔，坚持编写教材，注解古籍等。著有《温病学讲义》《温病学方剂歌括》《温病学说之源流》《解叶桂温热论》《怎样带学徒学好温病这门课程》等著作。②

干峙三

干峙三（1901—1975），字洪钟，号建鼎，湖北广济（今武穴）人。

干峙三出身于当地一个中医世家，少时即显聪颖，勤奋好学。后因

① 陈泽江、王平：《痹证防治》，中医古籍出版社 1987 年版。

② 湖北省卫生厅中医处、湖北省中医药研究院主编：《湖北当代名中医传》，湖北人民出版社 1989 年版，第 40 ~ 42 页；仙桃市卫生局编纂：《沔阳卫生志》，1988 年版，第 250 ~ 251 页。

家贫辍学，随即跟随父亲学医。干崎三刻苦钻研，认真研读中医经典和历代医学著作；亲自鉴别中草药，用药知其性能，见药知其真伪。干崎三20岁后渐具医名，30岁后闻名乡里，40岁后声震鄂东。

干崎三医术精湛，医德高尚，一生救人无数，他根据临床需要和病人疾苦，钻研医术，在内、外、妇、儿诸科均有较深的造诣。

干崎三治学的成功主要归功于天才加勤奋和熟读深思，用他自己的话来说，就是要培养“三性”，即读性、记性、悟性。读性就是阅读习惯和能力；记性就是背诵习惯和能力；悟性就是在广泛阅读和大量背诵基础上，对书籍的理解能力和分析能力。干崎三熟读大量中医经典著作及历代名医著述，对《黄帝内经》《难经》《伤寒论》《金匮要略》等能熟至成诵，对唐容川的《伤寒论浅注补正》《金匮要略浅注补正》钻研尤深，学生问其条文，皆能对答如流，且告知具体页码，令人叹服。

干崎三的医学思想可概括为以下五大方面。一是辨证论治，四诊合参。中医之难在于辨证，若辨证不准，纵有良药，亦无回天之力。干崎三临证，必四诊合参，细心诊察。二是临证治疗，脾胃为重。干崎三认为，脾胃乃后天之本、气血化生之源，人体健康关键在此。他认为从脾胃入手是治疗杂病的关键，脾胃功能的恢复程度也是决定后续治疗的关键。干崎三对《黄帝内经》、李东垣、叶天士等学术思想烂熟于心。干崎三在临床上综合运用前人的智慧，常用调补脾胃的方药，如四君子汤、六君子汤、补中益气汤等。三是妇科疾病，治郁为先。干崎三善治妇科疾病，认为妇科疾病因其生理特点，多因郁至，故其病因、病机，重在“郁”字。郁而伤肝，气机不利，则诸病由生。干崎三临证，常用逍遥散、柴胡疏肝散、越鞠丸、二陈汤、四物汤等疏肝解郁的方剂，用法灵活。四是治疗血证，先辨病性。干崎三治疗血证，尤重审症求因，提出先辨明寒热虚实，再确定治疗原则，反对见血止血的旧习。干崎三认为过早使用凉血止血药与收敛止血药，极易导致离经之血不除而成瘀滞之弊。五是博采众长，融古通今。干崎三认为，历代医家之说因学派不同，观点不一，往往各抒其说，故读书、临证时不可拘泥于一家之言，宜采撷众长，聚千狐之腋以成裘，合伤寒温病为一体，熔攻破补养于一炉，书为我用，方为可贵。干峙三在治外感杂病方面尊崇张仲景，在治温热疾病方面尊崇叶天士，对喻昌、唐容川、王士雄、陆定圃等各家之长均有所取。

干峙三勤于记录医案，著书立说，启迪后学。1935—1939 年，他用临证之余时间研习了大量中医典籍，主编《医学南针》48 卷。据同乡李国星先生考证，此书内容涵盖四诊八纲、经络流注、脏腑学说、五运六气、名医通论、药物炮制、相反相畏、妊娠禁忌、药性歌括、汤头歌括、汤方释义、病名症状和治疗法则，基本囊括中医中药各个领域，对前代中医药理论做了系统的梳理和总结。惜未流传于世。

干峙三还十分重视中医的教育和传承。他先后带徒二十多人，言传身教，培养了大批中医人才。干峙三常以“学医求精，为医必仁”告诫后学，要求学生永远把病人放在首位。

王远芳

王远芳（1901—1984），湖北汉川人，精于内、妇等科，善治胃痛、肝病、妇科病。

王远芳幼年家贫，聪颖好学，赖其伯父接济，入私塾半农半读。1921 年因贫辍学，在当地设馆教书。执教之余，自学中医，并为邻里义诊。抗日战争期间，王远芳拜当地名医求教，得以系统学习，医术大进。1940 年，王远芳在汉川寿康隆药店坐堂行医，以医为业。新中国成立后，主持组建联合诊所，并任所长。1955 年调至汉川县人民医院，历任中医科主任、副院长等职。

王远芳勤奋好学，博识多闻，临证兼采众长，择善而用。他将伤寒派与温热派融为一体，折中运用。王远芳临证，强调辨证施治，常将西医辨病与中医辨证结合运用，疗效颇佳。

王远芳重视阴阳的统一平衡关系，认为阴阳是一个整体，应相互兼顾。故临床上，他认为阳虚补阳，宜辅以补阴之品，以阳根于阴，使阳有所依附，并可借阴药之滋润以制阳药之温燥；阴虚补阴，辅以补阳之味，以阴根于阳，使阳有所生化，并可借阳药之温运以制阴药之凝滞，达到滋而不滞。①

在治疗温热病上，他重视养胃保津，认为津为汗液之源，胃是津液之本。阴液未伤之时，慎汗亦是保津；阴液已伤之后，养阴首宜养胃。故临证时他步步留心保胃气、存津液。解表慎辛温，化湿慎刚燥，清热慎苦寒，养阴慎腻胃。诊察津液存亡或病情复杂时，他强调舌诊有非常重要的诊断意义。治疗内伤杂证上，他重视脏腑间的内在联系。他认为五脏病中，以肝病居多。气血的通滞盛衰，七情的内伤，无不与肝有关。以肝为中心，联系余四脏，可谓提纲挈领之法。如治疗胃痛，他常从肝论治，认为肝木相乘乃胃痛发生的主要病机，因此从肝论治为胃痛证治之纲；气滞、血瘀、化火、伤阴乃胃痛证治之变。故临床上，或兼以化瘀，或兼以清火，或兼以养阴，随症加减，疗效显著。② 王远芳处方用药，崇尚轻灵，看似平常而恰到好处。他尝言："用药应适中病机，药随病变，于平淡之中出神奇，这就要遵仲景之法度，不墨守成方；学天士之灵巧，能独抒己见。"临床上，他还常用中西医结合疗法。对于单方、草药、针灸诸疗法，他广为收罗，临证时往往独出机巧，收效甚佳。③

王远芳体恤病患，医德高尚。1957 年，出席湖北省防治疾病先进工作者代表大会，《湖北日报》和《湖北卫生》杂志对其先进事迹都做过报道。晚年，在学生们协助下整理出版了《王远芳治验录》一书。全书

---

① 金克畅：《王远芳调补阴阳一席谈》，《湖北中医杂志》1988 年第 3 期。

② 孙秋凌、周鸣声、吴惠兰：《王远芳从肝论治胃痛经验》，《湖北中医杂志》2008 年第 1 期。

③ 湖北省卫生厅中医处、湖北省中医药研究院主编：《湖北当代名中医传》，湖北人民出版社 1989 年版，第 403～407 页；汉川县卫生志编纂委员会编：《汉川县卫生志（1727—1985）》，1990 年版，第 399～400 页。

分内、外、妇、儿、五官科五大部分，总结其临床经验，有一定学术价值。①

黄云樵

黄云樵（1901—1990），湖北武汉人，擅长内、妇、儿各科，尤其擅长治疗妇女经孕诸疾及慢性支气管炎等。

黄云樵出身于世医之家，幼读私塾，于1915年在汉阳青石桥中药店当学徒，3年期满，能独立处理各项业务。为了深造，又返回家乡，复读私塾，致力于古典文学的研究。继而在其父辅导下攻读中医专业，对经典医籍、名家专著，多有钻研。1928年，黄云樵与谢汇东联合开办中医学校，以此来填补武汉地区医学教育的空白，后因种种原因未能如愿。1929年国民政府通过《废止旧医案》。全国各地中医药界联合起来，赴南京请愿，要求取消这项决议案，黄云樵积极投入此项活动，奔走于武汉的名医之间，深受同仁的赞誉。1938年，武汉遭日本飞机轰炸，黄云樵与冉雪峰共同发起并组成救护队，为受伤群众包扎治疗。武汉沦陷后，黄云樵迁往宜昌。当时由于大量难民准备入川，拥于一地，造成时疫流行。黄云樵在宜昌治疗时疫病，疗效显著，因而名噪一时，被同道推选为宜昌市中医师公会理事长。1940年，宜昌沦陷，他逃难至四川，在当地行医。1945年抗日战争胜利后回武汉，正值汉口流行天花，于是黄云樵日夜应诊，活人颇多，在成立汉口中医师公会时又被推选为常务理事。

1949年后，黄云樵与几位同道共同组建大众中医联合诊所和寿而康国药店。他还积极研制中成药，大力培养中医药人才，并开设各类训练班，使中医药事业后继有人。1964年，中南卫生部调他到武汉医学院附属第二医院（今华中科技大学同济医学院附属同济医院）筹建中医科，并任该科第一任主任，为该院中医科的开创者之一。

---

① 湖北省革委会卫生局编：《王远芳治验录》，1978年版。

1984 年，在他的倡导下成立“湖北省名老中医药咨询服务中心”，他被推选为理事长。为了抢救整理名老中医的学术经验，成立编辑部，征集中医论文、医话、医案等四百余篇，于 1986 年出版《湖北省名老中医经验集》（第 1 辑），受到广大读者的欢迎。

黄云樵不执一家之见，提倡博采众长，集各家精华，使之融为一体，形成自己的风格。黄云樵认为，气血乃人之根本，治病首在分辨阴阳，调理气血，气血和则治，逆则病。所以在他的处方中，常以四君子汤、四物汤为主方，随症加减化裁，变化多端。很多处方看似平淡，但其收效出人意料。

黄云樵成名较早，一生忙于诊务，无暇著书立说，直到 20 世纪 70 年代，才开始着手整理一生的经验，撰有医论、医话、医案多篇，先后在各地医刊、学报发表论文十多篇，其余均由其子黄诚文协助整理。①

刘仁安

刘仁安（1902—?），字吉平，湖北孝感人，擅长肾病、眩晕病、肠胃病、妇儿病的治疗。

刘仁安 7 岁上私塾，13 岁拜师学医，在老师的指点下，认真研习了《黄帝内经》《难经》《伤寒论》《金匮要略》《本草纲目》《千金要方》《诸病源候论》《景岳全书》《温热论》《温病条辨》等著作，为日后临证打下了坚实的基础。

刘仁安临证时，能结合历代名家经验，灵活运用。某年秋天，一老妪患霍乱已 3 日，情势危重，其子请刘仁安前往医治。患者吐泻数日，气息奄奄，昏睡时肢厥，六脉全无，唤醒后诉说心中发热难受。刘仁安给予张锡纯急救回生丹，患者服后感心热难受大减，而身凉、六脉仍无，

① 湖北省卫生厅中医处、湖北省中医药研究院主编：《湖北当代名中医传》，湖北人民出版社 1989 年版，第 43～47 页。

遂投以党参 30 克、山药 30 克、茱萸 24 克、炙草 9 克、玄参 12 克，煎汤，分 2 次温服，服药后脉出身热，继续用上方加减，病遂痊愈。

刘仁安先后编有《内经知要》《中医诊断学》等讲义，负责《黄帝内经》《中医诊断学》《温病学》《中医学概论》《中医内科学》《中医妇科学》的教学工作。①

刘仁安在教学之余仍勤于临床。他常说："业绍岐黄，学无止境，施治罔效，则应深研。读历代名家方书，要悟其言行之旨，触类旁通，达到豁然，心有所得，学在博览，用在精微。治男病重在心肾，治女病重在肝脾，治小儿重在脾肾。肾为先天之本，脾为后天之本。治病必求其本，时令病又当别论。"

李幼安

李幼安（1903—1995），又名李德培，湖北武汉人，擅长治疗急性热病、内伤杂症、疮疡肿毒、跌扑损伤、经带胎产病、小儿疳积等疾病。

李幼安幼年因丧父而家贫，幸得族人资助才得以读私塾。1920 年，开始拜师，学习中医。1927 年，独立行医。后在汉口开设益寿堂药店，并出任经理。除诊治内、妇、儿科病证外，还治疗跌扑损伤。1937 年，日寇轰炸武汉，李幼安离乡西行，途经宜昌等地，辗转至重庆行医。在重庆时，李幼安与名医张简斋、陈逊斋等结为金兰好友，交往甚密，他也医名日旺，每日应诊量多达百余人。

抗日战争胜利后，李幼安返回武汉继续行医，当时的报纸刊载了"名医李幼安由渝返汉"的消息，致使诊疗业务更趋繁忙。

1949 年，与黄云樵等名医组建了大众中医联合诊所。1950 年，李幼安进入武汉市卫生局开办的中医进修学校学习西医知识 2 年，是该校首

① 湖北省卫生厅中医处、湖北省中医药研究院主编：《湖北当代名中医传》，湖北人民出版社 1989 年版，第 488 ~ 490 页。

届毕业生。后该校开设中医课，李幼安担任教师，讲授伤寒、温病与本草等知识。1955 年，到武汉医学院附属第一医院（今华中科技大学同济医学院附属协和医院）中医科，从事医疗、教学、科研工作，与朱师墨、夏幼周等名医筹办中医科。

李幼安理论纯熟，经验丰富，医技高超，学术造诣颇深。

对于跌扑损伤，李幼安师承族伯，经过几十年实践，自创一套汤、丸、敷、洗的经验方药。对于新伤，他常开窍醒神，活血行气；渐次破瘀通络，攻下导滞；后补益肝肾，强筋壮骨，尤其重视攻下瘀血。

对于诊治热病，李幼安融汇六经与卫气营血，取经方之意，灵活化裁，辨证精当，用药贴切，取得满意疗效。

对于治疗疮疡肿毒，李幼安常根据疾患部位在清解方中加引经药，并详审虚实，用药不拘泥于尽用苦寒，或托透温散，或攻逐清下。

对于诊治杂病，李幼安宗《金匮要略》之法，据证情灵活化裁。如遇糖尿、蛋白尿，常认为是肾气亏虚而固摄失权，致使人体精华物质流失，每用肾气丸加固涩药而获效；治风寒咳嗽，多用小青龙汤化裁，再加桔梗配前胡、枳壳配厚朴调理肺气；治水气凌心（即心衰、水肿），常以苓桂术甘汤、术附汤或真武汤加减，尤重用附子强心、茯苓利尿，常使病情逐步缓解。

对于诊治妇科病证，李幼安重视气血与肝脾肾，认为许多妇科疾患的基本病因，不外气血不足、气滞血瘀、肝气失调、脾肾不足等，治疗时应调理气血与有关脏腑，选用温经汤、胶艾汤、桃红四物汤、逍遥散、八珍汤、地黄汤等灵活加减，对临床常见的月经失调、带下病证、胎气不固、产后血虚、女子不孕等均能获得相应疗效。

对于诊治小儿病证，李幼安认为外感最易伤肺卫，用药宜轻清宣透；内伤最易损脾胃，用药宜化食消积。如治小儿疳积，常用验方百灵疳积散，此方屡用屡效。

李幼安擅长识药，精通炮制。药材的真伪、品质的优劣，常一目了然；加工炮制、膏丹丸散，门门在行。他一贯呼吁，发展中医既要重医，也要重药，医生本事再大，最终要靠药发挥作用。

李幼安学术思想开明。虽为中医科医生，但因专门学过西医，又长期与西医科医生共事，故对西医有较客观的认识与中肯评价。他认为要发展中医，提高中医，吸收西医的特长是必要的。在自己的诊疗工作中，他常参照西医的诊断，于辨证用药的基础上酌用相应药物，提高了临床疗效。李幼安认为中西医于诊断上两相参照，看问题则更全面；治疗上两相结合，收效则更迅速。他力主会通中西，一切以治好病人为原则。

李幼安对培养中医后学始终抱有极大的热情，对门生弟子总是热情指教，倾心传授。李幼安著有《金匮讲义》《妇科讲稿》《温病再辨》，另撰写论文多篇。①

熊济川

熊济川（1906—1973），湖北武汉人，熟谙中医内、外、妇、儿、针灸各科，尤擅儿科，有“儿科圣手”之称。

熊济川少年学医，曾跟师冉雪峰，深得冉雪峰赏识。熊济川 1952 年任武汉市中医药学会副主任委员，1957 年任武汉市中医医院副院长兼门诊部主任。撰写《中医儿科学讲义》，为培养湖北武汉地区中医人才做出了贡献。其发表的论文有《中医对急性放射病的认识与治疗》等，有较高的学术价值。

熊济川逝世后，武汉市卫生局刊印了由其学生整理的《熊济川医案》，系统地总结了其临床经验。熊济川的学术思想主要体现在儿科方面。他认为小儿的生理特点之一是脾胃柔弱，易于虚损。脾胃虚损的主要表现为舌苔白滑、面色㿠白、精神倦怠，食少纳呆等。在患儿长期高热、潮热不退的复杂情况下出现上述脾虚现象，熊济川每每因坚持益气

① 湖北省卫生厅中医处、湖北省中医药研究院主编：《湖北当代名中医传》，湖北人民出版社 1989 年版，第 58 ~ 63 页。

健脾而获得良好疗效。

在治疗外感热性疾病时，熊济川从疾病的寒热性质上，掌握了疾病的本质，分清疾病寒热主次后大胆用药。如他对麻疹患儿用药，有用寒凉之石膏，量达五两者；有用辛甘温之白术，量达八钱者，都收到良好疗效。

与脾胃虚损紧密相关的食滞，症见舌苔白滑或腻，脉见滑象，食少或腹泻稀溏及不消化食物，是熊济川治疗小儿疾病时紧紧掌握的又一重点。

在治疗表邪用药方面，对于麻疹、感冒、风热壅肺、暑热症、阳水、阳黄、痢疾等多种疾病，熊济川都善于运用自制的解热合剂。解热合剂由薄荷、青蒿、荆芥三味组成，薄荷、青蒿二味辛凉芳透，荆芥一味辛温，辛凉中有辛温，熊济川此法源自其师冉雪峰。

熊济川思想开明，倡导中西医结合的理念。他认为，在辨证论治思想的指导下，中西医结合治疗麻疹，尤其对于抢救危重者，尤为必要。①

黄寿人

黄寿人（1906—1978），亦名长华，字瑞章，湖南湘阴人，精于小儿、妇科杂症。

1922 年师从南京名医孙少培，1930 年悬壶于南京。1937 年迁居武汉，在汉口挂牌应诊。临证治病，体察细微，审证度势，随制方药，经其治疗者无不应手而效，且对穷困病人常免收诊金，有时还资助药费，故声誉日高，名扬武汉三镇。1953 年，受聘为武汉市中医药学会顾问。1956 年，调至武汉市中医医院工作。1959 年任该院院长。

---

① 徐子评：《熊济川治疗麻疹经验》，《湖北中医杂志》1981 年第 6 期；湖北省卫生厅中医处、湖北省中医药研究院主编：《湖北当代名中医传》，湖北人民出版社 1989 年版，第 241～244 页。

黄寿人兼通妇、儿、喉、外诸科。在医学理论上，对各家医学主张兼蓄并纳，融会贯通，取其所长，不拘一家之言。他在笔记中写道："诊伤寒病以仲景六经法，遵柯韵伯说；诊诸温邪以河间法，遵张、喻、吴、叶论及吴氏《条辨》；诊脾胃阳虚，遵李东垣；诊暑温、风温，遵叶天士；诊诸疝，遵子和《儒门事亲》书；诊吐血症，遵缪氏《广笔记》；诊诸虚热症，当遵刘河间法；诊月经病，遵《傅青主女科》法。"

在学术上，他重视五脏虚实辨证，认为五脏藏精气而不泻，主藏者不可虚；六腑传化物而不藏，主传者不可实，故脏病多虚，腑病多实。杂证久病及脏，故虚证为多，治疗时宜顾及正气。

对于妇科疾病，他强调辨证论治，不可拘泥于古说。黄寿人认为，在整个妊娠期间需要气血充足以载胎养胎，还需肾气旺盛以助发育，故用药时一定要照顾脾胃和肾。黄寿人治妊娠呕吐，常用五味异功散、橘皮竹茹汤加减，扶脾和胃。安胎时常用所以载丸合寿胎丸加减，以补脾胃，益气血。对习惯性流产，更强调补肾的重要性。治妊娠水肿，以白术散合五皮饮加减，扶脾行水。对胎萎不长，更以大剂补脾益肾，化生精血。对妇女产后病，注重古人的三审之说，在治疗上主张攻不伤正，补不恋邪，崇尚补虚固本。

在立方用药上，他认为古方难治今病，即使是时方，也不能生搬硬套，务必随症化裁，灵活加减。在总结临床疗效的基础上，他对许多病提出自己的观点，并创制不少方剂，所制三子养阴汤、调气化瘀汤、安脑合剂、头昏合剂、肝肾膏、保肝膏、养脑宁神膏、健脾膏、宁心片等均疗效显著。自制方中，除脱化于古方的外，更有撷取民间验方调制而成的。他在用经方时注重配伍法度，用时方时极尽化裁出入，守常达变。

黄寿人热心中医教育，积极培养后学，倾其毕生经验与所学，无保留地传授学生。为人谦和，对医疗工作尽心竭力，治病扶危，努力为人民服务。①

---

① 王天位、徐泽：《黄寿人》，《中国医药学报》1989 年第 1 期。

黄寿人论著有《黄寿人医镜》《黄寿人临床经验选》。①

单苍桂

单苍桂（1906—?），字少生，湖北武汉人。

单苍桂出身于中医世家，自幼聪颖好学，7岁就读于私塾，打下了坚实的古汉语基础。14岁时，考入天主教开办的汉阳文德书院，接受了欧美的科学思潮。为了救国救民，他不谋求高薪厚俸的职业，决心继承父业，以医济世。

新中国成立后，单苍桂响应政府号召，先后在武汉市中医药改进会门诊部、武汉市中医医院外科、武汉市第一医院皮肤科工作。

单苍桂数十年潜心研习中医外科，除继承家传师授外，他还博取历代诸家之长，综合自己的实践经验，对于中医外科很有建树，尤擅长脑疽之类的危重症，并有所创见和发展。单苍桂认为，外科疾病，尤其是痈疽等重症，要时时处处顾及胃气，不可因其火毒而一概投用大苦大寒之药。他认为金银花既可清热解毒，又因其芳香之气可以护胃阴，醒脾胃，大剂量长期服用有利无弊。脑疽为外科重证之一，单苍桂主张抓住三点：一是辨虚实，由于老年人多患此病，故虚主要是指肝肾阴耗，虚火内炽；实是指局部红肿胀痛的外形显示毒热壅盛之象。二是辨善恶，古人有五善七恶之说，多从全身着眼，但局部疮形的善恶也应加以注意。如见到疮面有黑色坚实的脓衣，说明正虚不能化毒，乃为恶象。应及时用托里解毒之剂，加服蟾酥丸。三是辨顺逆，就是指要掌握疾病的发展规律。通过这样辨证施治，每可化险为夷，很少出现三陷的危候。

对于疔疮的治疗，单苍桂指出，对颜面疔疮切忌挤压，避免出现形如胖尸的走黄现象，甚至危及生命；对手指疔疮不要乱施刀针，否则常

① 湖北省卫生厅中医处、湖北省中医药研究院主编：《湖北当代名中医传》，湖北人民出版社1989年版，第64~65页。

可毁坏指骨，影响手指的功能。

对于瘰疬的治疗，单苍桂多采用火针疗法。火针疗法治疗瘰疬的机制可能为火针直接刺入病变核心，借火针高温热力，驱寒凝，化顽痰，有利于阴证向阳证转化，使病变组织凝集之邪得火而散。这种疗法自20世纪60年代用于临床以来，治愈者很多。

对于疖肿的治疗，单苍桂在强调内治的同时，十分重视外治法，并灵活运用。如疖肿初起，选用如意金黄散，对体弱者以植物油调敷，对体壮者用鲜丝瓜榨汁调敷，使毒轻者的疖肿消散，如热毒重而不能消散，亦可促其热毒积聚成脓，早溃早敛。

对于乳痈的治疗，单苍桂总结要点：早期要通，乳通则消；中期要托，使毒聚早溃；后期要补，意在生肌敛疮。对有疮敛而硬结未化者，酌加小金丹内服，可通络散结。按照上述分层次施治，每每收到良好效果。

许多外用制剂，特别是用于疮口提脓、生肌的丹散，单苍桂对其制作要求颇严，不得马虎从事。如自拟的经验方冰石散，要求冰片和煅石膏研得越细越好。

临床上，他特别注重饮食的禁忌以及换药、护理等环节。

单苍桂发表了《漫谈湿毒疮类治疗经验》等学术论文。其弟子徐宜厚将其外科学术思想做了系统总结，整理出版《单苍桂外科经验集》一书，内容涵盖四诊运用、外科四辨、治法撮要、医案选粹、医话和家传验方等。①

尹节之

尹节之（1907—1973），原名次香，别名慎如，湖北沔阳（今洪湖）人，擅长内、儿等科，精于针灸。

① 徐宜厚整理：《单苍桂外科经验集》，湖北科学技术出版社1984年版。

当时洪湖地区常遇水患。大水过后，疫疠猖獗。目睹这悲惨景象，尹节之儿时便立志从医。他先跟随当地秀才学习经史，打下了扎实的文学基础。1926 年起，博览古典医籍，自学岐黄之术。尔后经名师指点，学业长进，终于实现夙愿，成为当地有名的医生。他自 1931 年起，先后在武昌、沔阳、汉阳等地挂牌行医，每日求诊者甚众，疗效显著，医名远扬。

1954 年参加联合诊所，被选为负责人。1955 年，任金水闸门诊部所长。1958 年，被选送至湖北省中医进修学校师资班深造。未及毕业，因成绩优异被抽调去编审《中医学》教材，他出色地完成了针灸篇章的撰写任务。1959 年他被调至湖北中医学院任教，承担《金匮要略》和中医诊断学、内科学的讲课任务。

他擅长儿科，善用温病方治小儿外感与多种急性热病。当时找他求诊的患儿颇多，他都一一耐心辨证，审慎用药，灵活使用，或清热，或降火，中病辄止，时时注意勿伐天和。他十分推崇吴鞠通的《温病条辨·解儿难》，不滥用羌活、防风、柴胡、葛根等风药，也不盲从小儿纯阳的旧论。他医术精湛，医德高尚。

尹节之终生致力于中医临床与教育事业，为继承和发扬祖国医学做出了积极的贡献。①

金仲文

金仲文（1908—1977），字春山，湖北罗田人。

金仲文性沉静，寡言辞，聪颖好学。其父早逝，家贫，14 岁被迫辍学，跟随叔父学医。1955 年，被选送到湖北省中医进修学校学习。结业时，该校欲留其任教，他婉言辞谢，选择回到罗田工作。

---

① 湖北省卫生厅中医处、湖北省中医药研究院主编：《湖北当代名中医传》，湖北人民出版社 1989 年版，第 64 ~ 65 页。

金仲文务实笃行，细研《黄帝内经》《难经》《伤寒论》诸经，旁及刘完素、李东垣、朱丹溪、张从正、张景岳等各家著作，凡有心得，辄随笔记录，从不懈怠。金仲文临床经验丰富，凡治病既注意辨证，又很重视遣方用药。对于治疗时邪外感，金仲文综合历代各家著述，联系自己临床经验体会，认为“时行温热病证，由伏热在内，虽兼见表证，而里证居多，法当治里为主，解表兼之。”对于外感病的治疗，他很重视胃气，认为胃气化生水谷，水谷生成营卫，胃气强则卫气充固，营卫谐和，不易外感，即使感受外邪亦易康复。故对常患外感的病人，他嘱其常服玉屏风散以甘温益气，固正御邪。

对于治疗内伤杂病，金仲文非常注重脾胃，并将治脾归纳为六法，他不仅治外感时重视胃气，在内、妇、儿诸科临证时亦然。

对于治疗虚劳病，金仲文认为虚者乃阴阳气血之虚，损者乃皮、肉、筋、骨、脉络之损，虚为因，损为果，五脏虚损又常互为因果，相互关联。治疗重在脾、肺、肾。他认为肺虚为诸损之常见，治肺则他脏自宁；脾为后天奉养之本，虚损之病首先表现为气血之虚，治脾即本乎气血；肾为先天之本，藏精气，为阳气阴精之源，治肾即本乎阴阳。

金仲文与叔父一起，搜罗百氏，采撷精华，历八载寒暑，撰成一部《医林集腋》，寓“狐集千腋，始能成裘”之意，全书分门别类，合 17 卷，计 30 万言，图文并茂，条理贯通，使读者一目了然。该书辨经络时，根据针灸铜人，辅以解剖生理，而真伪俱明；其论脉诀，根据王叔和《脉经》，以后人的问难论，而医障全廓；至于伤寒杂证及妇、幼、外科，均明出经纬，详陈治法。在病与方后，作辞赋来概括，便于诵记。在衷中参西上，亦颇有创见。如论三焦“出于肾中，有油膜一条，贯脊骨，名曰命门，是为三焦”“包裹胸膜，外连腠理，内通脏腑，为水液出入之通道”。在临床治法上，概括古今精华。

金仲文一生谦虚谨慎，待人热忱，品德高尚。①

盛贯一

盛贯一（1908—1978），字道灿，湖北武昌（今鄂州）人，擅长中医内、妇、儿等科。

盛贯一少年勤学经史，1932 年考入汉口国医学社。不久，转入湖北国医专科学校，探研岐黄之术。1935 年以优异成绩毕业，留校任教。武汉沦陷后在汉口开设盛贯一诊所。1945 年春，诊所毁于战火，盛贯一携妻偕子回乡行医。

1951 年，他组织全区医务人员，挨家挨户种牛痘，注射预防伤寒、霍乱等传染病的疫苗。1954 年，数万灾民被洪水围困于长岭，他以身作则，不分白天黑夜，不畏高温酷暑，各处巡诊。

盛贯一为人正直，待人诚恳，医理娴熟，医术精湛，深受病家信任，慕名而至者众。为民服务，救死扶伤，活人无数，闻名遐迩。

1955 年盛贯一调至湖北省中医进修学校任教，平素悉心整理文献，深入研究中医理论。1959 年学校改建为湖北中医学院，当时缺少教师，且课时多，盛贯一讲授多门学科，如《中药学》《方剂学》《伤寒论》等，认真备课，批改作业，常废寝忘食。他当时与黄绳武、张梦侬、刘武荣等名中医促膝交流，切磋经典。他先后参与编写了《伤寒论》《金匮要略》《方剂》等教材，积累了丰富的教学经验。他学而不厌，诲人不倦，为中医药事业做出了积极贡献。

盛贯一治学严谨，持之以恒，对经典医籍，反复研读，手不释卷，每有心得，则批注圈点；教诲学生读书时强调细心体会，深思明辨，博览群书，采撷众长，切忌浮光掠影，走马观花；临床上提倡思维开阔，

① 湖北省卫生厅中医处、湖北省中医药研究院主编：《湖北当代名中医传》，湖北人民出版社 1989 年版，第 338 ~ 341 页。

不得胶柱鼓瑟；博览而不盲从，应以实践证明。他认为《黄帝内经》《伤寒论》是中医理论与临床的范本。若医生不谙经典著作，则根基不固，辨证不清，临诊时则茫然无从。

盛贯一推崇李东垣、叶天士的脾胃学说，赞赏王清任的《医林改错》，喜读《傅青主女科》，擅补肾中阴阳，注重奇经八脉的调理。在治疗妇科病方面，他积累了丰富的临床经验，如用巴戟天、紫石英调冲脉，龟板、白果益任脉，鹿角胶、紫河车补冲任，黄芪、鹿角片固督脉，白芍、艾叶等强带脉。治疗肾虚不孕症时，他在运用《景岳全书》毓麟丸的基础上加紫河车、鹿角胶、龟板胶等药，填补精血，益养奇经，每收良效。①

宋之桢

宋之桢（1908—1981），湖北武汉人，精于儿科。

1923 年，宋之桢考入冉雪峰创办的湖北中医专门学校，精读古典医学名著及中医理论，亲聆冉雪峰的教诲，深受其学术思想的影响。

1971 年，宋之桢不幸患癌，他一面强忍病痛，继续为病人服务；一面寻求攻克癌症的新方法，并在自己身上反复试验。对于癌症治疗，宋之桢认为“正气内存，邪不可干”，强调以扶正为主；同时认为情志是癌症发病和治疗上不可忽视的重要因素。他根据中医理论及自身实践体会，运用扶正祛邪、清热解毒、攻坚破瘀和活血化瘀等方法诊治病人，设计了膏剂（以补为主）、丸药（以攻为主）以及汤剂（辨证用药）等，使许多患者生存更久。

宋之桢在继承、发扬祖国医学方面颇有建树。对一些疑难重症，他常能临危不乱，治病思路开阔，别具一格，多有创见。他自拟经验方甚多，疗效显著，如冠心急救丹为中医治疗冠心病、心绞痛的有效方药。

---

① 湖北省卫生厅中医处、湖北省中医药研究院主编：《湖北当代名中医传》，湖北人民出版社 1989 年版，第 84 ~ 88 页。

他尤其擅长治疗小儿疾患，攻补兼施是其治病的一大特点。他认为，只有集中力量祛除病邪，才能使患儿迅速恢复健康，但又必须中病即止，不可过剂。不少小儿疑难重症，经他治疗化险为夷。

宋之桢一生忙于诊务，著述不多，发表《中西医结合治疗恶性肿瘤》《小儿中毒性菌痢的中医治疗》《中毒性菌痢治验一例》等文章。①

朱师墨

朱师墨（1908—1989），原名朱清源，浙江宁波人，擅长中医妇科、内科、儿科等。

朱师墨喜好古文，拟报考北京大学文学系，因患双侧空洞性肺结核，就医于北京名中医施今墨，得施今墨精心治疗后痊愈。施今墨见其古文根底甚好，劝其学医，收为门下弟子。朱师墨为感念师恩，从拜师之日起，改名为师墨。在施今墨殷切教诲下，朱师墨刻苦钻研，博览群书，悉心洞察老师临证诊治的要诀。1932 年，他学习期满，成绩优异，深受施今墨器重，遂继续担任医助 2 年，继续深造，为以后事业的发展打下了坚实基础。1934 年起，他在宁波、上海、武汉等地开业行医，并受聘为中央国医馆名誉理事。

新中国成立后，朱师墨积极响应国家号召，于 1955 年到武汉医学院附属第一医院（今华中科技大学同济医学院附属协和医院）中医科工作。1978 年，朱师墨被推选为湖北省医学代表团团员，出席了在北京召开的“全国医药卫生科学大会”，并担任大会主席团成员。由于学识渊博，德高望重，朱师墨先后担任中华全国中医学会常务理事、中医学会湖北分会理事长、湖北省药政管理处顾问、中医学会武汉分会名誉理事长、中华医学会武汉分会理事兼中医学组主任委员等职。

---

① 湖北省卫生厅中医处、湖北省中医药研究院主编：《湖北当代名中医传》，湖北人民出版社 1989 年版，第 73 ~ 77 页。

朱师墨是较早在西医学院讲授中医课程的老师。在他的努力下，武汉医学院（今华中科技大学同济医学院）于1956年开设了中医课程。为了更好地开展教学，朱师墨自编了《中医概要》《医史概要》《方剂概要》《药物概要》等教材，语言通俗，便于学习，为全国西医学院开设中医课程提供了经验，起到了推动和示范作用。

朱师墨还运用自己丰富的古文知识，对《黄帝内经》进行了整理和编辑。于1955年用现代语言撰写了《内经的初步介绍》《内经简介》《内经知要总结》三篇论著，为中医教学做出了贡献。

朱师墨精通中医基础理论，对中医四大经典著作有一定研究，对金元四大家和历代著名医学家的学术思想、实践经验进行了认真的探讨，对继承发扬施今墨的学术思想和医疗实践做了较系统的研究。他对中西医结合治疗晚期肝硬化、慢性肾炎、肾功能衰竭、慢性活动性肝炎、慢性支气管炎、水肿、妇女闭经等都有着独特的见解。他对中医辨证论治体系的发展亦有一定的贡献。①

朱师墨生平著述较多，其《〈施今墨医案验方合编〉注笺》一书，对施今墨治疗高血压、失眠、糖尿病的经验，加以注释并笺按，由湖北省卫生局作为“湖北卫生丛书”内部发行。② 此外，他还发表学术论文十余篇。

李丹初

李丹初（1908—1992），字循熙，湖北汉川人。

李丹初出身于中医世家，幼承庭训，耳濡目染，少时即对中医学产生了浓厚兴趣。1923年，他先后跟随堂伯和父亲学医。1928年，他悬壶

① 湖北省卫生厅中医处、湖北省中医药研究院主编：《湖北当代名中医传》，湖北人民出版社1989年版，第66～72页。

② 朱师墨：《〈施今墨医案验方合编〉注笺》，湖北省卫生局1979年版。

乡里。乡村疾多病杂，李丹初悉心诊治，反复探索，效验渐显，以善治肾病闻名，远近称道。

新中国成立后，李丹初率先组建联合诊所。20 世纪 50 年代，他深造后被调至湖北省血吸虫病防治研究所工作。当时，血吸虫病引起的肝硬化腹水治疗颇为棘手，李丹初博采前贤治验精华，刻苦钻研，反复试验，将千金子制成胶囊，用以治疗此病，大大缩短了疗程，提高了疗效。1959 年，李丹初被调到湖北省中西医结合研究所，以湖北中医学院附属医院为基地，从事临床、科研、教学工作。

李丹初学有渊源，博采众长。无论是《黄帝内经》《伤寒论》《金匮要略》等经典著作还是《格致余论》《局方发挥》《景岳全书》《张氏医通》等诸家著作，靡不探隐索微，拾精撷华，印证临床，反复由理论到实践，于实践中结合所遇到的实际问题，用理论知识加深理解。他在临床工作中形成了一套理论见解、辨证方法、施治手段。

李丹初认为虚实是诊治内伤疾病的要领，实证多表现为脏腑的气机紊乱，诸如肝气不舒则郁滞、肺气不降则膀郁、胆气不和则呕逆、脾胃气乖则成痞。因此常用疏、降、利、散之药以调气机。内伤疾病的虚证以阴虚为多，因六淫七情都易从火化，热邪易戕阴液，失治则必耗阴伤液，故调理多从养阴入手。阴伤有轻重，药味有厚薄，养阴药的选用亦当与证情合拍。李丹初喜用滋阴而不腻之品。在施用调气药或养阴药时，极重视二类药物的配伍，其临证遣方用药，骤看似平淡，却屡获奇功。

李丹初在肾病治疗方面，颇具心得。他认为，慢性肾炎在中医里大抵属于水肿、关格范畴，病情绵延，不仅阳气受损，阴液亦亏损，如一味温阳利水，不仅阳气难扶，且仅余之阴更伤。故他力主益气养阴，益阴凉血，温阳护阴；药贵清灵，切忌温燥蛮补、苦寒峻利之品。临床上，他注重培补脾肾，调补脾胃气阴。他认为，温阳化气，乃治肾要则。治疗肾炎时，亦常温阳，然并非桂枝、附子等辛温峻补之品，如此则戕伐阴液，他力主在温阳的同时护阴，以燮理阴阳，选甘淡清灵之品。

李丹初临证之余，勤于撰述，除撰写学术论文《中西医结合治疗慢性肾炎合并尿毒症一例》《尿路感染验方》等外，他还参编了《老中医经验选编》等书。

李丹初为人耿直，待人诚恳，医德高尚，特别注重栽培后学。①

刘其羽

刘其羽（1909—1981），字堂耀，湖北大冶人。

刘其羽出身于世医之家，幼读私塾，14 岁时随祖父和叔父学习中医，1930 年学成后即独立开业行医。

刘其羽对中医经典著作有较深的研究，对各家学说亦有精深的研究，对《黄帝内经》《伤寒论》《金匮要略》诸书钻研尤深，撰有《内经辑要浅释》《内经辨证法》《温病学说在临床上的运用》《虚证、实证的理解及临床运用》等文。②

刘其羽崇尚经典著作，推崇温病学派，重视虚实证的真假辨治。他认为温病学说的形成发展是一个漫长的过程，某些方药来源于《伤寒杂病论》，但在《伤寒杂病论》的基础上大有发展，特别是外感急性热病的辨证论治，可补《伤寒杂病论》的不足。故在治疗外感急性热病时，他按温病学说辨证论治。刘其羽对虚实证的真假辨治很有见地。他认为虚实证候有常有变，并能互相转化。疾病初期多为实证，末期多为虚证。而地区气候、年龄、性别、体质和职业的差异等导致了个体的特殊性。外感初期可见虚证，内伤久病也可见实证，属虚属实，必须从脉证来确定。特别是在疾病发展变化过程中出现一些似虚非虚、似实非实、真实假虚、真虚假实等，最宜详辨。辨识方法上，他主张“证之难凭求之

① 湖北省卫生厅中医处、湖北省中医药研究院主编：《湖北当代名中医传》，湖北人民出版社 1989 年版，第 78～83 页。

② 黄石市卫生志编纂委员会编：《黄石市卫生志（1880—1985）》，1990 年版，第 265 页。

脉，脉之难凭验之舌，因此辨脉查舌以验虚实真假最为可靠”。

刘其羽不仅医术精湛，而且医德医风高尚，对待上门求医者，一视同仁，热情接待，精心诊治；遇有急诊，无论寒暑昼夜毫不迟延。他还积极从事中医教学工作，通过师带徒、辅导实习生、举办讲座等形式，为培育杏林人才做出了自己的贡献。①

叶国芝

叶国芝（1909—1982），湖北武汉人。他在内、妇、儿科等领域积累了丰富的临床经验，对脾胃病的诊疗尤具特色。

叶国芝读私塾，后因家贫而终止学业。1928 年，为谋得一技之长，叶国芝跟随舅父学医，钻研岐黄医术，3 年后悬壶乡里。后被选送到湖北省中医进修学校进修，进修结束后留院任教。

叶国芝在学习中医经典著作的基础上，博采众家之长，对脾胃病有深刻的论述，在学术上有较高的造诣。他十分重视脾胃在人体中的作用。首先，他认为元气是人体生命活动的原动力，是维持生命活动的最基本物质。机体元气充沛，则各脏腑经络的活力就旺盛，机体就强健而少病。然元气的盛衰，除了与先天禀赋有关外，还与脾胃运化水谷精气的功能密切相关。若人体先天禀赋不足致元气虚衰，而脾胃功能正常，则能消化饮食，化生气血，以补先天不足。故此，叶国芝十分推崇李东垣的学术见解，非常重视脾胃对人体元气盛衰所起的作用和强调脾胃在人体发病方面的影响。其次，他重视脾胃，还缘于脾胃与脏腑气机升降出入关系密切。一方面，脾胃为后天之本，若脾胃升降有序，消化功能正常，则气血充沛，脏腑功能健旺，气机升降出入有常；另一方面，脾胃居中焦，通连上下，是脏腑气机升降出入的枢纽。如果脾气不升，就会导致

---

① 湖北省卫生厅中医处、湖北省中医药研究院主编：《湖北当代名中医传》，湖北人民出版社 1989 年版，第 362 ~ 367 页。

运化功能或升托内脏的功能失职，出现气血不足或内脏下垂，使脏腑气机升降出入等异常。①

因为脾胃对人体有着重要的作用，所以叶国芝在临床上十分注意对脾胃病的诊治，积累了有关脾胃病立法、选方、用药的丰富经验。他根据脾胃的生理特点和病变规律，总结出脾胃在内伤杂病中的十大治疗法则。十种治疗法则分别是：脾胃虚弱、寒热互结，采用辛开苦降法；湿浊困脾、健运失职，采用燥湿健脾法；痰热内阻、胃失降和，采用清热化痰法；寒凝胃脘、肝郁气滞，采用散寒理气法；脾气虚弱、清阳不升，采用益气升阳法；脾气虚弱、清气下陷，采用健脾理气法；脾气虚弱、虚热内生，采用甘温益气法；胃阴亏虚，采用甘寒养阴法；气滞血瘀、胃脘疼痛，采用活血止痛法；脾脏虚寒、统摄失司，采用温脾止血法。②叶国芝认为，这仅仅是治疗脾胃病的最基本法则，医生在临床应用中须灵活变通。如因病情需要，可以掺杂使用。如治疗妊娠恶阻或长期呕吐，除了使用苦寒清热或甘寒养阴或甘温益气等法外，还可根据病情，采用甘淡和胃降逆法，也能取得显著的疗效。

在治疗脾胃病的过程中，他还十分注重脾胃与其他脏腑以及脾胃之间的联系。因为脾胃与其他脏腑在生理上相互关联，在病理上相互影响；脾胃之间以膜相连，具有相表里的关系。所以，对脾胃病的治疗，只有分辨主次，从整体上全面考虑，才能提高临床疗效。

在脾胃病的选方用药上，叶国芝形成了自己独到的经验。如针对胃寒气滞，他常巧施加味良附丸；针对寒热互结，则妙用半夏泻心汤；针对痰热互结，则投加味小陷胸汤；针对脾虚头昏，采用升阳益胃汤；针对脾虚腹泻，径用七味白术散等。③ 由于叶国芝基础理论扎实，在诊治疾病过程中辨证准确、主法周到、选方合适、用药精当，最终成为湖北

---

① 叶桥生：《名医叶国芝》，《湖北中医杂志》2009 年第 5 期。

② 贺昌木：《叶国芝治疗脾胃病十法》，《湖北中医杂志》1981 年第 2 期。

③ 彭学敏：《叶国芝治疗脾胃病经验》，《湖北中医杂志》1995 年第 3 期。

及周边地区名噪一时的脾胃病专家。

叶国芝在湖北中医学院承担教学工作。在筹建中医基础教研室的过程中，他对《中医学基础》教材的编写和中青年教师、中医后继人才的培养都做出了积极贡献。叶国芝在教学、临证之余，还勤于写作，一生著述颇丰，论文包括《谈谈脾胃的生理、病理与证治》《谈脏腑病证的点滴体会》《谈老年人便秘的辨证施治》等。他还主编和审定了《中草药土方土法》《中医学概论》《柳选四家医案选评》等书。①

胡树人

胡树人（1910—?），湖北武汉人。

胡树人出身于世医之家，他7岁入私塾，后随父学医。凡《黄帝内经》，默之可诵，诗文曲赋，理亦通达。1936年，胡树人考入湖北国医专科学校深造。2年后，返回故里，悬壶应诊，名声渐噪。他笃学自勉，博览群书。

55岁时，调至黄冈卫生学校，主讲《黄帝内经》《伤寒论》《针灸学》，并任中医教研组组长。他教学认真负责，诲人不倦，注意改进教学方法，理论联系实际，为培养中医后继人才做出了一定贡献。

胡树人治学严谨，知识渊博，有"活词典"之称。在学术上有不少独特的见解，撰有中医理论研究和探讨临床论治的文章20余篇，12万余言，均载入《胡树人文存》。此外，还编撰了一部83万余言的译经巨著《内经直译》及3万余言的《六十六难解》。

《内经直译》以《黄帝内经》为蓝本，共162篇，每篇包括提要、原文（分节）、注释、直译、小结等，内容丰富，极有见地。《内经直译》中涉及古人未注、注而不准、争论不休等的问题，不是直译、注释

---

① 湖北省卫生厅中医处、湖北省中医药研究院主编：《湖北当代名中医传》，湖北人民出版社1989年版，第89～94页。

所能阐述清楚，非得专题反复讨论才足以明了者，汇集难题专论，计六十有六，名为《六十六难解》。①

王续古

王续古（1910—1965），又名王庚续，湖北宜都人。

王续古出身于中医世家，其祖父、父亲、叔父均以医为业，故从小便受到医学熏陶，对医学产生浓厚兴趣。他自幼熟读医学古籍，出口成诵。1929 年，王续古便开始在家中行医，由于技术精湛，很快就成为当地名医之一，登门求治者络绎不绝。因屡起沉疴，救人无数，医名广传。20 世纪 50 年代，王续古创办了宜都中西医联合医院，并负责中医诊疗工作，为当地中西医结合的发展起到重要的引领作用。1954 年，王续古调入宜昌专区人民医院工作，着手建立中医科，并担任中医科主任。因医术高超，前来求医者众多，声名极旺。

王续古不仅博览群书，而且喜欢思考，重视创新，因此在医学上具有很高的造诣。他对《黄帝内经》《伤寒论》《金匮要略》及历代医学名家的著述都有深刻研究，善用张仲景、杨栗山、唐容川、王清任之方。他精于内、妇、儿科，临证处治疾病时注重探究病理，找出切合实际的治则；且能博采众方，作为自己化裁运用的凭借，因此治病往往一击而中。他好学勤读，勇于临证，精心研究，这是他的治学特点，也是他成名的根本原因。

对于急性热病的治疗，他认为应不拘泥于清代叶天士、薛生白、吴鞠通、王孟英之说，还应当善用《伤寒论》《寒温条辨》的理论和方药。他对于风、痨、臌、膈四大难治之症亦有独特的治疗之法。

---

① 湖北省卫生厅中医处、湖北省中医药研究院主编：《湖北当代名中医传》，湖北人民出版社 1989 年版，第 342 ~ 345 页。

王续古一生殚精竭虑，忙于临床，未撰写专著，实乃医界憾事。[①]

刘云鹏

刘云鹏（1910—2013），名万程，字云鹏，以字行于世，湖北长阳人，于中医妇科造诣颇深。

刘云鹏出身于五代世医之家，幼读私塾，再读江陵小学、宜昌中学，国学、新学兼收并蓄，奠定了他日后深厚的文学底蕴。18 岁开始，他就跟随父亲学医，边学习边侍诊，侍诊之余，通读《黄帝内经》《伤寒论》《金匮要略》等经典著作，对《温病条辨》领悟尤多。20 岁即悬壶沙市，与父亲同室应诊，其间遍访名贤，技艺精进，30 岁即以善治温热病而医名大著。20 世纪 40 年代被誉为沙市八大名医之一。50 年代以后，沙市轻纺工业崛起，刘云鹏开始着意研究妇科，对经孕诸疾造诣尤深。他后来被选派到北京学习，面聆秦伯未、施今墨、朱颜等大家教诲。回到荆州后创建沙市市中医院，任首任院长。1977 年代表湖北省出席全国中西医结合规划工作座谈会。2007 年被中华中医药学会授予“中医妇科知名专家”称号。

刘云鹏医术精湛，医德高尚，精通内科，尤以妇科享誉医林。刘云鹏早年宗叶天士、吴鞠通，善使至宝丹、紫雪丹，以治急性热病闻名。沙市地势卑湿，湿热类疾病颇为多见，刘云鹏自拟黄芩半夏枳实汤，立方用药上有颇多独到之处。其对内科杂病，亦潜心探讨，善于调理肝脾，用药以清灵见长。20 世纪 50 年代起他着意研究妇科，于经孕诸病，多有发挥。刘云鹏认为，对于妇科疾病，青春期重在治肾，中年期重在治肝，老年期重在治脾。因女子青春之时，正当肾气旺盛，肾脏功能正常，能激发推动其他脏腑的功能活动，维持机体的正常发育。此时若罹患妇

---

① 湖北省卫生厅中医处、湖北省中医药研究院主编：《湖北当代名中医传》，湖北人民出版社 1989 年版，第 508～511 页。

科疾病，多系肾气不足所致。临床上，他总结出养血补肾、调肝补肾、健脾补肾、温肾暖脾、温肾通络等治则，以治疗妇女闭经、经愆、不孕诸证。至于老年妇女，多以治脾为主，诸如补脾止带、升清降浊、健脾和胃、扶中利水、益气养血、补益心脾诸法，随症施用。且妇女以血为主，血乃经孕产乳的物质基础，一旦血滞血瘀，诸病由生。故活血化瘀亦是刘云鹏常常用来治疗妇科疾病的方法。诸法分而不死，活而不乱，有主有次，化裁适宜。至于调肝之法，刘云鹏广泛使用于妇科疾病。他认为，肝藏血而冲为血海，主疏泄而性喜条达。肝脏功能正常，则气血和顺，经孕产乳无恙。否则，气血失调，变证百出。故其治法，当以调肝为主。

临床上，他系统总结出“调肝十一法”，具体包括：（1）疏肝开郁法，主要针对肝气郁结所致的经前症状，用自拟调经一号方、二号方加减；（2）疏肝散结法，主要针对肝气郁结所致的乳房肿块，用自拟疏肝散结汤；（3）疏肝扶脾法，主要针对肝郁脾虚证，予以逍遥散化裁；（4）疏肝清火法，主要针对肝郁化火证，予以清经汤；（5）疏肝活血法，主要针对肝气郁结、气滞血瘀、不通而痛之证，予以四逆散合失笑散加减；（6）泻肝利湿法，主要针对肝郁化火、湿热内蕴之证，方用龙胆泻肝汤加减；（7）清肝和胃法，主要针对肝火犯胃之证，常用左金丸合温胆汤加减，或少加苏叶兼宣肺胃之气，取其芳香通降，以助降逆止呕之效；（8）温肝通络法，主要针对寒凝肝脉之证，方用四逆汤加减；（9）养血疏肝法，主要针对肝血不足、肝气郁结之证，方用益母胜金丹加减；（10）调补肝肾法，主要针对肝肾亏虚、冲任不固之证，方予调补肝肾方；（11）养血清肝解毒法，主要针对素体血虚、郁怒伤肝、肝经湿热内炽、下乘脾土，方用清肝止淋汤加减。①

针对女性崩漏，刘云鹏不拘泥于一法一方。他认为少女或老妇以崩为多，中壮年患病则有崩有漏。常见有血热、血瘀、气血失调、血虚、

---

① 刘云鹏：《妇科常用调肝十一法》，《湖北中医杂志》1982 年第 1 期。

气虚下陷、心脾两虚、脾虚阴伤、气虚血脱及肝肾阴虚等证型。前三类病多属实，后六类则以虚为主。其病理转归，不论虚实，必见冲任损伤。实者泻之，应根据病邪性质，或清热凉血，或活血祛瘀，或调和气血。虚者补之，若血虚则养血止血，若气虚则补脾益气，若脾虚阴伤则治宜健脾坚阴，若肝肾阴虚则以滋养肝肾为法。临床上，他总结出“崩漏治疗九法”，即清热凉血法、养血固冲法、益气升阳与摄血固冲法、益气养血法、健脾坚阴法、调补肝肾法、益气固脱法、调和气血法、活血祛瘀法。① 临证中他灵活变通，对症下药，收到很好的疗效。

针对女性不孕不育，刘云鹏经过长期临床实践，提出了祛邪、调经、助孕和保胎的“女子不孕四步疗法”。② 他认为治疗不孕首以祛邪为先，邪去正自安。调经重在调肝，并提出调经三部曲：经前以疏肝理气为主，经期以活血祛瘀为主，经后以养血补肾为主。助孕则于月经中期予益肾填精、调补肝肾之药，佐以少量活血之品，促进卵子正常排出以助孕。然不孕妇女孕前或有诸症，或见不足，孕后可能发生诸多妊娠病而影响胎孕，故孕后保胎不可缺少。

刘云鹏对调经颇有创见，常分经前及经期两个阶段进行辨证施治。他提出“经前以理气为主”的治疗原则，自制调经一号方、二号方。经期以活血为主，刘云鹏对于月经过多过少、经期延长、痛经，甚至崩漏等证，只要见有腹痛拒按、经血有块、舌暗者，即以活血祛瘀为法。

刘云鹏根据经方创制了桂枝茯苓丸、柴枳败酱汤、健脾固冲汤、养血固冲汤等经验方，深受同行和患者的好评，这些经验方制成的中成药亦广泛应用于临床。

作为一代名医，刘云鹏不仅医术精湛，还注意将临床经验传于后学，为中医药事业培养后继人才。为了提高临床教学效果，便于学习掌握，刘云鹏对常用的经方及其验方都指出适应证、辨证要点，并整理成册，

---

① 刘云鹏：《崩漏治疗九法》，《湖北中医杂志》1983 年第 3 期。

② 黄缨：《名医刘云鹏》，《湖北中医杂志》2009 年第 2 期。

学生人手一册，这个册子被学生称为“妇科肘后备急方”。①

何子良

何子良（1911—?），又名谋俊，湖北嘉鱼人，通中医内、妇、儿、针灸等科，尤以妇科、针灸科见长。

何子良3岁丧父，5岁上私塾。12岁在其四叔何晓峰的济世堂药店当学徒。随何晓峰学医，苦读《药性赋》《神农本草经》《汤头歌诀》《伤寒论》《金匮要略》《黄帝内经》，并选读诸家名著，朝夕勤学，寒暑不辍。

1931年，何晓峰赴武昌挂牌行医，交济世堂药店于何子良承业。何子良主管药店及行医乡里，颇有成就。为求深造，何子良前往武昌跟随刘止安学习针灸2年，又跟随蒋玉伯学习妇科1年。三载从游，技艺益精。此后回乡，一边博览群书，一边在临床中积累经验，渐而医名大噪，求诊者盈门。

何子良学验俱富，妇科上多宗《金匮要略》妇人病三篇及《傅青主女科》论治大法，治不孕等病有良效；温病上循吴又可《温疫论》要旨，治时疫而屡验；内科杂病上效法张介宾的温补法、王清任的活血化瘀法，每挽疑难大症。并恒宗《黄帝内经》“上工治未病”之旨，见微知著，杜疾病传变之萌。如此精究应用，疗效卓著，医名远播。

何子良尤其擅长治疗热痹。他认为，热痹发病原因多为身体阳气偏盛，复感外邪，邪从热化而内壅关节，或直接外感风湿热毒，主张分期而治。热痹初起，主张从清热解毒，凉血立法；病至中期，热退湿存，主张以宣痹祛湿通络、清热解毒之法治疗，寒温并用；病至晚期，往往表现为肝肾阴虚、精枯血亏之证，主张采用补益肝肾之法，固本缓图。

---

① 湖北省卫生厅中医处、湖北省中医药研究院主编：《湖北当代名中医传》，湖北人民出版社1989年版，第438～443页。

若热痹久治不愈，且关节肿痛明显，粗大变形，局部肌肉萎缩，根据久痛多瘀、久病入络的理论，何子良主张从瘀论治，化瘀通络。[①]

临证之余，何子良勤于撰述，所撰《伤寒论解》《金匮要略浅解》《杂病脉案》等均已散佚。

何子良生于农村，深知人民疾苦，医德高尚。嘉鱼曾一度疫疠流行，何子良免费施药。在卫生所应诊时长期坚持早上班、晚下班，夏季日诊量高达120余人，均一一看完才下班。其态度温恭，医德高尚，为人所称颂。[②]

汪文蔚

汪文蔚（1911—1996），湖北孝感人，通晓内、外、妇、儿等科，对温病学研究尤深。

汪文蔚出身于世医之家，家藏医书较多，幼读私塾，12岁入公立中学，毕业后，即立志学医。他一方面秉承家学，涉猎医籍；另一方面不惜重金，出门拜师求教，得名师指点，学业大进，同时接受了一些中西会通思想，开阔了视野。1933年，汪文蔚回到孝感，开始独立行医。当时接诊的以外感热病者为多，这促使他对温病学说有较深的研究。新中国成立后，他一直在孝感从事中医临床工作。

汪文蔚临床经验丰富，治学态度认真。他主张理论要联系实际，既能继承传统的中医理论，又善于接受现代医学知识，并富有个人见解。他认为中医学说本身在不断发展、不断创新、不断完善。从《黄帝内经》问世到温病学说形成，正是这一过程的体现。因此，他在临证时，将现代科学的微生物致病学说与中医温病学病因学说联系起来，作为审

---

① 骆传佳、何启会：《何子良治疗热痹的经验》，《中医杂志》1991年第4期。

② 湖北省卫生厅中医处、湖北省中医药研究院主编：《湖北当代名中医传》，湖北人民出版社1989年版，第384～386页。

因论治的参考；利用现代科学检测手段探求病理，借以帮助辨别疾病的本质；处方用药方面，常在传统方药的基础上参考现代药理研究的成果，拟出辨证与辨病相结合的方药。多年来，通过临床验证，他总结出一些行之有效的辨证与辨病相结合的用药方法，如治疗肠伤寒、流行性乙型脑炎、流行性出血热、急慢性肝胆疾患、消化道溃疡以及妇科病等，为探索辨病与辨证相结合积累了宝贵的经验。他认为，早期截断病势的发展，可以提高临床疗效，有效缩短病程。这一观点极具前瞻性。

临证之余，汪文蔚还热心于讲学著书。他曾多次于中医进修班、学习班讲课。①

魏绍经

魏绍经（1912—1966），别名寿石，湖北蒲圻（今赤壁）人，善治内科杂病。

魏绍经 8 岁入私塾，攻读四书五经，历时十载。少时多病，目睹家乡因缺医少药，病患者往往得不到及时治疗而殒命，他下定决心攻读医药书籍，以求济世活人。苦读三载医书，奠定了初步基础，后随当地名医学习。学成后开业行医于家乡。二十多年勤勤恳恳、兢兢业业为群众防病治病。医术精通，疗效甚佳，闻名遐迩。1956 年底，调至湖北省中医进修学校任教。

学术上，魏绍经精于《金匮要略》理论，担任《金匮要略》教研组组长。他对教学工作一丝不苟，承担《金匮要略》教学任务，带病认真编写教材，耐心地给学生讲授。教学中积极主张教学改革。

他参加了全国高等中医药院校教材编写工作，还编写过函授讲义。编写过程中他不知疲倦地工作。他一生唯“勤”是奉，以亲身体会鼓励

① 湖北省卫生厅中医处、湖北省中医药研究院主编：《湖北当代名中医传》，湖北人民出版社 1989 年版，第 408 ~ 409 页。

学生务求在实践中勤锻炼。

魏绍经不仅医术精湛，而且医德高尚，认真负责地对待病人，每逢寒暑假回到家乡，便主动给家乡人民看病，有时还跋山涉水到农村去为重病人治病，从不收诊费和礼物，遇到十分贫寒的病人，还解囊救济。①

桂梦熊

桂梦熊（1912—1982），湖北武汉人，精于内、妇、儿等科。

桂梦熊出身于世医之家，受家庭的熏陶，他从小便立志学医。在父亲引导下，桂梦熊进入湖北中医专门学校就读。毕业后，跟随父亲在家行医看病，19 岁起开始独立应诊。桂梦熊热爱中医药事业，积极创办诊所、医院，深受中医药界人士的赞许。1948 年当选为武昌中医师公会监事。

在临床上，他极其重视辨证论治。对于黄疸性肝炎，他认为患者往往在不同程度上出现热重于湿或湿重于热的复杂症状。在治疗上，须掌握辨证要领，视其轻重，随症灵活加减，不可千篇一律。在临床处方时，清热不宜过用苦寒之品；祛湿不宜过用辛燥之品，以免正气受损，而邪留不祛。②

桂梦熊撰有《中医儿科常见病治疗简编》《治疗急性黄疸性肝炎的临床体会》《产后血瘀治验二则》等学术论文。③

梅叔肱

梅叔肱（1912—?），号守拙居士，湖北钟祥人，治病以内科见长，

① 湖北省卫生厅中医处、湖北省中医药研究院主编：《湖北当代名中医传》，湖北人民出版社 1989 年版，第 100～101 页。

② 桂梦熊：《治疗急性黄疸性肝炎的临床体会》，《新中医杂志》1973 年第 3 期。

③ 湖北省卫生厅中医处、湖北省中医药研究院主编：《湖北当代名中医传》，湖北人民出版社 1989 年版，第 259～263 页。

对外感热病尤有心得。

梅叔肱自幼受学于家塾，1927 年开始跟师学医。学医期间，日吟夜诵中医典籍，寒暑无间。1929 年，到汉口参加中医考试，获中医开业证书，留在汉口应诊。边诊边读，切磋琢磨，又求教于陆渊雷、陆士谔诸前辈，学业日进。1930 年他因丁忧，回钟祥故里，守丧之余，行医广济贫病。1932 年当地大旱，霍乱流行，月余间，病死者以千计。有的医生害怕被传染，不敢出门。梅叔肱日夜奔走，悉心救治，以针砭放血，继进小陷胸汤合五苓散，有时用独参救逆，多所全活。事后父老赠匾额“长沙遗风”。从此于医林崭露头角。

梅叔肱平生潜心经典，善用经方。早年广治热病，善将仲景理法与温病学说融会贯通，并指导临床，对吴鞠通、王孟英十分推崇，取法亦多。后接诊以慢性病为主，对张仲景、李东垣的脾胃学说探索尤勤。

他好学精思，勤于笔录。早年医案，亡失过半，1979 年他收拾残稿，整理成《守拙医话》一书，由钟祥县医药卫生学会内部刊行。该书概论内科 22 个病证，附案 59 例，基本上反映了他的医疗经验。发表论文有《医案两则话阳明》《伤寒论脉阴阳俱停辨》等。①

肖性初

肖性初（1912—?），湖北武汉人，擅长儿科。

肖性初出身于世医之家，幼承庭训，15 岁随父习医，攻读《黄帝内经》《难经》《伤寒论》《神农本草经》《温病条辨》等经典著作，后拜师学医。肖性初学习勤奋，每逢文义深奥费解之处，常废寝忘食，朝思暮索，或与人磋商推敲，质疑求解。弱冠后，悬壶武昌。1939 年起在武昌刘有余堂坐堂应诊。

---

① 湖北省卫生厅中医处、湖北省中医药研究院主编：《湖北当代名中医传》，湖北人民出版社 1989 年版，第 452 ~ 456 页。

1956年，与武昌名中医和名西医共同成立中西医联合医院，肖性初出任副院长。1958年，任武昌医院院长。1973年，肖性初调至湖北医学院附属第二医院（今武汉大学中南医院）中医科，从事临床、科研、教学工作。

肖性初治学，善于会通诸家，撷取精华，择善而从，灵活变通，不为一派一家之偏见所囿。他认为，历代医家的学术观点、学术成就、用药特点，因其所处的时代背景、地域南北、师承关系、病者对象不同而差异悬殊，只要选择得当，化裁得法，均可借鉴。反对相互诋毁，株守一家之言。他素以辨证准确、治法灵活、选药精当、方简效验著称。他认为立方遣药是治病的关键，关系至大，必须针对脉证，理法方药丝丝入扣，君臣佐使主次分明。他既反对胶柱鼓瑟，对号入座，执一方以治一病；亦反对不顾配伍，任意凑合，主观臆断，削足适履，以方候证。他常言："处方精要则药力专一，若药味面面俱到，反而互相牵制，影响疗效。用药应主次分明，剂量适中，病重药轻如杯水车薪，无济于事；病轻药重则药过病所，反伤天和。"诚属经验之谈。

对小儿腹泻的治疗，肖性初颇有独到之处，他临证时常以葛根为主药，配伍其他方药，治疗寒湿、湿热或脾虚等各类证型的小儿腹泻均取得较好的疗效。肖性初认为温不可过用辛燥之品，太燥则伤阴；清热不可纯用苦寒之品，太苦寒则伤脾胃；补不可纯用甘温之品，太甘则生湿；固涩之品不可太早，早则留滞余邪；攻下之品不可多用，久用则伤正气；淡渗之品不可太多，恐津伤阳陷。

肖性初在中医各科疾病治疗上积累了丰富的经验，不少患者慕名求医，享誉遐迩。肖性初一生积累了不少心得验案，惜大多已毁，实为憾事。①

---

① 湖北省卫生厅中医处、湖北省中医药研究院主编：《湖北当代名中医传》，湖北人民出版社1989年版，第96~99页。

但秉恒

但秉恒（1914—1966），又名病衡，晚年自号野郎中，湖北武汉人。

但秉恒自幼天资颖悟，勤奋好学，在对古典文学理通义达的基础上，锐志学医。他跟随黄冈地区名医学习。遥从时贤时逸人、杨医亚、赵恕风等函授学习。又与海内名家任应秋、陆清洁、董德懋、汪浩权、叶桔泉等为神交，书札往来，质疑问难，十余年如一日。得良师益友指点，他的技艺益精，声誉日高，求医者络绎不绝。

抗日战争时期，黄冈一带，肠炎、痢疾流行，但秉恒在名医董德懋的支持下，按《温热标准捷效》秘方，自制肠炎丸，挨家挨户送医送药，救治数以千计的危重病人。

当时肠伤寒发病率亦高，罹此疾者，易死亡，群医束手无策。但秉恒心伤不已，不断研究探讨有效方药，经化裁运用聂云台解热消毒汤，收效奇捷，经其救治转危为安者甚多，其经验颇为可贵。

但秉恒体弱多病，在生命末期仍然带病工作，努力整理其毕生临床经验，以传后世。但秉恒著作有《半济堂医案选辑》《医痴谈医》《读医私评》，均成书于1949年前，惜毁于兵水之灾。1949年后，写成《诊余披沙录》，1963年新洲县卫生协会予以油印刊行，其中部分医话收入《湖北省中医医案选集》。

但秉恒治学严谨，凡古今中外的医著，无不到处搜集，细心钻研，求证于临床。重视古今方及单验方的应用，在试用屡效的情况下，则记录下来，并创造了许多有效方剂。①

---

① 湖北省卫生厅中医处、湖北省中医药研究院主编：《湖北当代名中医传》，湖北人民出版社1989年版，第491～495页。

夏幼周

夏幼周（1914—1996），字芝霖，湖北武汉人，擅长治疗温热疾病，于内科杂病、小儿疾病治疗上亦有独到之处。

夏幼周出身于岐黄之家，中学毕业后，跟随父亲学医，后就读于湖北国医专科学校。1936 年毕业后，开始从事中医工作。

教学方面，夏幼周自 20 世纪 50 年代就从事中医学科的教学工作，他治学严谨，教学认真负责，授课深入浅出，循序善诱，教学中将中医辨证与西医辨病相结合。

科研方面，夏幼周尽量发挥中医中药特长，并将其与西医结合。发表了《中西医综合治疗肝性昏迷初步报道》《中西医结合治疗流行性出血热的临床研究——55 例临床分析》等学术论文数篇。他还参加了《湖北中医医案医话集》和《湖北中医药学术经验汇编》两本书的编写工作。

临床方面，夏幼周勤求古训，博览群书，对古今医学名家的学术思想、理论特点及临床经验，不仅融会贯通，且能去芜存精，为己所用。夏幼周治学，主张淹通众家之长，不囿门户之见。他特别注重和强调中医的整体观念、辨证论治，善用经方，师古而不泥古。常言：古有一证一专方，一病一专药。但专方的应用要注重专病的性质、特征、阶段性，以及病情的进退缓急，予以灵活变化。临床学习中，切忌一病一方按图索骥而忽视辨证。丢掉辨证，就失去了中医的特色。他在慢性肝炎、重症肝炎、黄疸性肝炎、肝硬化、肝脓肿及出血热的治疗方面积累了丰富的经验，同时对于内科其他疑难杂症及小儿疾病也有独到之处。

夏幼周不仅医术精湛，且医德高尚。对待病人，无论贫穷还是富贵，他都一视同仁。他认真仔细地诊治每个病人，其医术和医德受到广大患者的信赖和称赞。①

黄香承

黄香承（1915—1966），名绍馨，湖北松滋人，精攻伤寒，对温病及内伤虚劳疾病造诣亦深。

1918 年，当地瘟疫流行，由于缺医少药，病死者数以千计，黄香承的父母姐妹都先后染疫死去。当时，黄香承年方 3 岁，伶仃孤苦，寄养于族兄家中。他 12 岁入私塾，天资聪颖，勤学好问。15 岁时，随伯父前往北方，升入河北保定中学。1932 年冬毕业回省，自修一年，考入湖北国医专科学校。

黄香承因亲人都死于瘟疫，痛感乡里医术落后，便下定决心振兴传统医学，改善农村医疗卫生条件。他刻苦自励，潜心攻读《黄帝内经》《神农本草经》《伤寒论》《金匮要略》等经典，深入钻研历代名医专著。1937 年以优异的成绩毕业于湖北国医专科学校。

回乡后，黄香承又跟随当地老中医，努力积累实践经验。1945 年，在家开设惠龄春药店，挂牌应诊。由于他应诊及时、认真，疗效显著，求医的人常接踵上门。

1950 年，黄香承任磨盘洲医务工作者联合会副主任。1956 年，任松滋县人民医院中医师。1957 年，松滋县中医医院建立，被任命为院长。当时，松滋县中医医院百事待兴。黄香承在技术力量不足、设备条件简陋的情况下，首先从提高医疗质量入手。他坚持日夜应诊，主持院内业务学习，并按中医特点设观察病房（当时尚无病房）及代煎室，尽心竭力地方便群众就医。1962 年，松滋县中医医院并入松滋县人民医院。黄香承调任松滋县人民医院副院长，主管中医工作。

---

① 湖北省卫生厅中医处、湖北省中医药研究院主编：《湖北当代名中医传》，湖北人民出版社 1989 年版，第 115 ~ 120 页。

黄香承一生勤奋好学，他坚持在诊疗之余，挑灯夜读，每有会意，必记笔记、心得。他家境虽不宽裕，但订购医学书报，从不吝资。在治学方法上，他主张博览精读，辨证施治。他的医疗作风严谨，每治一病，必四诊合参，审症求因；不分清寒热，不辨明虚实，从不妄投药剂。他诊治温病，首重存津液，辨湿热，明确主次，疗效十分显著。对内伤虚劳，他一重调理脾胃，二防久病损及肝肾，随症立法，遣方得当。①

黄绳武

黄绳武（1915—1989），字武嗣，湖北武汉人，擅长内、外、妇、儿、皮肤诸科，对内、妇二科造诣尤深，在妇科方面尤有独到之处。

黄绳武出身于世医之家，髫龄即读医书，并酷爱文学。早年就读于湖北国医专科学校，1935 年毕业，因成绩优异，留校任教。抗日战争爆发后，返乡悬壶，屡起沉疴，医名远播。

1950 年负责组建联合诊所，1952 年调至黄陂县人民医院。1954 年选送至湖北省中医进修学校学习，后留校任教。学校改建为湖北中医学院，他继续在学校及附属医院工作，深得名医张梦侬的青睐，历任诊断学教研组组长、内科病房总负责医生、中医妇科主任及附属医院副院长等职。

黄绳武学识渊博，精于《素问》，熟读历代医籍，既善读书，又重临床，勇于创新，不落前人窠臼，自成一家之言。临证中辨证精当，处方灵活，独具风格。

黄绳武推崇《景岳全书·妇人规》《傅青主女科》的学术思想，高度评价《傅青主女科》一书。他认为，该书所创制的方剂颇能结合临床实际，且较其他妇科专著更具有独特风格，立方遣药，平允而无偏颇，可谓是妇科医籍中一部较好的专书。他深研张景岳、傅青主专著，得其真谛，兼取历代医

① 松滋县卫生局编：《松滋县卫生志（1911—1985）》，1985 年版，第 245 ~ 246 页。

家之长，并融汇家传经验及个人临床实践所得，遂成一代名医。

黄绳武在长期的临床实践中于辨证立法及处方用药上形成自己独有的风格。他认为妇科病是气、血、肝、脾、肾等功能失调，导致冲任损伤而发生的。对妇科病的辨证，他注重观察脏腑、气血的功能状态，突出冲任二脉的作用，以肝、脾、肾三脏立论。又根据月经病、妊娠病、带下病的特点，治有侧重。妊娠病多从脾肾论治，调经种子则注重肝肾，而带下病又多从肝脾着手。关于妇科病的处方用药，他认为，妇女以血用事，经、孕、产、乳可耗血伤血，因而处处以维护精血为论治核心，提出要慎用大辛大热、大苦大寒之药。

黄绳武辨证治病时，注重扶助正气，主张“无病善防，提高体质”“有病驱邪，慎毋伤正”。他强调扶正培本，以期正复而邪自除，祛邪而不伤正，对于老人和妇女尤其如此。

黄绳武不仅中医药知识渊博，重古而不泥古，还注意学习现代医学知识，对现代医学的检查和诊断都非常重视。在辨证用药时，在不违背中医理论的基础上把辨证与辨病结合起来。①

临证之余，黄绳武还勤于著述，主编《中医妇科学》《中国医学百科全书·中医妇科学》《傅青主女科评注》等著作。另撰写学术论文数篇。②

2004 年，由梅乾茵编著的《黄绳武妇科经验集》在人民卫生出版社出版发行，该书由医话、临床验案、查房、临诊病案分析等部分组成，对黄绳武的中医妇科医学思想做了系统的梳理和总结。③ 2015 年，该书作为现代著名老中医名著重刊丛书之一再次出版发行，足见黄绳武学术思想的影响力之大。

---

① 梅乾茵：《黄绳武生平及其主要学术思想》，《湖北中医杂志》1994 年第 4 期。

② 湖北省卫生厅中医处、湖北省中医药研究院主编：《湖北当代名中医传》，湖北人民出版社 1989 年版，第 121 ~ 126 页。

③ 梅乾茵编著：《黄绳武妇科经验集》，人民卫生出版社 2004 年版。

陈绪伦

陈绪伦（1915—2001），湖北咸宁人，精通《黄帝内经》和中药炮制学。

陈绪伦从小读私塾。1936 年跟随王晋三学医，学毕即在当地开业行医。由于他医术精湛，医德高尚，日夜应诊，随请随到，故当地群众甚为称赞。

1958 年被选送到湖北省中医进修学校师资班深造，后留校任教，先后在湖北中医学院内经教研室和中药炮制教研室工作，主讲《黄帝内经》《中药炮制》等课程。

随着社会条件及卫生条件的改变，诊疗的疾病由原来的以急性病为主转变为以慢性病为主。陈绪伦认为要提高疗效，缩短疗程，必须做到治疗的计划性强、用药的针对性强。许多慢性病之所以久治不愈，一方面是因为病久正虚，治疗时必兼扶正方能奏效；另一方面是病邪顽固，须用强有力的烈性药攻治病邪，方能祛病。而在实际运用时必须将这两个方面巧妙地结合起来。

在理论与实践问题上，陈绪伦认为《黄帝内经》理论来源于实践，学习和讲授《黄帝内经》时必须紧密联系实践，并自觉地将其用于指导临床实践，才能有实际意义。临床上有时理论与实践不完全一致，就诊脉而言，脉与证有时并不相应。医籍中舍脉从证的说法，正说明了这一点。在脉与证不相应的情况下，陈绪伦在前人学说的基础上，根据自己的临床体会，提出“脉证合参，重在验证”。就是说，脉有常有变，须验之于证；证有真有假，当验之以脉，尤须验表现疾病本质的真证。脉的常变、证的真假，都必须全面周密地审察以作为治疗的根据。

陈绪伦不仅精通中医理论，而且对中药研究有较高的造诣。他集医药特长于一身，医药互补，理论联系实际，在传统炮制工艺及出锅标准上经验独到。他结合自身临床经验，对炮制作用进行了系统的总结，为建立临床中药炮制学提供了可靠的理论依据，揭示了炮制专业与临床应用的内在联系。①

杨瑞屏

杨瑞屏（1916—1969），名万祥，湖北江陵人，后移居松滋。他擅长中医内科，对诊疗脾胃病、肺系病尤有心得。

杨瑞屏出身于医学之家，受家庭环境熏陶，幼年入私塾，兼读《医学三字经》《药性赋》《汤头歌诀》《脉诀》等医学书籍。由于好学强记，他进步很快，在童年时代就为习医奠定了必要的知识基础。13 岁时，在他父亲的指导下，开始攻读医学专著。他父亲认为，中医不识中药，不能辨别中药的真伪，就不能成为良医。因此，杨瑞屏刚满 15 岁，便遵父训到沙市著名药号恒春茂当学徒，学习炮制技术。他勤奋自励，习无不精。离开恒春茂后，他又跟随父亲攻读医学四大经典及多种医籍，并实习开方，积累临床经验。

抗日战争时期，为避日寇，举家先迁至松滋，后迁至朱家埠。初来乍到，本来不为当地人所知，但杨瑞屏既具有中医药学的坚实基础，又能恪遵父训，审症求因，从不随意投药，因而疗效显著，数愈沉疴，医名显著。

20 世纪 50 年代，他组建联合诊所，并主动承担各种医疗、预防工作。1953 年，参加荆江分洪工地的医疗卫生工作。1956 年，调至当地血防站任中医师。

在诊断上，杨瑞屏以活血化瘀为主，兼健脾扶正。并研制疏肝活血丸、健脾消痞丸等，使不少患者恢复健康。

对于医疗工作，杨瑞屏不论分内分外，凡有求于他的，都尽心治疗，

---

① 湖北省卫生厅中医处、湖北省中医药研究院主编：《湖北当代名中医传》，湖北人民出版社 1989 年版，第 127 ~ 129 页。

从不推诿。①

洪子云

洪子云（1916—1986），名元恺，湖北武昌（今鄂州）人，伤寒和温病大家，擅长治疗内科杂病和外感热病。

洪子云出身于中医世家。开始随祖父、父亲学医。后拜师学医。20岁时，即单独行医。抗日战争时期，人民饱受战乱饥荒之苦，卫生条件十分恶劣，沿江地区登革热流行。该病憎寒壮热，起伏不定，似疟非疟；其病因类瘴气、疫疠；其疫情传播甚速，医者多无良策。洪子云初出茅庐，决心力挽沉疴，他一边四处奔走，搜集民间验方，一边反复查阅历代医学典籍，理论联系实际。他根据《本草纲目》中对于瘴疟寒热用常山、草果治疗的记载，结合该病发病情况，拟订了以甜茶为主的四味药处方（即甜茶、乌梅、草果、常山），随症略增药一二味。经过不懈努力，果获良效。患者一般服药二三剂就告愈，治验病例颇多。从此，洪子云名噪乡里。

洪子云1955年调至湖北省中医进修学校任教，并在该校附属医院从事临床和科研工作。1978年，任湖北中医学院附属医院副院长。

洪子云长期承担本科班、全国师资班等多种班级的《伤寒论》教学工作，并带了2批伤寒学研究生。此外，他还主编《伤寒论讲义》《伤寒论教学参考资料》等。

洪子云几十年如一日，始终手不释卷，坚持早晚阅读中医典籍，并习惯随手圈点或做眉批。

洪子云认为，行医者必有苦读背诵的基本功，指出："盖人之生理规律，年龄随日月以逝，记忆伴年龄而衰，若非少壮苦读，并反复强化，时至衰老临身，当是腹中空空，而一无所知也。或笑曰：死背书本，乃

---

① 松滋县卫生局编：《松滋县卫生志（1911—1985）》，1985年版，第246～247页。

旧时习俗，现已跨入电子时代，但需生动活泼，理解精神则可，背书不合时宜。答曰：即如电子时代之电子学，不知多少公式、定律，多少理论、数据，既需理解，亦需熟记（背）。若开卷了然，掩卷漠漠，似是所知，而胸无定见，何能致用哉。因劝后之学者，仍需背诵，以背诵加深理解，以理解促进背诵。背而成诵，实非易事，若能知难而进，反复如兹，其乐无穷。”这是洪子云毕生治学、研修、成功的经验之谈。①

洪子云医术高明，医德高尚，以行医济世为天职。在青年时期，他就经常给贫苦农民治病且不收诊金，甚至赠钱取药。洪子云毕生为中医药事业，鞠躬尽瘁，死而后已。在他病危之际，他所带的研究生前去探望，此时他虽然仅一息尚存，但仍断断续续地询问他们生活与学习情况，并对科研工作提出建议，使在场的学生深受感动。同乡在看望他时，他说：“原想退休后把个人几十年的临床经验和读书笔记整理成册，并在鄂城办一个中医培训班，为家乡培养一批中医药人才。现在，心愿实现不了，对不起家乡。”在场的人不禁潸然泪下。②

洪子云一生为中医药事业培育了大批优秀人才，国医大师、著名伤寒大家梅国强，国医大师、著名中医脑病大家涂晋文等都曾受业于他。

刘厚斋

刘厚斋（1916—?），原名樊祥功，后改姓名，湖北襄阳人，擅长中医内、妇、儿科。

刘厚斋5岁入私塾，13岁跟随其父挚友刘洪先习医，后成为刘洪先的孙婿，遂改姓换名。刘洪先对他要求甚严，令其先读《药性赋》《汤头歌括》《濒湖脉诀》，入门后继续读《黄帝内经》《难经》等，逐步深

① 洪亨惠：《名医洪子云》，《湖北中医杂志》2008年第2期。

② 舒忠民：《全国著名中医学家洪子云传略》，《湖北中医学院学报》2006年第4期。

造。他后来拜多位名医为师，跟师学医。

刘厚斋19岁即在家乡悬壶开业，白天应诊，晚上博览群书，勤求古训。1952年到襄阳县人民医院工作，1953年被选送到襄阳卫生学校学习，1955年到湖北省卫生干部进修学校学习。1982年，他被调到襄阳县中医医院工作。

刘厚斋积累了丰富的经验。他立法严谨，用方灵活，临床上善用黄连阿胶汤、小柴胡汤、海藻玉壶汤加减治疗多种病，效果颇佳。他很注意验方的收集整理及研究使用，如自创的轻樟膏治疗小型疖肿、双明乳芷灵治疗毒蛇咬伤、牛皮癣方治疗牛皮癣等，均有显著疗效。他医德高尚，对患者总是热情接待，精心诊治。他注重培养后学，带徒多人，后大都成为各医院中医骨干。

刘厚斋诊务繁忙，勤于札录，特别注重对典型病例的记录，自撰临证随笔达30本之多。撰写发表了《中西医结合治疗血小板减少性紫癜86例体会》《小柴胡汤加减对发热病的临床运用》《海藻玉壶汤的临床运用》《黄连阿胶汤加减的临床运用》等学术论文。①

汤辅康

汤辅康（1917—1981），名汉，字辅康，号聘三，以字行于世，湖北武汉人，祖籍湖北大冶。

1923年，汤辅康入私塾，1933年进武昌黄龙寺中医讲习所学习。后问学于武汉名医冉雪峰先生。二十学成，回祖籍大冶，执教乡里，兼为人治病。不到几年，医名卓著，乃专门从事医业。

1957年，鄂城县创办中医训练班，汤辅康从事教学工作，主讲《中国医学史》《中医学基础》《诊断学》《方剂学》《伤寒论》《中医内科

① 湖北省卫生厅中医处、湖北省中医药研究院主编：《湖北当代名中医传》，湖北人民出版社1989年版，第491～495页。

学》等课程。1961 年，被聘为湖北中医学院鄂城县中医函授站总辅导员，培养了大批中医药人才。

汤辅康主张博览群书，如诸子百家、小说、笔记等亦主张浏览。无论读何书，他都做笔记，写提要，做眉批。遇有疑窦，必穷其所以。治学方面，他主张必通《黄帝内经》《伤寒论》《金匮要略》《神农本草经》。

除主张通经典、收百家之长外，他的学术思想最大的特点有三：重视治法，倡立处方学科；善用成方，注重加减变化；推崇医案研究，倡立医案学。汤辅康认为现今方剂学与中医处方学是不同的，他将自己数十年理论研究和临床实践，以中医基本理论阴阳、五行、脏腑、气血、经络等为纲，撰成《处方学》一书。大法中有小法，每个小法中附主治证候、方药与临床体会，纲举目张，条分缕析，理论与实践紧密结合，有较高的学术价值。

使用经方方面，经过多年临床实践体会，他归纳出用方六法，即专法、合法、配法、加法、易法、化法[①]（一说八法，即专法、合法、配法、插法、演法、仿法、化法、创法），对方剂的应用既有继承又有发扬。

汤辅康对古今医案非常重视，根据数十年的临床经验，总结撰成《中医写案入门》《百家医案选评》二书，实为中医后学入门、深造可读之作。

他一生孜孜不倦，刻苦求学，以读书、教书、临证、著述为乐，学识宏富，著作等身，撰写的论著与教材有：《新中医镜》《诊断学》《脉象学》《病症学》《证候治疗学》《伤寒提要》《处方学》《方剂学》《中药学》《内科学》《温热病衡》《中国医学简史》等近 30 部，计 300 余万言。除了《中医写案入门》[②] 外，其余均未刊印。

---

① 叶发正：《汤辅康学术思想及临床经验简介》，《新中医杂志》1990 年第 9 期。

② 鄂城县卫生局原稿，湖北省卫生厅审编：《中医写案入门》，1965 年版。

此外，他还撰写发表了《试谈怎样学习中医》《论金匮肾气丸加减运用之体会》《叶天士运用真武汤初探》《冉雪峰先生学术思想和治疗经验》《清代名医医案选评》等学术论文。①

汤辅康笃志岐黄，严谨治学，认为医者首先要树立正确的人生观。

汤辅康业余时间喜欢博览经史和志怪笔记，擅长写诗词楹联，与同邑名医常有诗词唱和，与上海近代名医秦伯未亦有书信和诗词过从。②

朱英航

朱英航（1917—2007），又名缨华，湖北武昌（今鄂州）人，清末著名中医学家朱瀛洲第四子，朱黻华和朱勉华之弟，精于中医外科。

受家境熏陶，朱英航幼时就对医学感兴趣。1936 年，他在父亲朱瀛洲指导下开始学习医学典籍。从源到流，先读《灵枢》《素问》《伤寒论》《金匮要略》《神农本草经》，然后选学后世医家著作。同时随父朱瀛洲学医、侍诊。当地有一位马春云先生，精外科，善辨阴阳善恶，用药不过数十种，以手扪脓能知深浅多少，年事已高，膝下无嗣，与朱瀛洲关系亲近。朱瀛洲见其技精，欲将其外科技术传承下来，遂命朱英航拜他为师。朱英航遵父命，转随马春云学外科，读王洪绪《外科证治全生集》等，不到几年，尽得其传。

朱英航于 1947—1948 年参加了杨医亚创办的北平国医砥柱总社，于针灸学受益颇多。1954 年终止经营相传四代的大生堂药局，与盛贯一等组建联合诊所。1956 年参加湖北省中医进修学校第一届血防研究班，结识蒋玉伯、洪子云、陈伯庄等，同窗研讨，益增见闻。

---

① 湖北省卫生厅中医处、湖北省中医药研究院主编：《湖北当代名中医传》，湖北人民出版社 1989 年版，第 387 ~ 392 页。

② 鄂州中医志编纂委员会编：《鄂州中医志》，湖北科学技术出版社 2006 年版，第 108 ~ 110 页。

朱英航对《黄帝内经》有较深入研究，喜读各家医书，尤谙熟金元诸家学说。他推崇藏象理论，治病最重脾胃，临床用药清灵，治病常收殊效。如用其高祖朱庆甲所传的脐风方（药仅金银花、甘草、大黄、巴豆四味），治愈数例小儿脐风。朱英航认为，精读一家书，则使人专一；浏览各家书，则使人性灵，使人善悟，此后凡遇棘手之症，能触类旁通。

朱英航继承了其高祖朱庆甲治病必分阴阳的学术思想，外科上推崇王洪绪阳痈阴疽分治理论，而对王洪绪的外科无须谙脉论，持异议。朱英航在治疗外科重症上每收捷功，如治疗大冶金山店老妪腹部阴疽，数剂即愈。

朱英航辑有《临床医话》《验方录》《医余吟稿》。①

蒋洁尘

蒋洁尘（1918—1982），湖北武汉人，擅长中西医结合治疗各种疾病。

蒋洁尘自幼多病，遂生习医之念，乃潜心钻研中医古籍，后得阅恽铁樵、陆渊雷的书，渐有所得，更坚定了学习中医的信念，1933 年考入湖北国医专科学校，毕业后，悬壶于武汉。执业期间，博览群书，印证临床，对于经典著作尤下苦功。且勤于思考，善于归纳，从不生吞泥古，盲目崇拜。对各家学说，能兼收并蓄，无古今之别、门户之分。因而他立法处方上既严谨又灵活，屡收良效，获得众多患者的信赖。

1955 年蒋洁尘任第一期西医学习中医班《伤寒论》教师。1956 年，调至武汉医学院附属第二医院（今华中科技大学同济医学院附属同济医院）工作。历任中医教研室副主任、主任、中华全国中医学会湖北分会和武汉分会副理事长等职。

蒋洁尘教学经验丰富，特别强调理论和实践相结合，做到言之有物，

---

① 朱祥麟：《朱氏中医世家学验秘传》，人民卫生出版社 2014 年版，第 16～27 页。

力戒空泛。他授课脉络清晰，深入浅出，通俗具体，既能使中医工作者耳目一新，又能让初学者不觉其难，易于接受。在对西学中人员讲课时，密切联系现代医学，故取得了良好的教学效果。

蒋洁尘长期在西医教学医院工作，与西医科、中西医结合科医务人员朝夕相处，团结合作，互相支持，互补短长，在中西医结合科研上取得了较好的成绩，深得大家的尊重。

临床上，蒋洁尘注重辨证论治。他强调在辨证的基础上进行论治。反对不辨证而直接施治的经验主义，摆正辨、论、施的关系。在理法方药的关系中，强调“法”是辨证论治的纽带，在“法”的指导下学习方剂。他认为论治是“有定法中无定法，无定法中有定法”，要不失理法地自由运用方剂，达到“使方而不使于方”的境界。他认为，疾病的演变千头万绪，但总有其主要矛盾，临证时只要抓住主要矛盾，就能迎刃而解。如用巴豆治疗某些急腹症，乃用热药治热证，一般人认为是违反常理的。蒋洁尘根据祛实则热自消，抓住了主要矛盾，故每用均获良效。用补药亦是如此，蒋洁尘从不随波逐流，讨好病家，一味蛮补、呆补，而是抓住虚损的主要方面，有的放矢，同时做到补中有行、补中有消，知常达变，灵活掌握。

蒋洁尘治学严谨，思想开明，勤于著述，理论上勇于探索，实践中擅长总结，著有《中医基础学》《方剂配伍的辨证观点》等专著，共发表学术论文10余篇，涉及中医理论、中西医结合、验案等。在从事中医的临床、教学工作的同时，对中西医结合工作也倾注大量心血，积极参加各种中西医结合培训班的教学工作。他思路敏捷，条理清楚，深入浅出，深受尊崇。

蒋洁尘毕生致力于继承和发扬祖国医学。他身患多种慢性疾病，长期带病工作，哪怕因重病在身而住进医院，甚至在做血液透析时，还在尽职尽责，给他人看病处方。在生命垂危之际，还再三嘱咐将其遗体献出做病理解剖。他为医学发展，做出了最后的贡献。[①]

熊魁梧

熊魁梧（1919—1998），原名祖清，字国光，湖北通城人，擅长内、外、妇、儿各科，尤其擅治热性病、急性病和疑难杂症。

熊魁梧幼时读私塾多年，15 岁时，开始跟师学习，颇得真传，学业有成，即悬壶问世。抗日战争期间，当地疫疠流行，“家家有僵尸之痛，室室有号泣之哀”，登门求治者络绎不绝。熊魁梧参阅经典和前贤论著，靡朝靡夕，奔走于疾疫之家，悉心治疗，效果卓著，因此年虽弱冠，即享盛名。

1953 年，熊魁梧组建通城县第一个联合诊所，任所长。1955 年，任通城县人民医院中医科主任。1957 年，到湖北省中医进修学校学习，后留校工作。

熊魁梧学有渊源，重视经典著作《黄帝内经》《难经》《伤寒论》《金匮要略》的研究，旁及诸家，博采众长。临床上，他特别重视医理的作用和方药的选择。[②] 他继承前人经验，能去粗取精，去伪存真，师古不泥古，不囿于一家一派之言，临证时能针对病情，详加辨析，区别对待。对热性病及内妇儿科疑难杂症，疗效突出。后来，他将个人多年治疗热性病的丰富经验，著成《中医热病论》[③] 一书。该书以“七淫（风、寒、暑、湿、燥、火、毒）病机为纲，脏腑证候为目”，将六经辨证、卫气营血与三焦辨证融为一体，并参考《伤寒论》《金匮要略》《温热经纬》《温病条辨》及其他古代医学著作中的热病论述，熔于一炉，

① 湖北省卫生厅中医处、湖北省中医药研究院主编：《湖北当代名中医传》，湖北人民出版社 1989 年版，第 141 ~ 146 页。

② 王绪前：《名医熊魁梧》，《湖北中医杂志》2008 年第 11 期。

③ 熊魁梧编著：《中医热病论》，湖北科学技术出版社 1986 年版。

分为风寒病、风热病、风湿病、湿热病、暑热病、里热病、低热病、燥伤病、毒疫病、阴阳表里寒热虚实真假错杂病等十大病证，编成条文，逐条诠释，脉证方治俱全，对指导中医治疗热性病，具有一定的实用价值。

熊魁梧教书育人，先后主讲过《金匮要略》《内科学》《方剂学》《中药学》《妇科学》《诊断学》。熊魁梧授课，理论联系实际，深入浅出，幽默诙谐，深得学生欢迎。除参加本学院多种教材编写工作外，熊魁梧还参加了全国高等中医药院校教材与参考资料的编写工作，参编《湖北中草药志》和《中华人民共和国药典》。①

陈伯庄

陈伯庄（1921—1993），湖北黄梅人，著名温病专家。

陈伯庄出身于中医世家，幼时入私塾，后攻读古文，13 岁考入汉口市立中学。15 岁时由于家庭原因，弃学，从父学医，白日随父侍诊，夜间读中医经典著作，尽得家传。19 岁时，父亲病故，单独开业行医。

1956 年陈伯庄调至湖北省中医进修学校任教。湖北中医学院成立后继续从事医疗教学工作。

陈伯庄一生勤学自勉，治学严谨，钻研温病，学验丰富，在四时急性热病的诊治上，能集各家之长，融合经方时方，择善而从，疗效显著。尤在诊治四时伤寒危重症方面有独到之处。教学上，务求理论与实践深入结合，善于启发学生，受到师生的赞扬。讲《温病学》时，不拘于教科书本局限，而是结合自己数十年读书心得和临证体验，擘肌分理地纵论温病学派诸大家的学术精要与不足，给人以极大的启发。②

---

① 湖北省卫生厅中医处、湖北省中医药研究院主编：《湖北当代名中医传》，湖北人民出版社 1989 年版，第 150～155 页。

② 郝印卿、郝国卿：《陈伯庄先生〈温病会讲录〉》，《山西中医》1995 年第 3 期。

陈伯庄撰有《叶天士“养胃阴”理论机制探讨》《漫话伏暑》《略论仲景四方在温病临床之应用》《寒温必须汇通说》等多篇学术论文。[①] 在《略论仲景四方在温病临床之应用》一文中，他指出，张仲景之方不少可以运用于温病临床，尤以“清”“下”两法中的要方为最。[②] 临床上，他的常用验方是黄汗五物汤。该方由香白芷、川黄柏、黄芪、炮姜炭、大白芍组成，具有温养气血、扶正祛邪的功效，主治黄汗气损血弱、营卫失固、复内蕴湿火证。[③]

张介安

张介安（1921—2004），字荷村，湖北武汉人，精于儿科。

张介安家中六代从医，专擅儿科。张介安自幼受家庭熏陶，热爱祖国医学，并立志继承父祖医业，献身祖国医学。1934 年，去武昌学医，出师后，又随父亲学医 8 年，通读医学经典及名家著作，打下了深厚的医学基础。1945 年，开始临床应诊。

1953 年，张介安与医界同道一起开办了武昌区群生联合诊所，并担任医务主任。1956 年，参加武汉市中医医院医疗工作。1963 年起任儿科主任。1970 年武汉市中医医院并入武汉市第一医院，继任儿科主任。1978 年，调回重建的武汉市中医医院。1981 年相继任副主任医师、主任医师、武汉市中医医院副院长，负责管理医院医疗技术工作。

“三包末药，一张处方”是张氏儿科世代治病的独特之处。在长期医疗实践中，张介安将祖传经验——末药，或用粉剂，或装入胶囊内，用于临床，常收显著效果。如消食一号、化食二号、麻甘二号、六味止

---

① 湖北省卫生厅中医处、湖北省中医药研究院主编：《湖北当代名中医传》，湖北人民出版社 1989 年版，第 156～160 页。

② 陈伯庄：《略论仲景四方在温病临床之应用》，《新中医杂志》1983 年第 11 期。

③ 周伟、周金林：《名医陈伯庄》，《湖北中医杂志》2009 年第 6 期。

泻散、克咳喘等末药，均有可靠的疗效，深受广大群众欢迎。

张介安在儿科临床上有较深的造诣，在小儿望诊上有丰富的经验，总结出许多能指导临床实践的望诊方法。如“眉毛频蹙，定腹痛而多啼”，即观察患儿面部表情变化来判定疾病的部位及症状；又如“三根青色，多见灾厄”，即见患儿三根部位呈现青色，说明患儿多体质虚弱，正虚邪实，病情较重；再如“前囟者，父精也；后囟者，母血也”“成形于精气，养形于谷气”，即通过前囟、后囟及幼儿的成形，强调临床上应分清先天与后天的不同情况，从而决定不同的治疗方法。在精准辨证、洞悉病机的基础上，他力求用药纯而不杂，有是病用是药。①

在小儿疾病的治疗上，张介安最注重调理脾胃，认为治理好脾胃不仅能治愈后天失调的病，且能使先天不足的患儿得到谷气的调理，所谓谷气足，营血生。② 如食滞是小儿常见病、多发病，能导致内伤发热、咳喘、疳证、癫痫等疾病的发生。因此在治疗上，他必审病因而施治，多攻下以治标，继而扶脾以治本。他对小儿食滞、咳喘、遗尿、惊风、泄泻、麻疹、癫痫、眼疳、痿证等多种病的诊治，均有较好的疗效。

临证之余，张介安热衷学术，勤于著述。他结合家传及自己的临床经验，编写了《张介安儿科传心录》《中医儿科学》《婴幼儿常见病临床诊治育护》，为培养中医儿科后继人才倾注了大量的心血。另发表《消食散治疗小儿食滞1000例》《小儿肝痈治验》《张介安治疗小儿癫痫撷菁》等学术论文多篇。③

---

① 陈梁：《名医张介安》，《湖北中医杂志》2008年第9期。

② 王抗美：《张介安学术经验点滴》，《北京中医杂志》1993年第3期。

③ 湖北省卫生厅中医处、湖北省中医药研究院主编：《湖北当代名中医传》，湖北人民出版社1989年版，第272～278页。

附录　湖北历代名医事略

先　秦

【韦震】

韦震，生卒年不详，道号玉子，西周南郡（今湖北荆州）人。

《太平广记》载："少好学众经，周幽王征之不出。乃叹曰：人生世间，日失一日，去生转远，去死转近。而但贪富贵，不知养性命，命尽气绝则死，位为王侯，金玉如山，何益于灰土乎？独有神仙度世，可以无穷耳。乃师长桑子，具受众术。乃别造一家之法，著道书百余篇。其术以务魁为主，而精于五行之意，演其微妙，以养性治病，消灾散祸。……其务魁时，以器盛水着两肘之间，嘘之，水上立有赤光，辉辉起一丈。以此水治病，病在内饮之，在外者洗之，皆立愈。后入崆峒山合丹，白日升天而去。"① 由史料可推知，韦震师承神医长桑君，好养生与神仙术。

魏　晋

【殷仲堪】

殷仲堪（？—399），字号不详，东晋重要将领、医药学家，陈郡长

① 〔宋〕李昉等：《太平广记·神仙五》。

平（今河南西华）人。

殷仲堪出身于名门望族，其祖殷融官至太常、吏部尚书，其父殷师曾为骠骑谘议参军、晋陵太守。殷仲堪门荫入仕，初任著作佐郎，迁卫将军长史，出任晋陵太守。孝武帝时，担任太子中庶子、荆州刺史，镇守江陵郡（今湖北荆州），故后人常称殷荆州。桓玄讨伐杨佺期时，殷仲堪兵败，后为桓玄追兵所俘虏，被逼自杀。

殷仲堪与古代不少大医一样，为了治好父母的疾病，中年始入医门，奋发苦读，终成一代名医。《晋书》载："父病积年，仲堪衣不解带，躬学医术，究其精妙，执药挥泪，遂眇一目。"① 殷仲堪撰有《殷荆州要方》一卷，已佚。

南北朝

【陆法和】

陆法和，里籍、生卒年不详，一说湖北枝江人，号荆山居士，军事家。陆法和不仅是军事天才，对气象学、地理学、医学等也深有研究。

《北齐书》载："初，八叠山多恶疾人，法和为采药疗之，不过三服皆差，即求为弟子。山中毒虫猛兽，法和授其禁戒，不复噬螫。"② 可见其医术高深。

唐　代

【王彦伯】

王彦伯，生卒年不详，字号不详，山南道江陵（今湖北荆州）人，

① 〔唐〕房玄龄等：《晋书·殷仲堪传》。

② 〔唐〕李百药：《北齐书·陆法和传》。

医家、道士。王彦伯精于医术，常煮药以救济贫民，尤精于诊脉。

《唐国史补》载有王彦伯医事两则。①

一则：

郑云逵与王彦伯邻居，尝有客来求医，误造云逵门。云逵知之，延入与诊候曰：“热风颇甚。”客又请药方。云逵曰：“某是给事中，若觅国医王彦伯，东邻是也。”客惊走而出。自是京城有乖宜者，皆曰热风。或云即刘俛也。

二则：

王彦伯自言医道将行，时列三四灶，煮药于庭。老少塞门而请，彦伯指曰：“热者饮此，寒者饮此，风者饮此，气者饮此。”皆饮之而去。翌日，各负钱帛来酬，无不效者。

《酉阳杂俎》记载了王彦伯的另一则医案。②

荆人道士王彦伯，天性善医，尤别脉，断人生死寿夭，百不差一。裴胄尚书子，忽暴中病，众医拱手。或说彦伯，遽迎使视。脉之良久，曰：“都无疾。”乃煮散数味，入口而愈。裴问其状，彦伯曰：“中无鳃鲤鱼毒也。”其子因鲙得病。裴初不信，乃鲙鲤鱼无鳃者，令左右食之。其候悉同，始大惊异焉。

【张仕政】

张仕政，生卒年不详，字号不详，山南道江陵（今湖北荆州）人，医家。

《康熙荆州府志》云：“张仕政为荆州外科医生，精于外科，善治骨伤。”③

---

① 〔唐〕李肇：《唐国史补》卷中。

② 〔唐〕段成式：《酉阳杂俎·医》。

③ 〔清〕郭茂泰修，胡在恪纂：《中国地方志集成·湖北府县志辑》第35辑《康熙荆州府志》卷三一《方技·江陵县·四》，江苏古籍出版社2001年版，第458页。

《酉阳杂俎》载："王潜在荆州，百姓张七政[①]善治伤折。有军人损胫，求张治之。张饮以药酒，破肉去碎骨一片，大如两指，涂膏封之，数日如旧。经二年余，胫忽痛，复问张。张言前为君所出骨，寒则痛，可遽觅也，果获于床下。令以汤洗，贮于絮中，其痛即愈。"[②]

宋　代

【王鼎】

王鼎，生卒年不详，自号王同子，北宋京西南路襄州（今湖北襄阳）人，道士，会医术，善占卜。

《历世真仙体道通鉴》载："王鼎，襄阳人也，其初盖寄迹医卜中，以养妻子。尝有诗云：也有山妻也有儿，也为卜筮也为医。后遇钟离先生，得道，作诗云：假里淘真十八年，今朝始遇汉朝贤。遂自号王同子，人不见其饮食也。"[③]

【庞之庆】

庞之庆，生卒年不详，字号不详，北宋淮南西路蕲州蕲水（今湖北浠水）人，医家，北宋医王庞安时之父。

《宋史·庞安时》载："父[④]，世医也，授以《脉诀》。"[⑤] 北宋大文豪张耒在《庞安常墓志铭》中有类似记载，"其父讳之庆，号高医，年老且病，君问医于父，父授以《脉诀》。……君曾祖讳慥、祖讳震及父

---

① 后来文献多为张仕政。
② 〔唐〕段成式：《酉阳杂俎·怪术》。
③ 〔元〕赵道一：《历世真仙体道通鉴·王鼎》。
④ 指庞安时父亲。
⑤ 〔元〕脱脱等撰：《宋史·庞安时传》。

皆不仕……”① 可见，庞之庆出身于世医之家，其父庞震、其祖父庞慥在当时皆有一定名气，且性情高洁，淡泊名利。更重要的是，其子庞安时后来之所以能成为一代名医，与作为父亲的庞之庆的教育和指引是分不开的。

【范九思】

范九思，生卒年、里籍、字号不详，曾于北宋荆湖北路江夏（今湖北鄂州）行医。宋代医家，针药并施，尤善小针。《古今医统大全》言："范九思，不知何郡人，业医善针，沉疴悉能起之。"②《古今医统大全》和李梴《医学入门》皆记载了范九思用小针治愈老妇喉蛾之事。此医案最详载于何若愚的《子午流注针经》，足见范九思医术高超。载文如下：

范九思疗咽于江夏，闻见言稀。传曰：嘉中③有太傅程公，守任于江夏，因母之暴患咽中有痈，卒然而长，寒气不通，命医者止可用药治之，勿施针以损之。医曰：咽中气尚不通，岂能用药，药即下之，岂能卒效，故众医不敢措治。寻有医博范九思云：有药须用未使新笔点之，痈疽即便差。公遂取新笔与之，九思乃以点药上痈，药到则有紫血顿出，渐气通而瘥。公曰：此达神圣之妙矣。公命九思饮，而求其方，九思大笑曰：其患是热毒结于喉中，塞之气不宣通，病以危甚。公坚执只可用药，不可用针，若从公意，则必误命，若不从公意，固不能施治，九思当日，曾以小针藏于笔头中，妄以点药，乃针开其痈而效也，若非如此，何如紫血顿下也。公方省而欢曰：针有劫病之功，验于今日。古人云：为将不察士卒之能否，则不能决胜，为医不察药性之主治，则不能便瘥，文将无深谋远虑，则无必胜，医无先机远见，治无必效也。④

---

① 〔宋〕张耒：《柯山集·庞安常墓志铭》。

② 〔明〕徐春甫：《古今医统大全·历世圣贤名医姓氏·宋·范九思》。

③ 指宋仁宗嘉祐年间。

④ 〔金〕何若愚著，阎明广注：《子午流注针经·流注指微针赋》。

【贾祐】

贾祐，生卒年不详，字号不详，北宋荆湖北路江夏（今湖北鄂州）人，名医。

南宋周守忠《历代名医蒙求》中有贾祐传记，言：“《名医录》[①]：江夏贾祐，世之名医也。庆历中撰《伤寒纂要》三卷，行世。又撰《人神论》一卷、《诊脉须知》三卷，乃前贤未著之妙者矣。”贾祐在当时名噪一时，所撰医书能发前人所未发。惜南宋后关于贾祐的记载寥寥无几，或已亡佚。

【智缘】

智缘，俗名和生卒年不详，北宋京西南路随州（今湖北随州）人，一代高僧。因为僧，故又称僧智缘或释智缘，擅长医术，尤精于诊脉。智缘有辩才，世称“安抚大师”“经略大师”。

《宋史》有智缘传记，言：“僧智缘，随州人，善医。嘉祐末，召至京师，舍于相国寺。每察脉，知人贵贱、祸福、休咎，诊父之脉而能道其子吉凶，所言若神，士大夫争造之。王珪与王安石在翰林，珪疑古无此，安石曰：昔医和诊晋侯，而知其良臣将死。夫良臣之命乃见于其君之脉，则视父知子，亦何足怪哉！”[②]

据考，智缘撰有《太素脉法》一卷。[③]

【党永年】

党永年，生卒年不详，字号不详，北宋荆湖北路武昌（今湖北鄂州）人，有医名。

---

① 指北宋医家党永年的《神秘名医录》。
② 〔元〕脱脱等撰：《宋史·僧智缘传》。
③ 〔清〕湖北通志局编纂，石洪运校注：《湖北艺文志　附补遗》（上册），湖北教育出版社 2002 年版，第 331 页。

据王旭光研究，党永年著有《神秘名医录》二卷，该书直至清代末年仍存，薛福成的《天一阁见存书目》著录此书。[①]《中国中医古籍总目》亦有宋朝人党永年撰《神秘名医录》的相关记载。据考证，明代《医说》和《历代名医蒙求》引用的《名医录》正是《神秘名医录》。

党永年所撰《神秘名医录》共收医学掌故异闻 76 条，其中卷上 37 条、卷下 39 条；所收医家掌故异闻上及春秋，下迨北宋熙宁年间，以北宋及距北宋较近的掌故异闻为多。[②] 作为最早记载医家掌故异闻的医家传记，《神秘名医录》有重要的文献价值，产生了较为广泛的学术影响。

除《神秘名医录》外，《宋史》载党永年还撰有《摭医新说》三卷[③]，该书或已亡佚。

【谢与权】

谢与权，生卒年不详，字号不详，北宋淮南西路蕲州（今湖北蕲春）人，世代业儒，精通医道。

南宋志怪集《夷坚志》记载了谢与权给杨惟忠看病一事[④]，从中可见谢与权善于审证处方，医术精湛。具体记载如下：

杨惟忠病时，面发赤如火，群医不能疗。子婿陈槱忧之，以问胡翛然。有蕲人谢与权，世为儒医，翛然引之视疾。既入，不诊脉，曰："证候已可见。"杨公夫人滕氏，令与众议药饵，朱张二医曰："已下正阳丹、白泽圆，加钟乳、附子矣。"谢曰："此伏暑证也，宜用大黄、黄檗等物。"因疏一方，议不合。

时杨公年六十余，新纳妾嬖甚，夫人意其以是得疾[⑤]，不用谢言。谢退，谓翛然曰："公往听诸人所议。"才及门，众极口诋谢曰："此乃

① 王旭光：《明代以前医家传记专著文献考论》，《中医文献杂志》1997 年第3 期。

② 程新、王旭光：《〈医说〉〈历代名医蒙求〉引用〈名医录〉考》，《中华医史杂志》2021 年第 5 期。

③ 〔元〕脱脱等撰：《宋史 · 艺文六》。

④ 〔宋〕洪迈：《夷坚志 · 夷坚甲志 · 谢与权医》。

⑤ 指贪色伤身。

《千金》中一治暑方，用药七品，渠只记其五，乃欲疗贵人疾邪！”翛然以告谢，谢曰：“五药本以治暑，虑其太过，故加二物制之。今杨公病深矣，当专听五物之为，不容复制。若果服前两药，明日午当躁渴，未时必死，吾来助诸公哭吊也。”翛然语陈槱，槱不敢泄。明日杨卒，皆如谢言。四事皆胡翛然说。

【吴彦夔】

吴彦夔，字节夫，号拙庵，生卒年不详，南宋江南西路兴国军（今湖北阳新）人。

纪昀《四库全书总目提要》载，吴彦夔于淳熙七年（1180年）辑撰《传信适用方》二卷。原文写道：“不著撰人名氏。《宋史·艺文志》载此书，亦不云谁作，而别有刘禹锡《传信方》二卷。考此书每方之下皆注传自某人，中有引及《和剂局方》者，必非禹锡书也。《书录解题》有《传道适用方》二卷，称拙庵吴彦夔淳熙庚子撰，与此本卷帙正同。知此即彦夔之书，传写讹信为道也。此本由宋椠影写，前后无序跋，所录皆经验之方，中有‘八味圆问难’一条，尤深得制方之旨。其余各方，虽经后人选用，而采择未尽者尚多。末附夏子益治奇疾方三十八道，其书罕见单行之本。明李时珍《本草纲目》所载，疑或从此钞出也。”

《传信适用方》为医方著作，现存清刻本、四库全书本、当归草堂医学丛书本等。所载诸方或来自民间所传的经验效方，或撷自当时的各家验案，大多附记医方的传者姓名及治验记录，方剂主治范围包括诸风、感冒、中暑、心痛等三十余类病证，具有较高的临床参考价值。

元　代

【叶如庵】

叶如庵，又作叶茹庵，生卒年不详，字号不详，黄州黄冈（今湖北黄冈）人，医家，精于伤寒。《光绪黄州府志（二）》载："叶如庵，儒医，诊视觉有方，撰《伤寒大易览》一编，为时所宗。"①《湖北通志》卷八十二《艺文志·子部·医家类》有相似记载。《伤寒大易览》一书已佚。

【樊子晋】

樊子晋，生卒年不详，字号不详，黄州麻城（今湖北麻城）人，一说明代人，可能生活在元末明初，医家，善诊脉。《光绪黄州府志（二）》载："樊子晋，读书明理，审病察脉，预知人十年生死，医家宗之。"②

明　代

【杨溥】

杨溥（1372—1446），字弘济，号澹庵，荆州府石首（今湖北石首）人。明初政治家、诗人，内阁首辅，与杨士奇、杨荣并称"三杨"，因居地所处，时人称为"南杨"。

杨溥为人朴实正直，廉洁好静，恭敬谨慎，博览群书，喜好广泛，对医学亦有钻研，尝辑《用药真珠囊括》，未见行世。有《澹庵文稿》《杨文定公诗集》《杨文定公集》《杨文定公奏疏》等传世。

【周清】

周清，生卒年不详，字世宁，郧阳府竹溪（今湖北竹溪）人。《同

---

① 〔清〕英启修，刘燡等纂：《中国地方志集成·湖北府县志辑》第 15 辑《光绪黄州府志（二）》卷二五《艺术·元·黄冈县》，江苏古籍出版社 2001 年版，第 137 页。

② 〔清〕英启修，刘燡等纂：《中国地方志集成·湖北府县志辑》第 15 辑《光绪黄州府志（二）》卷二五《艺术·元·麻城县》，江苏古籍出版社 2001 年版，第 137 页。

治竹溪县志》载："清为处州府推官，生而孝友，读书过目不忘，弱冠登正德辛未进士。第以逆瑾擅权，遂避迹隐居于六和观之隐真洞，著书讲学，风率生徒。兼精医术，活人甚多。"①

【陈士元】

陈士元（1516—1597），字心叔，号养吾，小名孟卿，一号江汉潜夫，又称环中愚叟，德安府应城（今湖北应城）人。陈士元为嘉靖二十三年进士，嘉靖二十四年任滦州知州。嘉靖二十八年辞官归家。所著甚多，包括《易象钩解》《五经异文》《论语类考》《孟子杂记》《荒史》等。据《光绪应城县志》载，陈士元另著有《堤疾恒言》十五卷。②

【黄廉】

黄廉，生卒年不详，字伯清，号铜壁山人，黄州府蕲水（今湖北浠水）人。嘉靖年间，从巡抚陆隐至湖州，遂有家焉。黄廉通天文、历术、太乙、壬遁、堪舆之术，尤精于医，名著三吴③。乾隆二十三年戊寅增刻乾隆四年己未《湖州府志》卷四十六《著述三・子部・医家类》载，黄廉编撰《伤寒摘锦》八卷、《痘疹经验秘方》四卷。

【杨芷】

杨芷，生卒年不详，字文植，一字次泉。德安府安陆（今湖北安陆）人。《道光安陆县志》载："嘉靖癸丑进士。授吴江令，累迁江西布政使。年五十辞官，归林泉，三十年，自号白兆山人。著《淡泊养生

---

① 〔清〕陶寿嵩修，杨兆熊纂：《中国地方志集成・湖北府县志辑》第60辑《同治竹溪县志》卷九《仕宦》，江苏古籍出版社2001年版，第111页。

② 〔清〕陈豪、罗湘修，王承禧纂：《中国地方志集成・湖北府县志辑》第11辑《光绪应城县志》卷一三《艺文・子》，江苏古籍出版社2001年版，第447页。

③ 泛指江南吴地。

说》二卷。”①

【何思泉、何操敬】

何思泉，生卒年不详，字其大，抚州府金溪（今江西金溪）人，后携子何宗彦（1559—1624）等客居德安府随州（今湖北随州）。《光绪德安府志》载：“嗣后赠以少傅兼太子太傅、户部尚书、武英殿大学士。何其大，以子宗彦贵。思泉曾任翰林院编修，亦悉心医学，闻名乡里，著有《医学管见》。”②

何操敬，生卒年不详，字主洛，德安府随州（今湖北随州）人，明太傅何宗彦之孙。何操敬少年客游江南，顺治初随征广东有功，檄署知儋州事。顺治十三年归故里，康熙二十六年举乡饮大宾。著有《是何诗集》《医学秘传》。③

【何瑞玉】

何瑞玉，生卒年不详，字号不详，承天府京山（今湖北京山）人，家居于郢④。《乾隆钟祥县志》载：“玉性磊落，尚义气，精于外科，治异疮，入手便愈。有阵伤颈欲断者，复为连而生之。董思白赠有‘不二华佗’之额。至其推食、济贫、捐地、瘗骨善行尤多。”⑤《同治钟祥县

① 〔清〕蒋炯等纂修，李廷锡增纂：《中国地方志集成·湖北府县志辑》第13辑《道光安陆县志》卷二八《人物·八》，江苏古籍出版社2001年版，第302页。

② 〔清〕庚音布修，汪元庆纂：《中国地方志集成·湖北府县志辑》第12辑《光绪德安府志》卷一二《选举下·封赠》，江苏古籍出版社2001年版，第391页。

③ 郭霭春主编：《中国分省医籍考》（下册），天津科学技术出版社1987年版，第1777页。

④ 郢即钟祥。

⑤ 〔清〕张琴等修，杜光德纂：《中国地方志集成·湖北省府县志辑》第38辑《乾隆钟祥县志》卷二〇《方技》，江苏古籍出版社2001年版，第309页。

志》亦有载。①

【魏鹄】

魏鹄，生卒年不详，字号不详，承天府荆门（今湖北荆门）人。《同治荆门直隶州志（二）》载："万历时，任太医院判。乐善好施，常施药济众，诸当路呼为金丹先生，乡里遐迩称颂。"②

【钟惺】

钟惺（1574—1624），字伯敬（一作景伯），号退谷，承天府景陵（今湖北天门）人，万历三十八年（1610年）进士，曾任工部主事、福建提学佥事等职，明代文学家，亦钻医学。尝校阅养生学家高濂《遵生八笺》。后世将其中《饮馔服食笺》单行时，直书钟惺辑，更名《饮馔服食谱》。晚年入禅寺修身养性。

【刘存斋】

刘存斋，生卒年不详，字号不详，汉阳府汉川（今湖北汉川）人。《同治汉川县志》载："存斋少工文，以明经筮，仕粤西，旋解组归。精岐黄术，溯源甑山家学，私承袁了凡、王宇泰③指授，以《易》合医，以医合儒，与人谈医术。则缕析条分，娓娓不休，遇人急病，投以一二剂立愈，以故远迩敬慕，晚羁荆郢间。著有《原生集》。"④

---

① 〔清〕孙福海修，许光曙纂：《中国地方志集成·湖北省府县志辑》第39辑《同治钟祥县志》卷一二《方技》，江苏古籍出版社2001年版，第294页。

② 〔清〕恩荣修，张圻纂：《中国地方志集成·湖北省府县志辑》第41辑《同治荆门直隶州志（二）》卷九《人物志五·懿行》，江苏古籍出版社2001年版，第243页。

③ 即王肯堂，明代著名医家。

④ 〔清〕德廉等修，林祥瑗等纂：《中国地方志集成·湖北省府县志辑》第9辑《同治汉川县志》卷一七《列传下·方技》，江苏古籍出版社2001年版，第399页。

【罗桥轩】

罗桥轩，生卒年不详，字号不详，荆州府石首（今湖北石首）人。《光绪荆州府志（二）》载：“桥轩攻医术，天启二年，敕赐太医院掌院使。”①

【胡瑜】

胡瑜，生卒年不详，字完璧，德安府应城（今湖北应城）人。《光绪德安府志》载：“瑜幼业儒，值明季乱，习医。康熙甲寅年，荆州将军某索良医，邑宰以瑜应将军。与语，悦之曰：此有道者气象也。久留营中，礼数有加，欲授以职，瑜以亲老不就，归以寿终。”②

【叶文机】

叶文机，生卒年不详，字号不详，南直隶徽州人，祖籍江苏溧水，为中医百年老字号“叶开泰”的创始人。崇祯时，政局动荡，战争频仍。崇祯四年（1631 年），为避战难，叶文机随父逃难到汉口，在今古琴台附近摆起了药摊，行医卖药，其父不久后离世。受家族影响，叶文机深谙医学术理，懂脉络，善针灸。崇祯十年（1637 年），叶文机在汉口开设“叶开泰”药室，一边售药，一边悬壶应诊。他因治好疫病而在汉口名噪一时，在民间有“神医”之称。

【李正伯】

李正伯，生卒年不详，字号不详，黄州府蕲州（今湖北蕲春）人。

---

① 〔清〕倪文蔚等修，顾嘉蘅等纂：《中国地方志集成·湖北府县志辑》第 37 辑《光绪荆州府志（二）》卷五九《艺术》，江苏古籍出版社 2001 年版，第 221 页。

② 〔清〕庚音布修，汪元庆纂：《中国地方志集成·湖北府县志辑》第 12 辑《光绪德安府志》卷一六《人物四·方术》，江苏古籍出版社 2001 年版，第 541 页。

《阳新县志》载，崇祯十年（1637 年），张献忠掠江北，举家南避，遂家居阳新。善医术，活人无数，不取值。年八十三而卒。

【陆遇芳】

陆遇芳，生卒年不详，字莲亭，承天府钟祥（今湖北钟祥）人。民国二十六年《钟祥县志》卷二十《先民传二》载，陆遇芳为崇祯壬午年副榜，顺治初年为沔阳州学正，振兴文教，捐给寒士膏火，人争颂之。习医术，以“妙手”称著，著有《医说》。[①]

【江腾龙】

江腾龙，生卒年不详，字号不详，黄州府蕲水（今湖北浠水）人，后徙居四川隆昌。江腾龙为崇祯十三年武进士，素精医术，以济人为事，知名于时。晚归故里，卒年八十五。[②]

【谢殷】

谢殷，生卒年不详，字怀仁，黄州府黄冈（今湖北黄冈）人。据《光绪黄冈县志（一）》载，谢殷年十六，补弟子员。明季荐饥[③]，倾家账贷，避土寇乱。由庶安乡迁城中，母病，祷龙王山而愈。但他说：“是不可恃！为人之子，当知医道，通晓医术。”是以殚精竭虑于《灵枢》《素问》及诸家奇方异验。一生临证诊治，救死扶伤，所活者难以数计。府县诸官，皆加礼敬。某年，邑遇大疫，人患头足腿，谢殷出二千金购药，做为丸子，广加救治。其仁医之名益盛。平素诊费有所获，

---

① 郭霭春主编：《中国分省医籍考》（下册），天津科学技术出版社 1987 年版，第 1791～1792 页。

② 李云编著：《中医人名大辞典》，中国中医药出版社 2016 年版，第 275 页。

③ 荐饥：连年灾荒。

即悉施以药物。乡民深感之。①

【陈炼】

陈炼，生卒年不详，字汝坚，德安府应城（今湖北应城）人。《光绪应城县志》载:”炼性淳朴孝瑾，通医药。以母老侍养而不仕。子孙后代多有出息。”②

【胡永定】

胡永定，生卒年不详，一名晟，字安卿，承天府景陵（今湖北天门）人。《乾隆天门县志》载：“永定世家华胄，自幼聪颖，才华出众，然以淡泊栖襟，以身善病，折肱名家，每奇疴剧症，色沮良医，辄以刀圭活之。白骨再肉，不尸其功，不承其谢，亦自乐此不疲也。晚年屡征大宾，固辞不就，人咸德之。”③

【黄昶】

黄昶，生卒年不详，字号不详，沔阳州（今湖北仙桃）人。《光绪沔阳州志》载：“昶善小儿医，中年丧明。采牵牛子制一块丸，称‘黄氏仙方’。”④

【黄升】

黄升，生卒年不详，字启东，承天府京山（今湖北京山）人。《光

① 〔清〕戴昌言修，刘恭冕纂:《中国地方志集成·湖北府县志辑》第 17 辑《光绪黄冈县志（一)》卷一二《方技·明》，江苏古籍出版社 2001 年版，第 447 页。
② 〔清〕陈豪、罗湘修，王承禧纂:《中国地方志集成·湖北府县志辑》第 11 辑《光绪应城县志》卷一〇《人物·文苑》，江苏古籍出版社 2001 年版，第 340 页。
③ 〔清〕胡翼修，章镳、章学诚纂:《中国地方志集成·湖北省府县志辑》第 44 辑《乾隆天门县志》卷一七《隐逸》，江苏古籍出版社 2001 年版，第 561 页。
④ 〔清〕葛振元修，杨钜纂:《中国地方志集成·湖北府县志辑》第 47 辑《光绪沔阳州志》卷九《人物·方技》，江苏古籍出版社 2001 年版，第 407 页。

绪京山县志》载："升为京山名医，善察脉。有分巡戚公，晨兴忽疾作不语，升诊之脉与症，不应，乃询其左右，云：夜食烹鸡。升曰：此必食后就寝，有蜈蚣过其口鼻，中毒耳。投之以剂，立愈。戚犹未信，乃更烹鸡置寝处，果有蜈蚣三枚，自塌顶下。又有王氏二子，母病，请升治之，升诊其脉曰：微恙耳，寻愈。已而，二子并以脉示升，升惊曰：二君脉俱不佳。明年相继殁。"①

【金淮】

金淮，生卒年不详，字号不详，沔阳州（今湖北仙桃）人。《光绪沔阳州志》载："淮精小儿医，年六十余生子鉴。"②

【李恒】

李恒，生卒年不详，荆州府江陵（今湖北江陵）人。《光绪荆州府志（二）》载："尝从父宦粤，乐善好施，屡试不第，遂决意弃儒从医。父欲止之曰：自先世来冠进贤者，不下十余人，何难一第？恒自料为官材力不足，济人不如学医。一时里中病疫，恒捣仆挈药囊，遍诊其脉而药之。有举家病者，则留一付以伺日，馈薪米愈乃已。"③

【李莳】

李莳，生卒年不详，字德春，自号少溪，自江西迁居至汉阳府汉川（今湖北汉川）。《同治汉川县志》载："莳家世知医，精脉法，冥思暗

---

① 〔清〕曾宪德、秦有锽纂，沈星标修：《中国地方志集成·湖北省府县志辑》第43辑《光绪京山县志》卷一五《方技列传》，江苏古籍出版社2001年版，第477页。

② 〔清〕葛振元修，杨钜纂：《中国地方志集成·湖北府县志辑》第47辑《光绪沔阳州志》卷九《人物·方技》，江苏古籍出版社2001年版，第408页。

③ 〔清〕倪文蔚等修，顾嘉蘅等纂：《中国地方志集成·湖北府县志辑》第37辑《光绪荆州府志（二）》卷五九《艺术》，江苏古籍出版社2001年版，第221页。

解，出授受之外。性沉默，入门无流。视无媟言，未尝预问病者，察视脉理，形神如往。久之指离于腕，徐以一二语发病者隐结，无不汗下吐服，投药而愈。钟惺数构奇疾，法当死，莳数起之，人皆呼之‘李仙翁’。”①

【李本立】

李本立，生卒年不详，字仁卿，荆州府（今湖北荆州）人。李本立博学强记，著述之暇，辄鸣琴自娱。晚攻岐黄术，远近赖以生全者众。尝自谓延生三品，药、养性、操琴，吾事足矣。又有“石径扫烟春种树，竹窗留月夜鸣琴”之句。著《心制神方》《柱史日录》，益有裨于后学，以子云赠奉直大夫。②

【刘相】

刘相，生卒年不详，字士良，沔阳州（今湖北仙桃）人。《光绪沔阳州志》载：“相授任太医院官，善治脉，精于女科。尚书顾璘抚楚，雅重之。”③

【欧阳植】

欧阳植，生卒年不详，字叔坚，承天府景陵（今湖北天门）人。《乾隆天门县志》载：“植治举业，精医术。著有《灵台问要》《易简奇

---

① 〔清〕德廉等修，林祥瑗等纂：《中国地方志集成·湖北省府县志辑》第9辑《同治汉川县志》卷一七《列传下·方技》，江苏古籍出版社2001年版，第398页。

② 〔清〕金大镛修，王柏心纂：《中国地方志集成·湖北省府县志辑》第51辑《同治续修东湖县志》卷一八《方技》，江苏古籍出版社2001年版，第594页。

③ 〔清〕葛振元修，杨钜纂：《中国地方志集成·湖北府县志辑》第47辑《光绪沔阳州志》卷九《人物·方技》，江苏古籍出版社2001年版，第408页。

方》《全生四要》。”①

【屈大寰】

屈大寰，生卒年不详，字号不详，武昌府兴国州（今湖北阳新）人。《民国麻城县志前编》载：“寰目双瞽，尤精太素脉，知人寿夭贵贱，更能晓畅之理。人咸慕之，居麻城卒。”②

【童仲】

童仲，生卒年不详，字号不详，武昌府嘉鱼（今湖北嘉鱼）人。《同治重修嘉鱼县志》载：“仲为县医学训科，性至孝，事母极谨。”③

【万拱】

万拱，生卒年不详，字号不详，荆州府监利（今湖北监利）人。《同治监利县志》载：“拱聪颖能诗，神于医术，著《医学大成》《伤寒指南》《病源》。”④

【万鹏】

万鹏，生卒年不详，字子翀，德安府安陆（今湖北安陆）人。《道光安陆县志》载：“鹏性孝友介直，工文词，隐居收徒，从游者众。居

---

① 〔清〕胡翼修，章镳、章学诚纂：《中国地方志集成·湖北省府县志辑》第44辑《乾隆天门县志》卷二一《方技》，江苏古籍出版社2001年版，第604页。

② 〔民国〕郑重修，余晋芳纂：《中国地方志集成·湖北府县志辑》第20辑《民国麻城县志前编》卷一〇《耆旧·流寓》，江苏古籍出版社2001年版，第243页。

③ 〔清〕钟传益修，俞焜纂：《中国地方志集成·湖北省府县志辑》第30辑《同治重修嘉鱼县志》卷六《人物·一》，江苏古籍出版社2001年版，第155页。

④ 〔清〕林瑞枝修，王柏心纂：《中国地方志集成·湖北府县志辑》第44辑《同治监利县志》卷一〇《人物·医》，江苏古籍出版社2001年版，第199页。

丧，一遵家礼。善医，每制方药济人。著有《史说》，藏于家。”①

【王爱溪】

王爱溪，生卒年不详，字号不详，承天府钟祥（今湖北钟祥）人。《乾隆钟祥县志》载：“溪精内外医术，大有时名，尝考医录丹方，谓神仙可学，乃饵药食，清静寡欲。年八十余，犹轻捷如少壮。”②《同治钟祥县志》亦有载。③

【王命珪】

王命珪，生卒年不详，字弓以，汉阳府黄陂（今湖北武汉）人。《同治黄陂县志》载：“命珪为岁贡生，嗜酒而好学。著有《养生真铨》行世。”④ 其生平载于《湖北通志·艺文志》。

【吴旻】

吴旻，生卒年不详，字近山，汉阳府江夏（今湖北武汉）人。吴旻幼攻举子业，且嗜钻研医学。辑成《扶寿精方》一书。全书汇辑内、外、妇、儿、五官等各科临床常用验方近300首。该书首重补益，将诸虚门放于开篇之始。治疗部分，按病证、病位或治疗人群，分为泄泻、眼目、妇人、杂方等30门。该书选方精要，实效简便，药物炮制方法详细，所载方剂多有特色，间有他书所未见者。内服剂型有汤剂、丸剂、散剂、膏剂、酒剂等，外用剂型有擦剂、洗剂、膏敷剂型等。有学者研

① 〔清〕蒋炯等纂修，李廷锡增纂：《中国地方志集成·湖北府县志辑》第13辑《道光安陆县志》卷二八《人物·三》，江苏古籍出版社2001年版，第300页。

② 〔清〕张琴等修，杜光德纂：《中国地方志集成·湖北省府县志辑》第38辑《乾隆钟祥县志》卷二〇《方技》，江苏古籍出版社2001年版，第310页。

③ 〔清〕孙福海修，许光曙纂：《中国地方志集成·湖北省府县志辑》第39辑《同治钟祥县志》卷一二《方技》，江苏古籍出版社2001年版，第294页。

④ 〔清〕刘昌绪修，徐瀛纂：《中国地方志集成·湖北府县志辑》第8辑《同治黄陂县志》卷九《人物志·孝子》，江苏古籍出版社2001年版，第236页。

究，吴旻虽精通医术，却不以行医为业，其辑《扶寿精方》所用方药，均为日常所见，而非其行医所记录的医案总汇[①]，如其言："积之见闻，汇以成书，虽不敢自拟于医之良，将以广吾心焉耳矣。"

【吴廷辅】

吴廷辅，生卒年不详，字号不详，黄州府黄安（今湖北红安）人。因母病，有志于医，遂精于岐黄医术。久之，医名遐迩，凡有前来求治者，廷辅即至。所治，不受酬谢。《黄安县志》同治八年刻本卷十《方技》载，吴廷辅著有《医方秘诀》。

【吴凤翔】

吴凤翔，生卒年不详，字号不详，黄州府黄安（今湖北红安）人。《中医人名大辞典》载："乃廷辅之孙，得其真传，亦神明其术，医名噪于一时。"[②]

【吴彦德】

吴彦德，生卒年不详，字号不详，德安府随州（今湖北随州）人。《光绪德安府志》载："彦德性诚笃，少习举业，改岐黄济世。遇贫乏者，却其值，复赡给之，故德之者众。尝语人曰：吾生平无异人处，惟喜行善事耳，与人言亦未尝不劝以为善。乡里称'笃行君子'。"[③]

【吴永贞、吴中】

吴中，生卒年不详，字号不详，荆州府宜都（今湖北宜都）人。

---

① 胡秋实、闫海军、傅海燕：《〈扶寿精方〉作者研究》，《中医文献杂志》2021年第5期。

② 李云编著：《中医人名大辞典》，中国中医药出版社2016年版，第422页。

③ 〔清〕庚音布修，汪元庆纂：《中国地方志集成·湖北府县志辑》第12辑《光绪德安府志》卷一六《人物四·方术》，江苏古籍出版社2001年版，第541页。

《光绪荆州府志（二）》载："中父永贞，为邑名医。中继父业，以医济人，不索谢钱，尤睦于族里。"①

【伍药樵】

伍药樵，生卒年不详，字号不详，承天府钟祥（今湖北钟祥）人。《乾隆钟祥县志》载："樵卖药郢中，不二价若韩伯休②，喜济人若孙思邈，意在全活，行之及耄。"③

【肖名芹】

肖名芹，生卒年不详，字天水，黄州府罗田（今湖北罗田）人。据《鄂东历代名医传录》记载，肖名芹业医，德高术精，每遇贫病者，施药医治，病愈而不受酬谢。④

【严有裕】

严有裕，生卒年不详，字绰然，沔阳州（今湖北仙桃）人。有裕善岐黄，病者求诊，不受酬。修造庙宇桥梁，周济戚邻，不惜巨费。著有《医学法悟》。⑤

【杨泉洲】

杨泉洲，生卒年不详，字号不详，江苏人，后流寓至汉阳府汉川

---

① 〔清〕倪文蔚等修，顾嘉蘅等纂：《中国地方志集成·湖北府县志辑》第37辑《光绪荆州府志（二）》卷五九《艺术》，江苏古籍出版社2001年版，第221页。

② 即韩康。

③ 〔清〕张琴等修，杜光德纂：《中国地方志集成·湖北省府县志辑》第38辑《乾隆钟祥县志》卷二〇《方技》，江苏古籍出版社2001年版，第309页。

④ 南东求编著：《鄂东历代名医传录》，学苑出版社2021年版，第205页。

⑤ 郭霭春主编：《中国分省医籍考》（下册），天津科学技术出版社1987年版，第1750页。

（今湖北汉川）。《同治汉川县志》载："泉洲精于岐黄。有熊氏者孝廉，谢淳培嫡母也。于归后，羸瘠如不胜衣。然孕已十四月矣。医者误以为癥瘕也。延杨至，告以故。摇手曰：明晨吾澄神诊视知之矣。早炊黍以待已，而入诊视之。诊右手良久，呼曰：饭我饭已。复入诊左手指，甫下大笑曰：此身也，一二日娩矣。投以滑胎散一匕，私语人曰：举者男也，将不育，奈何且多服金石药，终身不复育矣。语卒验云。"①

【杨太和】

杨太和，生卒年不详，字号不详，沔阳州（今湖北仙桃）人。《光绪沔阳州志》载：" 太和长于治疗寒疾。盛暑时，掘深坑，浸青蒿水与人服之，人称'杨一贴'。"②

【叶镇】

叶镇，生卒年不详，字号不详，沔阳州（今湖北仙桃）人。《光绪沔阳州志》载："镇善治痘疹。"③

【尹隆宾】

尹隆宾，生卒年不详，字君爽，汉阳府汉川（今湖北汉川）人。《同治汉川县志》载："隆宾为贡生，精岐黄。汉商马某某染阳痿症，瘦瘠骨立，尽四方之医，历三四年之久，日渐危殆。隆宾投一剂而减，再投能步履矣。太守杨某有恶疾，困顿欲求自尽，诸医束手，举署号泣。

---

① 〔清〕德廉等修，林祥瑗等纂：《中国地方志集成·湖北省府县志辑》第 9 辑《同治汉川县志》卷一六《列传下·流寓》，江苏古籍出版社 2001 年版，第 397 页。

② 〔清〕葛振元修，杨钜纂：《中国地方志集成·湖北府县志辑》第 47 辑《光绪沔阳州志》卷九《人物·方技》，江苏古籍出版社 2001 年版，第 407 页。

③ 〔清〕葛振元修，杨钜纂：《中国地方志集成·湖北府县志辑》第 47 辑《光绪沔阳州志》卷九《人物·方技》，江苏古籍出版社 2001 年版，第 408 页。

隆宾视之，药投立愈。著《内外大小恰中集》《伤寒慧解》《薛氏女科删补》。”①

【余存恒、余有成】

余存恒，生卒年不详，字号不详，苏州府姑苏（今江苏苏州）人，后寓于麻城（今湖北麻城）。《民国麻城县志前编》载：“存恒博学，工诗赋，以医名世，品行亦高。子有成，字庸玉，少精举子业，屡试不利，遂读父书，博览岐黄言，医学克绍其传。”②

【张栋】

张栋，生卒年不详，字隆吉，沔阳州（今湖北仙桃）人。《光绪沔阳州志》载：“栋性谦谨，善医小儿，精于眼科。”③

【张继顺】

张继顺，生卒年不详，字号不详，承天府钟祥（今湖北钟祥）人。《乾隆钟祥县志》载：“继顺脱略不拘，尤精医术，平居温雅酒间。”④《同治钟祥县志》亦有载。⑤

---

① 〔清〕德廉等修，林祥瑗等纂：《中国地方志集成·湖北省府县志辑》第9辑《同治汉川县志》卷一七《列传下·方技》，江苏古籍出版社2001年版，第398页。

② 〔民国〕郑重修，余晋芳纂：《中国地方志集成·湖北府县志辑》第20辑《民国麻城县志前编》卷一〇《耆旧·流寓》，江苏古籍出版社2001年版，第243页。

③ 〔清〕葛振元修，杨钜纂：《中国地方志集成·湖北府县志辑》第47辑《光绪沔阳州志》卷九《人物·方技》，江苏古籍出版社2001年版，第408页。

④ 〔清〕张琴等修，杜光德纂：《中国地方志集成·湖北省府县志辑》第38辑《乾隆钟祥县志》卷二〇《方技》，江苏古籍出版社2001年版，第309页。

⑤ 〔清〕孙福海修，许光曙纂：《中国地方志集成·湖北省府县志辑》第39辑《同治钟祥县志》卷一二《方技》，江苏古籍出版社2001年版，第294页。

【张建臣】

张建臣，生卒年不详，字号不详，承天府景陵（今湖北天门）人。《乾隆天门县志》载："建臣精于医术，视病应手而痊。知县程维模赠诗云：越人楚产擅秦方，谁与龙门传颉顽？采饮长桑曾半勺，予知《素问》可全章。门前百树初栽杏，肘后千金合共囊。莫道烟霞医不得，裒然今已具冠裳。"①

【张仁趾】

张仁趾，生卒年不详，字振麟，黄州府罗田（今湖北罗田）人。《罗田县志》清光绪二年丙子刻本载，精通医学，邑令朱理昌赠有"寿世保元"匾额。

【张竺庵】

张竺庵，生卒年不详，字号不详，承天府京山（今湖北京山）人。《光绪京山县志》载："竺庵精岐黄，全活无算。生卜葬地，距文笔峰百十步。"②

【张子儿】

张子儿，生卒年不详，字号不详，以乳名传，沔阳州（今湖北仙桃）人。《光绪沔阳州志》载："善治发背，每以掌挞之。发则劝人食羊

---

① 〔清〕胡翼修，章镳、章学诚纂：《中国地方志集成·湖北省府县志辑》第44辑《乾隆天门县志》卷二一《方技》，江苏古籍出版社2001年版，第605页。

② 〔清〕沈星标修，曾宪德、秦有锽纂：《中国地方志集成·湖北省府县志辑》第43辑《光绪京山县志》卷一五《方技列传》，江苏古籍出版社2001年版，第478页。

肉，以草药敷，辄愈。其方竟不传。”①

【郑文贤】

郑文贤，生卒年不详，名生，字文贤，德安府云梦（今湖北云梦）人。《道光云梦县志略》载：“文贤少慕道术，兼精医理，擅诊脉，携药囊游关中②，所至为人疗疾，仅求食宿而已。行医五十余年，全活甚众，关中贤豪皆礼重之。李于鳞有送其游大梁序云：郑生少慕伯阳之术，往往谈长生。自云梦来关中，持一药囊耳。余苦病三十年，于兹言医也，即未尝见医视脉如生者，岂其诊书异有他方耶？”③

【朱容栋】

朱容栋，生卒年不详，字二安，汉阳府江夏（今湖北武汉）人。《同治江夏县志》载：“容栋为明朝著名医家朱盛泳之子，亦以医著。著有《医宗尺玉》《琴操谐谱》《梁湖草》。”④

【祝海围】

祝海围，生卒年不详，字号不详，汉阳府汉川（今湖北汉川）人。《同治汉川县志》载：“有仙术，游汉沔间，与吴太守嘉谟善。太守在维阳大病，祝疗之，计日而效，将东入吴，语太守曰：惜我去早，不及待

---

① 〔清〕葛振元修，杨钜纂：《中国地方志集成·湖北府县志辑》第47辑《光绪沔阳州志》卷九《人物·方技》，江苏古籍出版社2001年版，第407页。

② 指今陕西。

③ 〔清〕吕锡麟修，程怀璟纂：《中国地方志集成·湖北府县志辑》第3辑《道光云梦县志略》卷一〇《人物志下·技业》，江苏古籍出版社2001年版，第507页。

④ 〔清〕王庭祯修，彭崧毓纂：《中国地方志集成·湖北府县志辑》第32辑《同治江夏县志》卷八《杂志》，江苏古籍出版社2001年版，第334页。

子余毒之发，命也。已而，太守果卒。著《摄生篇》。”①

清　代

【欧阳迁】

欧阳迁，生卒年不详，字莱常，号偓庵逞子也，汉阳府汉川（今湖北汉川）人。《同治汉川县志》载：“欧阳迁为清康熙庚午年举人，博学多才，以诗文名于时。为官清廉有位，深得百姓爱戴。著有《医学大成》《四书说略》《诗韵说略》《一啸草》《荟丛吟》诸书。”②

【易经】

易经，生卒年不详，字乾长，武昌府武昌（今湖北鄂州）人。《光绪武昌县志》载：“易经自幼博学，善岐黄术，一日遇黄衣道人授孙真人像一轴、张介宾医书数帖，遂绝意仕进。康熙二十九年，守备袁魁聘至竹山县，遂居焉。和平雅饬，在竹山造就多人。著有《诗文》《脉诀纂要》《伤寒辨似》等书数十卷，藏于家。”③

【李泽溥】

李泽溥，生卒年不详，字沛苍，黄州府蕲州（今湖北蕲春）人。《光绪黄州府志（二)》载：“泽溥康熙年间岁贡生，工诗、古文，才识

---

① 〔清〕德廉等修，林祥瑗等纂：《中国地方志集成·湖北省府县志辑》第9辑《同治汉川县志》卷一七《列传下·方技》，江苏古籍出版社2001年版，第398页。

② 〔清〕德廉等修，林祥瑗等纂：《中国地方志集成·湖北省府县志辑》第9辑《同治汉川县志》卷一六《列传上·仕绩》，江苏古籍出版社2001年版，第353页。

③ 〔清〕钟桐山修，柯逢时纂：《中国地方志集成·湖北府县志辑》第33辑《光绪武昌县志》卷二六《方技·四》，江苏古籍出版社2001年版，第721页。

过人。知州张士骃，每有疑案难决，延泽溥至，顷刻立判。家世显贵，饶于资。泽溥振乏绝，恤姻族，制汤药，施棺木，乡里德之。是以医名遐迩。著有《雨湖阁文集》。”①《光绪黄州府志（二）》载，泽溥另撰有《津梁医书》。② 郭霭春《中国分省医籍考》（下册）亦有记载。

【张承祚】

张承祚，生卒年不详，字号不详，荆州府江陵（今湖北江陵）人。《光绪荆州府志（二）》载：“康熙年间中举，官至鄜州同知，告归雅，善医术，多所全济。里中尝大疫，诊之辄起，又将良药遗举家病者。年八十一而卒。”③

【叶廷芳】

叶廷芳，生卒年不详，字客尧，号松亭，汉阳府汉阳（今湖北武汉）人，为“叶开泰”创始人叶文机之曾孙，乾隆年间有医名。叶廷芳在继承祖业后，对子孙的文化教育颇为重视。《续辑汉阳县志》同治七年刻本载，他“庭训甚严”。叶廷芳尝集《痢疾诸方》《疟疾诸方》《金创花蕊石散》《疔疮诸方》《喉科诸方》等方书中常见病防治的处方及危重症的备急方汇编而成《五种经验方》一卷，于乾隆四十三年（1778

---

① 〔清〕英启修，刘燡等纂：《中国地方志集成·湖北府县志辑》第15辑《光绪黄州府志（二）》卷二五《人物·笃行》，江苏古籍出版社2001年版，第121页。

② 〔清〕英启修，刘燡等纂：《中国地方志集成·湖北府县志辑》第15辑《光绪黄州府志（二）》卷三四《子部·医家类》，江苏古籍出版社2001年版，第413页。

③ 〔清〕倪文蔚等修，顾嘉蘅等纂：《中国地方志集成·湖北府县志辑》第37辑《光绪荆州府志（二）》卷五九《艺术》，江苏古籍出版社2001年版，第221页。

年）刊刻于汉阳。[①]《民国夏口县志》为其立传。[②]

【陈学海】

陈学海，生卒年不详，号东川，黄州府黄安（今湖北红安）人。《光绪黄安县志》载："乾隆甲辰岁饥，学海弱冠，请父出谷二百余石以济民，年八十五岁无疾而卒，子世模世楷，均业岐黄，著有《医评集》十卷、《丹方集》各十卷，待梓。"[③]

【金文彬】

金文彬，生卒年不详，字济质，汉阳府汉川（今湖北汉川）人。《同治汉川县志》载："文彬文誉津津腾江汉间，胡牧亭、夏澴农雅推重之，数奇不偶，遂弃而攻医。著有《诸医荟萃》《脉诀摘要》。"[④]其《痘证慈航》一书，成书于乾隆五十七年（1792年），尤辨析精微。书折中诸家之论，辨虚实寒热，析气血盈虚消长之理，论炮制用药之法、治痘医案、初发热至痘齐数日调治法、痘齐起发灌脓调治诸法、浆足至回水结痂调治法。末附补遗，载治痘疹方药炮制方法及医案数则。推服者，谓为保赤之宝筏，同邑郭楚珍[⑤]付梓藏版。其著作均收入《湖北通志·艺文志》。

---

① 李今庸：《湖北中医学史稿》，湖北科学技术出版社2016年版，第121页。

② 〔民国〕侯祖畲修，吕寅东等纂：《中国地方志集成·湖北府县志辑》第3辑《民国夏口县志》卷一五《人物志·三》，江苏古籍出版社2001年版，第216页。

③ 〔清〕陈瑞澜、陶大夏修，吴言昌、王仪吉纂：《中国地方志集成·湖北府县志辑》第19辑《光绪黄安县志》卷八《人物志·善行》，江苏古籍出版社2001年版，第337页。

④ 〔清〕德廉等修，林祥瑗等纂：《中国地方志集成·湖北省府县志辑》第9辑《同治汉川县志》卷一七《列传下·方技》，江苏古籍出版社2001年版，第398～399页。

⑤ 即郭士珩。

【邹廷光】

邹廷光，生卒年不详，字号不详，荆州府监利（今湖北监利）人。《同治监利县志》载：“廷光精医术，遇有奇症，必先立案，然后博考群书，不效则敛神静思，必令应手已愈。并不受谢，行之数十年有心得。乾隆癸丑年，郡中行疫，投方无不立应。荆南道来鸣谦挽留在郡，数月赠以千金，为上匾额。著有《医学经验方案》四十卷。年九十而卒。”①

【席光玉】

席光玉，一作席光裕，生卒年不详，字宝卿，德安府安陆（今湖北安陆）人。《光绪德安府志》载：“光玉世业儒。雍正间，祖大成倡捐书院田四石。及光玉业医，能以己意运古法，投剂辄效。”②

【喻宏量】

喻宏量，生卒年不详，字宽斋，德安府云梦（今湖北云梦）人。《光绪续云梦县志略》载：“宏量为监生，应乡试屡屈，遂弃举子业，以岐黄术济人。嘉庆己卯岁，大疫，治辄效，且药不取值，故就医者日益众。且乐善好施。每岁暮，族邻告贷者日夕踵至，门几不容，宏量视所有，分助之。至今乡里尤称述焉。”③

---

① 〔清〕林瑞枝修，王柏心纂：《中国地方志集成·湖北府县志辑》第44辑《同治监利县志》卷一〇《人物·医》，江苏古籍出版社2001年版，第200页。

② 〔清〕庚音布修，汪元庆纂：《中国地方志集成·湖北府县志辑》第12辑《光绪德安府志》卷一六《人物四·方术》，江苏古籍出版社2001年版，第542页。

③ 〔清〕吴念椿修，程寿昌、曾广浚纂：《中国地方志集成·湖北府县志辑》第3辑《光绪续云梦县志略》卷七《人物·懿行》，江苏古籍出版社2001年版，第633页。

【丁德泰】

丁德泰，生卒年不详，字号不详，武昌府大冶（今湖北大冶）人。《光绪大冶县志续编》载："德泰博学力行，尤长于经济，读书过目不忘。父光远，邑诸生，性极严毅，泰曲得欢心。登嘉庆二十四年己卯闱第一，道光九年己丑进士，任山西大宁令。任期间，凡有知其善医者，录证求方不拒，愈者，则酬以面饼即可。德泰亦因此而喜之，顾谓母：'儿官无德于民，得尝民家滋味，亦乐事也。'德泰为官勤廉，颇有政绩，甚得民心。为医体恤民疾，医术精湛，救人无计。著有《四书讲义》《五经注释》《春秋题解》《韵府汇纂》《医方策略》及水利诸书。"①

【李维二】

李维二（1805—1883），字号不详，安陆府天门（今湖北天门）人。李维二从小立志学医，10 岁开始攻读医书。13 岁时，邻居有一重病者请来一名老中医诊治，李维二见处方便说："三分黄连，五钱干姜，怎能治好这病？"老中医听了大吃一惊，说："你小小年纪能有这样的见解，真是聪明得很，将来的本领，一定能超过我。不过，你现在还没有得到真正的医学知识。用我现在的这个处方一定能治好他的病。"后果然如此。李维二从这件事中吸取了教训，更加谦虚谨慎，勤奋学习，年方十八，始悬壶济世，愈者十之八九。

后来，随着学识和阅历的增多，李维二在临诊时，四诊互参，尤精脉学，切脉之后，所谈之言常与病情吻合，患者无不佩服。在治疗上，惯用小方贱药。医治大病重病，其效甚验。

---

① 〔清〕林佐修，陈冠洲纂：《中国地方志集成·湖北府县志辑》第 6 辑《光绪大冶县志续编》卷一〇《德业·十七》，江苏古籍出版社 2001 年版，第 230 页。

李维二平日手不释卷，博览群书，尤其精通《医门法律》。①

【邵一仕】

邵一仕，生卒年不详，字学海，沔阳州（今湖北仙桃）人。《光绪沔阳州志》载："一仕乃孝廉一儒之亲弟，幼业儒，兼习《黄帝内经》，远近求治者投剂立效，不索一钱，遇贫无力之家，代捡药饵无吝。清嘉道间，瘟疫盛行，一仕广施散丸，全活者众，乡里称德。"②

【周传复】

周传复，生卒年不详，字见心，号恒斋，安陆府天门（今湖北天门）人。周传复少攻举业，缘多疾，弃儒习医，知县永福赠"春映杏园"额。据道光元年《天门县志》卷三十《方技传》载，著有《脉理汇编》《伤寒简易》，寿八十八而终。③

【袁成瑾】

袁成瑾，生卒年不详，字号不详，沔阳州（今湖北仙桃）人。《光绪沔阳州志》载："瑾淡静寡欲，善书工诗，精于岐黄。道光十一年，连岁瘟疫，瑾以术活人无算，并不计酬谢。"④

【卢拯、卢启瑞】

卢拯，生卒年不详，字泰阶，汉阳府汉川（今湖北汉川）人。《同

---

① 天门县卫生志编辑室编：《天门县卫生志》，1984年版，第143页。

② 〔清〕葛振元修，杨钜纂：《中国地方志集成·湖北府县志辑》第47辑《光绪沔阳州志》卷九《人物·方技》，江苏古籍出版社2001年版，第409页。

③ 郭霭春主编：《中国分省医籍考》（下册），天津科学技术出版社1987年版，第1725~1726页。

④ 〔清〕葛振元修，杨钜纂：《中国地方志集成·湖北府县志辑》第47辑《光绪沔阳州志》卷九《人物·方技》，江苏古籍出版社2001年版，第409页。

治汉川县志》载："拯生平正直，乐施好善，精于岐黄，济生甚多，遇过贫不能服药者，辄解囊相助。道光辛卯，捐喻家垸腴田二十亩以为义冢，里党称便，无不感之。年八旬而卒。著有《医学指掌》，藏于家，子启瑞，庠生，亦善医。"①

【于良椿】

于良椿，生卒年不详，号双亭，黄州府广济（今湖北武穴）人。《同治广济县志》载："良椿精于医术。道光十二年壬辰，广济县疫疠流行，传染厉害，良椿施药调治，愈者甚众，乡里德之。"②

【彭望楚、彭念祖】

彭望楚，生卒年不详，字南翘，汉阳府汉川（今湖北汉川）人。《同治汉川县志》载："望楚警敏，有血性，望色知病，老于临症者多弗逮也。清道光壬辰春夏间，疫疠流行，比闾闭门不起，望楚参明代张路玉、叶天士、缪仲淳之学，悉五淫六气之旨，辨色察脉，权衡其轻重缓急，应手而痊者不下千数百人。治温热暑淫症尤精，人争延至，名籍甚江、汉、潜、沔间，年四十余而卒。远近惜之。子念祖，字竹坪，性不羁，承其家学，有医名，兼攻楷书，籍诸生，亦早逝。"③

【许炤】

许炤，生卒年不详，字述人，德安府云梦（今湖北云梦）人。《光

---

① 〔清〕德廉等修，林祥瑗等纂：《中国地方志集成·湖北省府县志辑》第9辑《同治汉川县志》卷一七《列传下·方技》，江苏古籍出版社2001年版，第399页。

② 〔清〕刘宗元、朱荣实修，刘燡纂：《中国地方志集成·湖北府县志辑》第25辑《同治广济县志》卷八《方技》，江苏古籍出版社2001年版，第384页。

③ 〔清〕德廉等修，林祥瑗等纂：《中国地方志集成·湖北省府县志辑》第9辑《同治汉川县志》卷一七《列传下·方技》，江苏古籍出版社2001年版，第399～400页。

绪续云梦县志略》载："炤诚笃多隐德，乐善好施，仗义疏财。道光乙未岁，大饥，炤竭力捐赠，救人甚众。炤素究心医学，得越人奥旨，旦暮叩门者，识与不识皆应之，多所全活。炤与其弟煌，均以孝友称颂乡里。"①

【萧延平】

萧延平，生卒年不详，字北承，汉阳府黄陂（今湖北武汉）人。萧延平精于医，尤究心医书，涉览极博，《黄帝内经》不去手者盖数十年。他尝殚二十年之精力，完成《黄帝内经太素》一书的校正工作。萧延平从其同乡、访日学者杨守敬处获其从日本携归的《黄帝内经太素》，于是借以校正其书，共出按语2714条。此外还校引《医心方》《难经》《千金要方》《外台秘要》《汉书》《水经注》《铜人经》《医经溯洄集》等古籍。萧延平采用校勘、补缺、辑复、注释等手段，尽其所能，或证经文之衍脱讹谬，或析杨注之真伪得失，旁征博引，丝丝入扣，表现了极高的校勘水平。②

【黄宪滨】

黄宪滨，生卒年不详，字渭川，汉阳府汉川（今湖北汉川）人。《同治汉川县志》载："宪滨天怀坦易，能诗善文。少有羸疾，尝曰：医仁术也，精之亦足济人。遂攻医。时或捐制药饵以救病者。清道光辛丑、壬寅年间汉川大疫，有来谒者，无贫富贵贱，远近必往视之，不避寒暑，

---

① 〔清〕吴念椿修，程寿昌、曾广浚纂：《中国地方志集成·湖北府县志辑》第3辑《光绪续云梦县志略》卷七《人物·懿行》，江苏古籍出版社2001年版，第632页。

② 崔锡章：《论〈太素〉萧延平校正》，《中医药文化》1992年第1期。

所痊甚众。虽铢封帛弗受也。年四十而卒。著《脉学要览》，未梓。”①

【屠道和】

屠道和，生卒年不详，字燮臣，孝感县（今湖北孝感）人。屠道和初业儒，道光二十七年科举不第，遂弃儒学医，潜心医道。他博考名家医著，于本草、脉学尤细心揣摩，辑成《本草汇纂》三卷。该书主要以《本草求真》为蓝本，参考《本草纲目》等本草及临床医学著作编撰而成。历经十余年反复参订，全书共收载药物 560 种，根据药性与功效分为平补、温补、补火、滋水、温肾、温涩、寒涩、收敛、镇虚、散寒、祛风、散湿、散热、吐散、温散、平散、渗湿、泻湿、泄水、降痰、泻热、泻火、下气、平泻、温血、凉血、下血、杀虫、发毒、解毒、毒物 31 类，对药物性味、归经、主治功效、用药宜忌、配伍禁忌以及品种优劣等均有较简要的论述，内容比较精练，切合临证应用。②

屠道和后又汇辑《药性主治》一卷，罗列 100 多种病，按症状布置主治药物，方便实用。鉴于当时社会上流传各种各样脉诀，造成混乱的局面，遂搜罗前世脉诀之精粹，汇编成《脉诀汇纂》二卷，以脉诀为主，望、闻、问三证为辅，附属于后。还纂有《分类主治》一卷、《普济良方》四卷（内含《杂证良方》《妇幼良方》各两卷）。以上诸书合刊为《医学六种》。后《药性主治》与《分类主治》合为《药性分类主治》刊行。另辑刊《喉科秘旨》，今不见流传。③

【陈道善】

陈道善，生卒年不详，字翰园，武昌府兴国州（今湖北阳新）人。

---

① 〔清〕德廉等修，林祥瑗等纂：《中国地方志集成·湖北省府县志辑》第 9 辑《同治汉川县志》卷一七《列传下·方技》，江苏古籍出版社 2001 年版，第 400 页。

② 苗彦霞：《〈本草汇纂〉学术思想研究》，《现代中医药》2014 年第 4 期。

③ 贾海燕：《荆楚医药》，武汉出版社 2018 年版，第 201 页。

《光绪续补兴国州志》载:“道善精于医术,常备诸药,施赠于人,平生活人无数。道光己酉年,水灾,邻人有不举火者,陈氏倾奖赈之。同治壬申年,富川门外起火,有妇人赤身逃出,陈氏解衣衣之。又创善会,培古冢,葬旅榇,义行美举,不一而足。著有《医学便览》四卷传于世,今未见。”①《中国分省医籍考》有相似记载。②

【熊煜奎】

熊煜奎,生卒年不详,字吉臣,号晓轩,生活在道光至光绪年间,武昌府大冶(今湖北大冶)人。《光绪武昌县志》载:“煜奎自少即潜心正学,期于有用。著《训典汇要》八卷,续编五卷,皆古人格言。督学孙家鼐为序以行。生逢多难,郁郁无所表现。著《经世新书》二卷、《寿世文约》二卷、《中兴闻见录》八卷。家传医学,煜奎益钩稽《灵》《素》,宗法长沙。后因父殁家贫,乃检伯父惺斋所遗医书,勤习十余年,渐精医术。邻里有求医者,无寒暑早夜必至,或给以药饵。同治十年获睹戴旭斋《伤寒正解》,赞赏不已。乃仿戴氏之作,辑成《医学源流》四卷,列《玉函演义》《灵素引端》《灵素秘旨》《金匮典要》诸篇。各卷载医论若干,简明通俗。后又集《方药类编》四卷,阐述药性补泻及气味宜忌辨识,按证列举治方,采摘历代医家论药精要。二书合刊为《儒门医宗总略》,分前后两集。又曾刊《卫生便方》(一作《救急良方》),今未见。又编《儒门医宗总略续集》。另有《四诊汇要》《寒热条辨合纂》《医学心悟摘录》《张氏育婴心法附翼》,未刊行。”③

---

① 〔清〕贺祖蔚修,刘凤纶纂:《中国地方志集成·湖北府县志辑》第28辑《光绪续补兴国州志》卷一《义行》,江苏古籍出版社2001年版,第488页。

② 郭霭春主编:《中国分省医籍考》(下册),天津科学技术出版社1987年版,第1767页。

③ 〔清〕钟桐山修,柯逢时纂:《中国地方志集成·湖北府县志辑》第33辑《光绪武昌县志》卷二六《方技·三》,江苏古籍出版社2001年版,第636页。

【虞席珍】

虞席珍，生卒年不详，一名必寿。本姓杨，育于虞氏，故姓虞。生活在道光至光绪年间，武昌府武昌（今湖北鄂州）人。虞席珍素习儒业，能医而不闻名。然挟其医道，游于多地，多有效验。纪桂香、张如亭太守尤为尊重，以礼厚待。尝治愈痢病，为王家璧所推崇，知虞席珍为医深矣。虞席珍因貌修伟而多髯，故人称之髯公，年七十而尤健壮。《光绪武昌县志·艺文志》载，虞席珍著有《本草药性易释赋》。

王家璧记录的医案如下："甲午秋，璧以矮屋炎蒸，归而病痢，一夜辄十余起，体为之瘠，家人自大母以下皆忧，公①至，饮以药有验，更进三五剂，病遂瘳。众皆感叹不已。公以所著《本草药性易释赋》属别钞，既卒业，乃作而赞曰：'公之于医道也，盖心精其理，而又渎书多，阅人众，用物熟，视人疾，若己疾，谨慎不敢轻投药，故笔之于书，昭然厘然。'璧尝和公解嘲诗有云，自是投珠别明暗，莫须论剑决雌雄。既以其道行之朝野上下间，退而著书立说，针膏肓，起废疾，发墨守，以寿万世，是则璧之望也夫。"②

【邱翔】

邱翔（约1820—1882），字翼臣，黄州府黄冈（今湖北黄冈）人，善治伤寒。《光绪黄州府志（二）》载："邱翔少攻举子业，工制举闻字试，道光二十年庚子举人。后两度入试，居然未中，遂绝意仕进，感叹说：'身为士，遂不足康济人耶。'自此潜心钻研医学。凡《神农本草》诸书，靡不尽览，后经临证检验，所治患者，皆能立愈。其医德高尚，不论风雨寒暑，抑或路险夜深，有请必往。病愈，概不受谢。居于乡，

① 指虞席珍。

② 郭霭春主编：《中国分省医籍考》（下册），天津科学技术出版社1987年版，第1749～1750页。

奖掖后进，尤怜恤族戚中贫苦者。”① 据《光绪黄冈县志》卷二十三《艺文志·著述·子部·医家类》载，邱翔撰《济世金丹》若干卷，以显业医济世活人之志。另撰《伤寒辨论》二十余卷。

【吴振之】

吴振之，生卒年不详，字又唐，武昌府武昌（今湖北鄂州）人。《光绪武昌县志》载：“振之为文有义法，家素封，好施与。咸丰年间，为保护族人免受盗寇之乱，招募勇士，乡人感之。善岐黄术，有求诊者，虽深夜必赴。于贫者则给以药资，邑人德之。藏书甚富，乱后多散失矣。”②

【笪鉴】

笪鉴，生卒年不详，字庚垣，汉阳府夏口（今湖北武汉）人。《民国夏口县志》载：“鉴世居汉口小新码头。品学俱优，工医术，诊不计资，遇奇贫并赠药，活人无算。著有《庚垣遗草》等四种行世。咸丰时，毁于兵火。”③

【余秉圭】

余秉圭，生卒年不详，字号不详，黄州府麻城（今湖北麻城）人。《民国麻城县志前编》载：“秉圭治家俭约，谨厚重义。同治年间，曾避

---

① 〔清〕英启修，刘燡等纂：《中国地方志集成·湖北府县志辑》第15辑《光绪黄州府志（二）》卷二五《艺术·蕲水县》，江苏古籍出版社2001年版，第142页。

② 〔清〕钟桐山修，柯逢时纂：《中国地方志集成·湖北府县志辑》第33辑《光绪武昌县志》卷二二《文苑·二十三》，江苏古籍出版社2001年版，第636页。

③ 〔民国〕侯祖畲修，吕寅东等纂：《中国地方志集成·湖北府县志辑》第3辑《民国夏口县志》卷一五《人物志·三》，江苏古籍出版社2001年版，第227页。

兵寇外出，归来时，于案上得抄录方书一卷，不知何来，试之奇验，遂为人诊治，兼施药物。远近求治病人，日盈其门，秉圭皆一心救治，不辞辛苦。贫民感其德深，闻皆敬之。秉圭生性乐善好施，还常于山路绝峻处捐建茶亭，诸如此类，民咸颂其惠。”①

【费而隐、费连珊、费斗珊、费殿珊、费宅珊】

费而隐一族，世居沔阳州（今湖北仙桃），五代十余人从医。②

费而隐（1832—1917），名琴山，晚号壶天翁，出身于书香门第。他临床经验丰富，擅长温病。每治愈疑难杂症，随即笔录，汇辑成篇，名为《奇难经验集》。1964年，沔阳县卫生局搜集整理中医著作时，得该集部分遗稿于费门弟子闵笃诚家，经整理，易名《费而隐医案》刊行。其医案述理透彻，立法谨严，遣方合理，用药精当，深得中医药界好评。费而隐一生热心带徒，后继者中名医不少，膝下五子，除次子早卒外，皆继其业。

费连珊（1852—1924），费而隐长子，字号不详，幼时随父习医。后行医于沙湖，人称费大先生。沙湖素多水患，每值夏秋泛涨，必多疫病。某年瘟疫流行，他以藿香正气散合升降散为汤剂，日诊百余人，持续百余日，治愈数千人，声闻遐迩。他精于脉学，常舍证从脉。辑有《医案心得集》一卷，失于1931年水灾。

费斗珊（1860—1943），费而隐三子，字东藩，幼极聪颖。费斗珊成年后行医于汉口，医术长于温病，用药上效法王孟英。诊务之余，勤于著述。撰有《时机病源》《杂病回春》《中国历史图说》，惜毁于水灾。

费殿珊（1866—1926），费而隐四子，字号不详，通医理，善辞令，

---

① 〔清〕郑重修，余晋芳纂：《中国地方志集成·湖北府县志辑》第20辑《民国麻城县志前编》卷一〇《耆旧·义行》，江苏古籍出版社2001年版，第224页。

② 仙桃市卫生局编纂：《沔阳卫生志》，1988年版，第235～237页。

性潇洒，重友情，熟谙《黄帝内经》《金匮要略》，治病不为古人所囿，大刀阔斧，补少攻多，沉痼之疾，每多获效。

费宅珊（1872—1948），费而隐五子，字号不详，人称费五先生。早年悬壶乡里，1931 年沔阳水灾后迁居汉口，行医、设馆授徒于武昌，常与武汉名医冉雪峰会诊于病家。撰有《续奇难经验集》，惜失于 1954 年水灾。

【胡瑶阶、胡早香、胡月香、胡宜文】

胡瑶阶（1835—1908），字宾阴，号尧阶，汉阳府汉川（今湖北汉川）人。瑶阶为清光绪恩贡，医术精湛，医德高尚，常救人于沉疴而不计报酬，受人赞誉。著有《历代医师考》《医书识字略》《灵药回春经目》《屡验方抄》《怪病奇方提选》《经精病方考略》《医家诗话》《药方集观》《聚方要续补》《课儿儿科》《医法歌诀》。

胡早香（1867—1904），字赐成，号备予，又号真吾，瑶阶次子。胡早香幼承庭训，学业有成，悬壶于汉口。撰写《单方录》《本草摘要》《万病回春经》。

胡月香（1876—1944），字锡成，号访逵，别号皋鹤，瑶阶三子。胡月香以父为师，品学兼优。用药平稳，除病自然。尤善治伤寒、痢疾等病。

胡宜文（1907—1941），字宦卿，月香之子。在汉口应诊。医风与其父迥然。诊视一旦明确，用药性猛、量重，常收速效。人赞曰：“青出于蓝而胜于蓝”。①

【吴志初、吴先俊】

吴志初（1845—1930），字号不详，荆门直隶州（今湖北荆门）人。

① 汉川县卫生志编纂委员会编：《汉川县卫生志（1727—1985）》，1990 年版，第 384～385 页。

吴志初出身于书香门第，自幼攻读诗书、勤奋聪敏。一次遇到一外地草药医朗读药性药理，喜其词韵美好，交为朋友。借其所读医药书籍，反复研读，勤习医理。后得名医指导，医术遂精，擅长内科及妇科杂病，远近知名。

其子吴先俊（1879—1941），字号不详，自幼随父学医，医术精湛，当地名医。①

【孙哲人】

孙哲人（1854—1924），字号不详，荆州府松滋（今湖北松滋）人。青年时，孙哲人在京城求学、行医，擅长内科。经常为官吏诊疗，名声远扬，应诊不暇。1911 年，孙哲人返回松滋故里，为当地民众治病。1918 年，瘟疫流行，孙哲人经常拄杖出诊，不计报酬，深受人民称颂。②

【龚肇陈】

龚肇陈（1855—1938），字芮堂，又名龚炳，安陆府天门（今湖北天门）人。龚肇陈为清末秀才，后专事中医，擅长内科，精通温病学。1918 年秋，当地瘟疫流行，死者甚多。诸医多以伤寒法治疗，龚肇陈亦误诊为伤寒，但治疗无效。后他细穷脉症，精研方书，按照《温病条辨》做湿温、寒温两法治疗，活者颇多。

龚肇陈临床经验丰富，对于痢疾尤有心得，晚年著有《龚氏痢案》一书，分上下两卷。上卷写病理，以探其源；下卷举治案，以昭其验。纲举目张，条分缕析，颇能指导临床。同时著有《龚氏医案》一书。③

---

① 荆门市卫生局卫生志编纂委员会编：《荆门卫生志》，中国文史出版社 1990 年版，第 169 页。

② 松滋县卫生局编：《松滋县卫生志（1911—1985）》，1985 年版，第 249 ~ 250 页。

③ 天门县卫生志编辑室编：《天门县卫生志》，1984 年版，第 144 页。

【聂继洛】

聂继洛，生卒年不详，字用之，安陆府京山（今湖北京山）人。聂继洛为人朴实诚恳，精岐黄，以济世活人为心，不问贫富远近，按证与方不吝。光绪八年《京山县志》卷十五《人物志·方技列传》载，聂继洛著有《本草注解》《证治稿》，存于其孙大年手中。①

【李廷淦、李代恩、李祥】

李廷淦，生卒年不详，号静甫，黄州府麻城（今湖北麻城）人。《民国麻城县志前编》载："廷淦为光绪八年壬午举人，天赋卓绝，品性淳厚，笃于孝友，待人诚恳，广积善德，暮年名其居为'怡怡庄'，旁涉《灵枢》《素问》，前来求治者，踵接于门，活人无计，著有《三焦论》，待梓。其子李代恩、李祥，皆能传其学。代恩著有《病理学》一卷。全家仁爱，传颂乡里，为民所仰慕。"②

【鲍芹堂】

鲍芹堂，生卒年不详，字香岩，黄州府麻城（今湖北麻城）人。《民国麻城县志前编》载："芹堂好读书，博览经史之暇，兼涉医、巫、勾股诸书。尤精于岐黄医术，著有《伤寒萃锦》。治病无论贫富，概不取值，有贫不能延医者，自往诊视，且馈药饵。生性乐善好施，乡人至今尤颂其德。"③

---

① 郭霭春主编：《中国分省医籍考》（下册），天津科学技术出版社1987年版，第1749页。

② 〔清〕郑重修，余晋芳纂：《中国地方志集成·湖北府县志辑》第20辑《民国麻城县志前编》卷九《耆旧·文学》，江苏古籍出版社2001年版，第209～210页。

③ 〔清〕郑重修，余晋芳纂：《中国地方志集成·湖北府县志辑》第20辑《民国麻城县志前编》卷一〇《耆旧·义行》，江苏古籍出版社2001年版，第222页。

【卞演】

卞演，生卒年不详，字号不详，荆州府枝江（今湖北枝江）人。《光绪荆州府志（二）》载：“演精方书，审脉理，求治者概不计利，全活者众。尽得上池之秘术而行古之道也。”[①]《同治枝江县志》卷十七《人物志下·方技》有相似记载。[②]

【卞联云】

卞联云，生卒年不详，字号不详，荆州府枝江（今湖北枝江）人。《光绪荆州府志（二）》载：“联云精通方脉，酌古法以意运之。尝曰：古人谓方不可执，非通论也。神而明之，亦存乎其人耳。生平喜施药剂，活人甚多。邑令李花白、曲永斌、田禹稼，皆表题之。”[③]《同治枝江县志》卷十七《人物志下·方技》有相似记载。[④]

【蔡瑞芬】

蔡瑞芬，生卒年不详，字子锡，黄州府麻城（今湖北麻城）人。《民国麻城县志前编》载：“精于岐黄医道，活人无数。著有《医学通

---

① 〔清〕倪文蔚等修，顾嘉蘅等纂：《中国地方志集成·湖北府县志辑》第37辑《光绪荆州府志（二）》卷五九《艺术》，江苏古籍出版社2001年版，第223页。

② 〔清〕阮恩光修，王柏心等纂：《中国地方志集成·湖北省府县志辑》第52辑《同治枝江县志》卷一七《人物志下·方技》，江苏古籍出版社2001年版，第252页。

③ 〔清〕倪文蔚等修，顾嘉蘅等纂：《中国地方志集成·湖北府县志辑》第37辑《光绪荆州府志（二）》卷五九《艺术》，江苏古籍出版社2001年版，第223页。

④ 〔清〕阮恩光修，王柏心等纂：《中国地方志集成·湖北省府县志辑》第52辑《同治枝江县志》卷一七《人物志下·方技》，江苏古籍出版社2001年版，第252页。

论》二卷，付梓行世。”①

【曹继石】

曹继石，生卒年不详，字碧霞，荆州府石首（今湖北石首）人。《光绪荆州府志（二）》载：“生性纯笃，事亲孝，因亲老质弱，后弃儒业，专精岐黄，于《素问》等书，靡不融通，著有《博弱集》。缙绅先星颇加推评，邑侯张琳赠有‘绣林橘井’之额。其生平轻财重义，邑中人莫不啧啧相传。”②

【陈雍】

陈雍，生卒年不详，字敦仁，黄州府蕲州（今湖北蕲春）人。《光绪蕲州志》载：“雍博古而能文辞，尤善医方，多奇中。诊治贫病，施药不取值。著有《医方三昧》。”③《光绪黄州府志》卷三十四《艺文志·子部四·医家类》有相似载录。

【陈芸】

陈芸，生卒年不详，字号不详，黄州府蕲州（今湖北蕲春）人。志载，芸尤精于本草学。著有《神农本草歌括》。《湖北通志》卷八十二《艺文志·子部·医家类存目》载其事迹。

---

① 〔清〕郑重修，余晋芳纂：《中国地方志集成·湖北府县志辑》第20辑《民国麻城县志前编》卷一〇《耆旧·方技》，江苏古籍出版社2001年版，第246页。

② 〔清〕倪文蔚等修，顾嘉蘅等纂：《中国地方志集成·湖北府县志辑》第37辑《光绪荆州府志（二）》卷五九《艺术》，江苏古籍出版社2001年版，第222页。

③ 〔清〕封蔚礽修，陈廷扬纂：《中国地方志集成·湖北府县志辑》第23辑《光绪蕲州志》卷一六《尚义》，江苏古籍出版社2001年版，第331页。

【陈继谟】

陈继谟，生卒年不详，字五彝，黄州府黄冈（今湖北黄冈）人。《乾隆黄冈县志》载："继谟学问博洽，屡试不遇，遂业医。治病多奇效，名闻于京师，由太医院荐举，授八品吏目。六年后，以亲老告归，性孝，行橐甚丰，即尽散诸兄与友人。生平著述甚多，时值所居河水大涨，毁坏其居，幸存《陈氏医案》一书传世。凡业岐黄者，皆奉是书为准绳耳。"①

【陈其殷】

陈其殷，生卒年不详，字楚奎，黄州府蕲州（今湖北蕲春）人。陈其殷自幼苦读，致力科举，仕途失意后，专攻岐黄医术。为人高洁，医技精妙，每为贫穷者诊治，辄不取值，尚馈以药钱，以济其贫。病者深感之。陈其殷精于脉法，通于经络，善用经方，临证多有奇效。人皆闻而敬之。陈其殷平生著述甚丰。《光绪黄州府志（二）》载，陈其殷著有《脉法指掌》《经络会解》诸书。② 另据《光绪蕲州志》载，陈其殷尚撰有《新方解略》《古方解略》《医学指要》。

【陈思堂】

陈思堂，生卒年不详，字孔坚，武昌府兴国州（今湖北阳新）人。《光绪续补兴国州志》载："思堂精医术，平生全活者无数，且概不受

---

① 〔清〕蔡韶清修，胡绍鼎纂：《中国地方志集成 · 湖北省府县志辑》第 16 辑《乾隆黄冈县志》卷一一《人物 · 方技》，江苏古籍出版社 2001 年版，第 283 页。

② 〔清〕英启修，刘熚等纂：《中国地方志集成 · 湖北府县志辑》第 15 辑《光绪黄州府志（二）》卷二五《艺术 · 蕲水县》，江苏古籍出版社 2001 年版，第 122 页。

值。著有《伤寒辨正》二卷传世。”①

【陈廷楹】

陈廷楹，生卒年不详，字两阶，汉阳府汉川（今湖北汉川）人。《同治汉川县志》载：“廷楹积学未售，善医，为人治病，值风雨，不辞劳瘁，无贫富，弗取酬也。著有《医方汇解》八卷藏于家。”②

【陈文斌】

陈文斌，生卒年不详，字武烈，黄州府黄梅（今湖北黄梅）人。《光绪黄州府志（二）》载：“文斌精医术，立起沉疴，贫困者，不较药值，常置夜灯，以照人行。一日视病，远方晚归中途遇雨，昏黑不辨路，忽见数丈前灯光隐见，若近若远直达里门，则门前照夜之灯也。著有《伤寒纂要》诸书。”③《光绪黄梅县志》亦有载录。

【程之骅、程启厚、程丰邱】

程之骅，生卒年不详，字仲超，黄州府黄冈（今湖北黄冈）人。《光绪黄冈县志（一）》载：“之骅秉性沉静，精于医术。养生得运气之法，调息月余，能于暗室中视物如昼。暮年，自知命将竭，卒之前，沐浴端坐，若前知然。有子启厚，孙丰邱，皆以医术，世其医业，弘其医

---

① 〔清〕贺祖蔚修，刘凤纶纂：《中国地方志集成·湖北府县志辑》第28辑《光绪续补兴国州志》卷一《方技》，江苏古籍出版社2001年版，第495页。

② 〔清〕德廉等修，林祥瑗等纂：《中国地方志集成·湖北省府县志辑》第9辑《同治汉川县志》卷一七《列传下·耆寿》，江苏古籍出版社2001年版，第395页。

③ 〔清〕英启修，刘燡等纂：《中国地方志集成·湖北府县志辑》第15辑《光绪黄州府志（二）》卷二五《人物·艺术》，江苏古籍出版社2001年版，第142页。

德。三世为医，治病救人，皆以医闻名于乡里。”① 程启厚著有《医方秘纂》。②

【戴汝常】

戴汝常，生卒年不详，字纯堂，德安府云梦（今湖北云梦）人。《光绪德安府志》载：“汝常侍父疾五年，竭情尽慎。精医术，治病辄效，制方施药，活人甚众。至恤孤怜，贫捐义地，设义渡诸事，乡人尤称道，知县朱滋泽给额奖之，不受。”③ 《光绪续云梦县志略》有相似记载。④

【方昌瀛】

方昌瀛，生卒年不详，字锦州，汉阳府夏口（今湖北武汉）人。《民国夏口县志》载：“昌瀛少习儒业，中年弃而学医，名著江汉间。昌瀛之学，由其母郭太孺人所授，孺人通文艺，精医术，苦节抚孤，年八十余卒。以年逾三十，不在旌例，乃以其术授子，卒成名。昌瀛之为医也，与病家约，有病重赤贫不能医者，往诊之不取资，并戒舆人，也不取分文。年六十三卒。著有《寄寰生笔记》藏于家。”⑤

---

① 〔清〕戴昌言修，刘恭冕纂：《中国地方志集成·湖北府县志辑》第17辑《光绪黄冈县志（一）》卷一二《方技》，江苏古籍出版社2001年版，第447页。

② 〔清〕戴昌言修，刘恭冕纂：《中国地方志集成·湖北府县志辑》第18辑《光绪黄冈县志（二）》卷二三《著述》，江苏古籍出版社2001年版，第384页。

③ 〔清〕庚音布修，汪元庆纂：《中国地方志集成·湖北府县志辑》第12辑《光绪德安府志》卷一六《人物四·孝友》，江苏古籍出版社2001年版，第522页。

④ 〔清〕吴念椿修，程寿昌、曾广浚纂：《中国地方志集成·湖北府县志辑》第3辑《光绪续云梦县志略》卷七《人物·孝友》，江苏古籍出版社2001年版，第632页。

⑤ 〔民国〕侯祖畲修，吕寅东等纂：《中国地方志集成·湖北府县志辑》第3辑《民国夏口县志》卷一五《人物志·三》，江苏古籍出版社2001年版，第227页。

【冯元会】

冯元会，生卒年不详，字集成，黄州府广济（今湖北武穴）人。志载，元会家贫，嗜学好问，侍母至孝。兼操岐黄业，闻名乡里。某年龙坪镇瘟疫流行，元会不问贫富，凡有病者前来延治，从不计远近，延而辄往，全活者甚众。其岳父染上瘟疫，亲戚皆隐而避开，元会却独入室诊治，服药即愈。①

【傅世贞】

傅世贞，生卒年不详，字君亮，汉阳府汉阳（今湖北武汉）人，据李今庸资料整理，傅世贞继父守谦医术，精于切脉，善治癫狂症，常用清润剂，重加竹沥而愈，并谓此证忌用龙虎丸、胆南星等劫燥之品。②

【傅文霆】

傅文霆，生卒年不详，号云严，荆州府石首（今湖北石首）人。《同治石首县志》载："文霆嗜学工文，未冠列诸生，以岁贡候选训导，乡闱十四科不第，遂绝意弃儒。县东旧有陈公堤溃，废已数百年，屡议修复不果，致数十里虚无人烟，霆目击时艰，慨然身任，呈请县府。晚年究心医术，手辑《蒙求略》二卷、《医方便览》十二卷，张铭谦序，均已梓。其所辑《分类字说》《六壬占验余庆》，手抄俱藏于家。"③

【傅有宜】

傅有宜，生卒年不详，字帝怀，六安直隶州英山（今湖北英山）

---

① 李云编著：《中医人名大辞典》，中国中医药出版社2016年版，第171页。

② 李今庸：《湖北中医学史稿》，湖北科学技术出版社2016年版，第143～144页。

③〔清〕朱荣实修，傅如筠纂：《中国地方志集成·湖北府县志辑》第45辑《同治石首县志》卷六《人物志》，江苏古籍出版社2001年版，第202页。

人。《民国英山县志》载："有宜天资聪捷，读书过目不忘。十五即能文章，尤好古籍。著有《四书详解》和诗文集若干卷，藏于家。其性孝友，精于岐黄之术。"①

【龚灏】

龚灏，生卒年不详，号廉夫，黄州府蕲州（今湖北蕲春）人。据南东求《鄂东历代名医传录》资料整理，龚灏曾任千总衔，秉性平和宽宏。因体弱易病，细研岐黄医术以自调。久之，其医术益精，前来延请求诊者，日盈其门。治而不受谢，遇贫病者，尚施药诊治。人皆敬之。②

【郭本佑】

郭本佑，生卒年不详，字号不详，荆州府石首（今湖北石首）人。《光绪荆州府志（二）》载："本佑少习儒业，屡试不第，后专心医术，博览群书，得其精要，视病知吉凶，投剂无不立验。或不恃药饵，以其意创法而称神妙焉。"③

【郭士珩】

郭士珩，生卒年不详，字楚珍，号昆山，汉阳府汉川（今湖北武汉）人。《同治汉川县志》载："士珩少失怙，事节母陈，以孝闻，好学，工制举艺，不遇，遂弃而为医。病者贫，施药救之，弗取值也。著

---

① 〔民国〕徐锦修，胡鉴莹纂：《中国地方志集成·湖北省府县志辑》第26辑《民国英山县志》卷一一《人物志·文苑》，江苏古籍出版社2001年版，第182页。

② 南东求编著：《鄂东历代名医传录》，学苑出版社2021年版，第242页。

③ 〔清〕倪文蔚等修，顾嘉蘅等纂：《中国地方志集成·湖北府县志辑》第37辑《光绪荆州府志（二）》卷五九《艺术》，江苏古籍出版社2001年版，第223页。

有《医学集案》《脉诀集解》，年六十余卒。”①

【郭唐臣】

郭唐臣，生卒年不详，字戴尧，安陆府潜江（今湖北潜江）人。《光绪潜江县志续》载：“唐臣性隐逸，有黄叔风度。开别墅，曰‘柏邻’，栽花莳竹，日吟咏其中，心地恻怛。工医术。会大疫，施药济人，全活甚众。年九十六而终。著有《伤寒论翼》，待梓。”②

【郭易开】

郭易开，生卒年不详，字号不详，荆州府公安（今湖北公安）人，后侨居鹤峰县蓼红溪。《道光鹤峰州志》载：“易开性优直，喜排难解纷。善岐黄术，不索谢。生子三，一人传其业，补诸生。”③

【何增荣】

何增荣，生卒年不详，字景五，安陆府钟祥（今湖北钟祥）人。何增荣少习医，精脉理，遇证以脉为断，尤善治疫，每夏秋时盛行，求诊者，络绎于途，往往至中道要之。性好施，岁终，于三党贫乏者，给以薪米。据民国二十六年《钟祥县志》卷二十一《先民传四》载，著有《伤寒问答》。

---

① 〔清〕德廉等修，林祥瑗等纂：《中国地方志集成·湖北省府县志辑》第9辑《同治汉川县志》卷一七《列传下·义行》，江苏古籍出版社2001年版，第387页。

② 〔清〕史致谟修，刘恭冕、郭士元纂：《中国地方志集成·湖北府县志辑》第46辑《光绪潜江县志续》卷一八《人物志·方技传》，江苏古籍出版社2001年版，第554页。

③ 〔清〕吉钟颖、洪先焘纂修：《中国地方志集成·湖北府县志辑》第45辑《道光鹤峰州志》卷一二《人物·义行》，江苏古籍出版社2001年版，第424页。

【洪植杨】

洪植杨，生卒年不详，字豫高，黄州府黄冈（今湖北黄冈）人。《光绪黄冈县志（一）》载："植杨自幼勤研《素问》诸书，深谙医理。诊治诸病，常有奇验。曾遇一人，大笑脱颏，口张不可合，遂前往求治。植杨乃置食于案，让患者以颏承之，之后，持斧击案，案动颏合，病顿瘳。洪氏治病，善于精思，大多类此。洪家富足，制药从不计药价昂贵，所遇贫富，一律施治，不取药费。人皆感其厚德，远乡近邻，皆感之德。"①

【胡儒俨】

胡儒俨，生卒年不详，字慎堂，孝感县（今湖北孝感）人。《光绪孝感县志》载："儒俨先世多显仕，至儒俨中落，兄儒健以教读养亲。俨念十指日繁，乃学医为人治疾。予药必良，无账籍，若酬值者受，不予者弗问也。贫人不待再请，辄携善药往，病愈予值多不受，由是名益起。"②

【胡胜璐】

胡胜璐，生卒年不详，字号不详，六安直隶州英山（今湖北英山）人。《民国英山县志》载："胜璐学通经典，兼善岐黄之术。舍药施方，却不取值，活人无数。鄂抚胡林翼驻营于英，病剧，璐治之立愈。县令何额以精心妙理，进士郑烽林赠联云，寿世人期能自寿，医好官实为民

---

① 〔清〕戴昌言修，刘恭冕纂：《中国地方志集成·湖北府县志辑》第17辑《光绪黄冈县志（一）》卷一二《方技》，江苏古籍出版社2001年版，第448页。

② 〔清〕朱希白修，沈用增纂：《中国地方志集成·湖北府县志辑》第7辑《光绪孝感县志》卷一五《笃行》，江苏古籍出版社2001年版，第265页。

医。邑人赠云：起死回生，今之和缓；童颜鹤发，古有乔松。时称‘神医’。”①

【胡泰勋】

胡泰勋，生卒年不详，字号不详，黄州府罗田（今湖北罗田）人。据光绪二年《罗田县志》卷八《杂志·方技》载，胡泰勋业儒，博通经史，其家促应试，骑射入武庠，非本志也。遂潜心医学，究极内外方脉，贫病者，辄苏之，率无所受。著有《药性述要》，教人以谨疾法，士林传诵，又尝督围剿贼，亲历戎行，乡邻保障。②

【胡锡鼎】

胡锡鼎，生卒年不详，字永祚，黄州府广济（今湖北武穴）人。《同治广济县志》载：“鼎家世代儒医，生平乐善好施，以施济为事，凡抱病来求者，不辞劳倦，病愈不责谢。年八十七卒。”③

【黄汫、黄格物、黄至厚】

黄汫，生卒年不详，字文波，沔阳州（今湖北仙桃）人。《光绪沔阳州志》载：“汫读书业医，躬行修洁，不与外事。著有《医集大成》藏于家。年八十三终。州司马王景邕赠有句云：四围绿水三间屋，一部青囊几卷诗，藉此济贫兼济世，懒为良相作良医。子格物，继其业，能

① 〔民国〕徐锦修，胡鉴莹纂：《中国地方志集成·湖北省府县志辑》第26辑《民国英山县志》卷一一《人物志·方技》，江苏古籍出版社2001年版，第218页。

② 郭霭春主编：《中国分省医籍考》（下册），天津科学技术出版社1987年版，第1749页。

③ 〔清〕刘宗元、朱荣实修，刘燡纂：《中国地方志集成·湖北府县志辑》第25辑《同治广济县志》卷八《方技》，江苏古籍出版社2001年版，第383页。

诗，著有《狎鹤轩诗抄》。孙至厚，亦能医。”①

【黄大文】

黄大文，生卒年不详，字蔚堂，汉阳府夏口（今湖北武汉）人。《民国夏口县志》载：“大文素精医学，于疔疮走黄尤有心得，活人无算。著有《名方便览》三卷，待梓。”②

【黄登选】

黄登选，生卒年不详，字号不详，黄州府黄安（今湖北红安）人。《光绪黄安县志》载：“登选屡冠童军不第，遂志于岐黄医道，业精其术。乡里遇有灾疠，倾心救治，活人无数。登选尤精于方药，多济世奇方，治疾辄出人意料。”③

【黄祚宪】

黄祚宪，生卒年不详，字汝南，汉阳府汉阳（今湖北武汉）人。《同治续辑汉阳县志》载：“祚宪少习举子业，有声场屋不售，退而学医。博综岐黄家言，好为人制方，以药饵施人，概不受值，病愈亦不任谢。平生好施予，积有盈余，即散之于人。曰：吾以济其不足也。年八十六而卒。乡人之病而不能延医者，至今犹念之。”④

---

① 〔清〕葛振元修，杨钜纂：《中国地方志集成·湖北府县志辑》第47辑《光绪沔阳州志》卷九《人物·方技》，江苏古籍出版社2001年版，第409~410页。

② 〔民国〕侯祖畲修，吕寅东等纂：《中国地方志集成·湖北府县志辑》第3辑《民国夏口县志》卷一五《人物志·三》，江苏古籍出版社2001年版，第227页。

③ 〔清〕陈瑞澜、陶大夏修，吴言昌、王仪吉纂：《中国地方志集成·湖北府县志辑》第19辑《光绪黄安县志》卷一〇《杂志·方技》，江苏古籍出版社2001年版，第726页。

④ 〔清〕黄式度等修，王柏心纂：《中国地方志集成·湖北府县志辑》第5辑《同治续辑汉阳县志》卷二三《艺术》，江苏古籍出版社2001年版，第33页。

【姜维城】

姜维城，生卒年不详，字号不详，六安直隶州英山（今湖北英山）人。《民国英山县志》载："维城工医术，不取谢金，卒年八十四。"①

【蒋兆瑞】

蒋兆瑞，生卒年不详，字朴存，黄州府黄梅（今湖北黄梅）人。志载，瑞以医术名。尝谓：读书降而学医，亦求有济。若术未精，辄开方谈病，是自欺欺人也。闻者以为至言。②

【金殿熙】

金殿熙，生卒年不详，字鹄臣，六安直隶州英山（今湖北英山）人，邑庠生。《民国英山县志》载："殿熙精岐黄，工吟咏，善丹青，尤通易理，救人无计。高祖禄颐著有《九层天星盘》，兵燹残毁，殿熙由易推演，增补成完璧。"③

【金鸿墀】

金鸿墀，生卒年不详，字彤卿，六安直隶州英山（今湖北英山）人。《民国英山县志》载："鸿墀幼业儒，却积学未遇，后潜心医学，精

---

① 〔民国〕徐锦修，胡鉴莹纂：《中国地方志集成・湖北省府县志辑》第26辑《民国英山县志》卷一一《人物・寿士》，江苏古籍出版社2001年版，第321页。

② 李云编著：《中医人名大辞典》，中国中医药出版社2016年版，第1076页。

③ 〔民国〕徐锦修，胡鉴莹纂：《中国地方志集成・湖北省府县志辑》第26辑《民国英山县志》卷一一《人物志・方技》，江苏古籍出版社2001年版，第219页。

通岐黄之术，救人无数。”①

【金鸿翎】

金鸿翎，生卒年不详，字汝代，六安直隶州英山（今湖北英山）人。《民国英山县志》载：“其母胡氏，早逝。父锦远，年五十病笃。鸿翎常自勉，曾说：‘为人之子，不可不知医。’遂废寝忘食，专心钻研陈修园、张景岳诸书十余年。亲自为父疗疾，卒享大年。曾于京兆内外，寿人无算，刊有《应验灵方》传世。除《应验灵方》外，尚著有《五经会考》《皖泽真诠》。”②

【黎祖怀】

黎祖怀，生卒年不详，字秉廉，黄州府黄梅（今湖北黄梅）人。志载，祖怀天性颖敏，博学多闻。精通医理，深识《内经》之旨，与人言每引以为证，剖辨分明。尤长于伤寒，治奇险症每奏良效，而用药不多，邑中称为妙手。③

【李应五】

李应五，生卒年不详，字鉴堂，汉阳府汉川（今湖北汉川）人。《同治汉川县志》载：“应五幼癯弱多病，少负异姿，有气节，饩于痒，善地学，医尤工，屡起沉疴，决人生死，往往多奇中。医德高尚，每遇病家不甚饶，非病愈不取酬。遇贫者，或以参桂济之，捐其直。年六十

---

① 〔民国〕徐锦修，胡鉴莹纂：《中国地方志集成·湖北省府县志辑》第26辑《民国英山县志》卷一一《人物志·方技》，江苏古籍出版社2001年版，第219页。

② 〔民国〕徐锦修，胡鉴莹纂：《中国地方志集成·湖北省府县志辑》第26辑《民国英山县志》卷一一《人物·孝友》，江苏古籍出版社2001年版，第249页。

③ 李云编著：《中医人名大辞典》，中国中医药出版社2016年版，第1174页；李经纬主编：《中医人物词典》，上海辞书出版社1988年版，第663页。

三岁，甫及贡而卒，著《伤寒禹鼎》。”①

【李永坤】

李永坤，生卒年不详，字号不详，荆州府宜都（今湖北宜都）人。《光绪荆州府志（二）》载：“永坤尝黑夜走数十里为人诊病，虽风雨不避。愈不受馈遗，贫困者必助以药饵，全活甚众。”②

【李子毅】

李子毅，生卒年不详，字庆申，黄州府蕲水（今湖北浠水）人。李子毅出身于中医世家，得其家传，所治多验。其后，积先世经验，融己临证心得，聚于一书，编成《痰疬法门》一卷，系痰疬专著之一，谓轻微易治者，为“痰子”；迟重难愈者，为“瘰疬”。书中尚列有：叙痰疬鉴别法及外治、内治、禁用须知、痰疬医案诸项，可供医者临证对症治疗。③

【连大勋】

连大勋，生卒年不详，字国助，荆州府监利（今湖北监利）人。《同治监利县志》载：“大勋素精医术，为人治病，辄效，全活无算，愈者酬以财物皆却不取。时时按方合药持以予人，亦不索值，终身行之以

---

① 〔清〕德廉等修，林祥瑗等纂：《中国地方志集成·湖北省府县志辑》第 9 辑《同治汉川县志》卷一七《列传下·方技》，江苏古籍出版社 2001 年版，第 400 页。

② 〔清〕倪文蔚等修，顾嘉蘅等纂：《中国地方志集成·湖北府县志辑》第 37 辑《光绪荆州府志（二）》卷五九《艺术》，江苏古籍出版社 2001 年版，第 224 页。

③ 李经纬主编：《中医人物词典》，上海辞书出版社 1988 年版，第 219 页。

为常。著有《幼科医书方手录》。”①

【刘衡】

刘衡，生卒年不详，字号不详，黄州府蕲水（今湖北浠水）人，庠生。《光绪蕲水县志》载：“衡天姿卓迈，尤工于书法，字冠八方。后以医济世。所诊视，寿夭休咎，决断如神。”②

【刘鹏】

刘鹏，生卒年不详，字时斋，德安府应城（今湖北应城）人。《光绪德安府志》载：“鹏为人谨饬，精于岐黄之术。道光二十九年，遇大水，鹏输粟赈灾，全活甚众。时瘟疫流行，死者枕藉，鹏施棺殓葬不下数百。遇穷人，常捐资，不受谢，人皆德之。年七十四而卒。”③《光绪应城县志》亦有载录。④

【刘掞、刘兴湄】

刘兴湄，生卒年不详，字秋浦，沔阳州（今湖北仙桃）人。《光绪沔阳州志》载：“兴湄植行方严，见子柏才磨墨稍斜，即予责。谓小可见大，勿忽也。湄父掞，天才卓荦，姿容英伟，廷试第一，能别生死，

---

① 〔清〕林瑞枝修，王柏心纂：《中国地方志集成·湖北府县志辑》第44辑《同治监利县志》卷一〇《人物·医》，江苏古籍出版社2001年版，第199～200页。

② 〔清〕多祺修，郭光庭等纂：《中国地方志集成·湖北府县志辑》第22辑《光绪蕲水县志》卷一三《方技》，江苏古籍出版社2001年版，第353页。

③ 〔清〕庚音布修，汪元庆纂：《中国地方志集成·湖北府县志辑》第12辑《光绪德安府志》卷一六《人物四·方术》，江苏古籍出版社2001年版，第541页。

④ 〔清〕陈豪、罗湘修，王承禧纂：《中国地方志集成·湖北府县志辑》第11辑《光绪应城县志》卷一〇《人物·笃行》，江苏古籍出版社2001年版，第364页。

神明于医。湄得其术，多奇中。近村戴某，野耕遇雨，血暴下，遂昏愦，诸医束手。湄曰：是日大雷，盖为其所震也。经曰：恐则气下。血即随之，验其脉必乍大乍小。诊之果然。为其疏方，再剂而愈。著有《脉对》《伤寒对》，并集《过庭时问答语》凡十余篇。”①

【刘灼】

刘灼，生卒年不详，字品坡，武昌府兴国州（今湖北阳新）人。志载，灼性谨饬，好义举，捐修桥路、凉亭、义渡，不下千金。据《兴国州志》卷二十二《人物志·义行》载，刘灼著有《赤壁游草》《医方辑要》各二卷。②

【刘帮绩】

刘帮绩，生卒年不详，字怀橘，沔阳州（今湖北仙桃）人，庠生。《光绪沔阳州志》载：“帮绩少通医术，游吴越诸名郡，博求异人异书，以精其术。叩者一药即愈。生平端方检饬，不苟言笑。”③

【刘德燠】

刘德燠，生卒年不详，字号不详，沔阳州（今湖北仙桃）人。《光绪沔阳州志》载：“德燠精医，性方正。近村某女为鬼物所祟，醮禳莫制，德燠祝以文，怪遂绝。著有《急救奇觚续》《医学待遗七种》十二卷。”④

---

① 〔清〕葛振元修，杨钜纂：《中国地方志集成·湖北府县志辑》第47辑《光绪沔阳州志》卷九《人物·方技》，江苏古籍出版社2001年版，第409页。

② 郭霭春主编：《中国分省医籍考》（下册），天津科学技术出版社1987年版，第1774页。

③ 〔清〕葛振元修，杨钜纂：《中国地方志集成·湖北府县志辑》第47辑《光绪沔阳州志》卷九《人物·方技》，江苏古籍出版社2001年版，第408页。

④ 〔清〕葛振元修，杨钜纂：《中国地方志集成·湖北府县志辑》第47辑《光绪沔阳州志》卷九《人物·方技》，江苏古籍出版社2001年版，第413页。

【刘观旗】

刘观旗，生卒年不详，字号不详，黄州府蕲水（今湖北浠水）人，庠生。《光绪蕲水县志》载：“弱冠课读，后继父业，以医济世。所治无不应验，人称‘小华佗’。”①

【刘厚山】

刘厚山，生卒年不详，字号不详，沔阳州（今湖北仙桃）人。《光绪沔阳州志》载：“性颖悟，知医，能以脉决生死。治吐血症，尤多神效。时人呼为‘活仙’。兼通循甲，缜密不轻言。著有《痰火心法》。”②

【刘作栋】

刘作栋，生卒年不详，字号不详，黄州府罗田（今湖北罗田）人。刘作栋专心好学，却未及第。至晚年，精于岐黄医术，著有《青藜外科》二卷行世，光绪二年《罗田县志》卷八《杂志·方技》有载。③

【卢嗣逊】

卢嗣逊，生卒年不详，字方舟，六安直隶州当阳（今湖北当阳）人。《同治当阳县志》载：“嗣逊少孤，锐志于学，颇有文名。家居授徒，所成就数十人。族隶军籍，逊为置义田以济漕运。又湞溪之义塚地，方山之起风桥，皆其倡置也。晚年精于医，所济甚众，举乡饮正宾。著

---

① 〔清〕多祺修，郭光庭等纂：《中国地方志集成·湖北府县志辑》第22辑《光绪蕲水县志》卷一三《方技》，江苏古籍出版社2001年版，第353页。

② 〔清〕葛振元修，杨钜纂：《中国地方志集成·湖北府县志辑》第47辑《光绪沔阳州志》卷九《人物·方技》，江苏古籍出版社2001年版，第413页。

③ 郭霭春主编：《中国分省医籍考（下册）》，天津科学技术出版社1987年版，第1781页。

有《方舟文集》《医方解补》，藏于家。”①

【马负图】

马负图，生卒年不详，字金兰，德安府随州（今湖北随州）人。《光绪德安府志》载：“负图事母至孝，母多病，负图以家贫不能延医，因即所会易理，参透医理，著《易理精义》《医学心悟》，待梓。”②

【马良慥】

马良慥，生卒年不详，字德修，六安直隶州英山（今湖北英山）人。《民国英山县志》载：“良慥精岐黄之术，家固丰，遵母命，救人之急，勿辞劳苦，不取钱财。造诊者舆马填门，几乎应接不暇，行医五十年，活人无算。著有《回春录》《补天石医书》，待梓。”③

【马文灿】

马文灿，生卒年不详，字庶村，襄阳县（今湖北襄阳）人。马文灿自幼颖悟，喜文学，兼通医道。以进士及第，晚年辞官，迁居四川阆中，与当地文士同修《阆中县志》，暇时讲论诗文，潜心佛理，凡遇患者，尽力治之。一生清廉，殁后囊无余资，阆中人助葬于当地。相关事迹载于《阆中县志》。④

---

① 〔清〕阮恩光修，王柏心等纂：《中国地方志集成·湖北省府县志辑》第52辑《同治当阳县志》卷一三《人物·文苑》，江苏古籍出版社2001年版，第297页。

② 〔清〕庚音布修，汪元庆纂：《中国地方志集成·湖北府县志辑》第12辑《光绪德安府志》卷一六《人物四·方术》，江苏古籍出版社2001年版，第542页。

③ 〔民国〕徐锦修，胡鉴莹纂：《中国地方志集成·湖北省府县志辑》第26辑《民国英山县志》卷一一《人物志·方技》，江苏古籍出版社2001年版，第219页。

④ 李云编著：《中医人名大辞典》，中国中医药出版社2016年版，第20页。

【欧阳瑚】

欧阳瑚，生卒年不详，字成斋，沔阳州（今湖北仙桃）人。《光绪沔阳州志》载："阳瑚专精痘科，居乡有老成之目。子世其业。"①

【欧阳洛】

欧阳洛，生卒年不详，字号不详，安陆府潜江（今湖北潜江）人。《光绪潜江县志续》载："欧氏性慧敏，嗜古好读，存心济世，尤精岐黄，活人甚众。著有《养生录》二卷。"②

【彭楚英、彭贤臣】

彭楚英，生卒年不详，字荆峰，黄州府麻城（今湖北麻城）人。《民国麻城县志前编》载："楚英少有志业儒，然终未第，遂弃儒学医，研究岐黄医术，精于切脉，能决人生死。著有《会心篇》，八十岁而卒。有子贤臣，庠生，克承父志，亦有医名。"③

【彭蠡清】

彭蠡清，生卒年不详，字水如，六安直隶州英山（今湖北英山）人。《民国英山县志》载："蠡清性仁孝，兼精岐黄之术。有求医者，即

---

① 〔清〕葛振元修，杨钜纂：《中国地方志集成·湖北府县志辑》第47辑《光绪沔阳州志》卷九《人物·方技》，江苏古籍出版社2001年版，第413页。

② 〔清〕史致谟修，刘恭冕、郭士元纂：《中国地方志集成·湖北府县志辑》第46辑《光绪潜江县志续》卷一八《人物志·义行传》，江苏古籍出版社2001年版，第547页。

③ 〔清〕郑重修，余晋芳纂：《中国地方志集成·湖北府县志辑》第20辑《民国麻城县志前编》卷一〇《耆旧·方技》，江苏古籍出版社2001年版，第245页。

使夜晚，亦必前往，远近乡人皆感之恩德。”①

【彭维燕、李荪】

彭维燕，生卒年不详，字式宾，号心斋，德安府云梦（今湖北云梦）人。《光绪德安府志》载：“维燕性颖悟，读书过目不忘。弱冠入泮，家传医学至维燕尤精，著《闻见约编》廿卷、《脉诀》一卷，文皆简括有法。城有张氏子，辰出午归，抵家扑地而死。维燕诊之曰：‘此儿非病，饿闭气耳。’灌以药，逾时而苏。其他起死回生者类此。岁七十三而卒。徒李荪传其术。李荪，生卒年不详，字南洲，附贡生，医德高尚，即使病者极贫贱，亦尽心珍视，药多不取值，晚年贫困不能自赡，而以药活人不稍靳。”②《道光云梦县志略》有相似载录。③

【彭文楷】

彭文楷，生卒年不详，字端轩，号旭阳山人，黄州府麻城（今湖北麻城）人。《光绪黄州府志（二）》载：“文楷深明医学，所治多奇多中。农某患腹痛，诸医投剂加剧，皆束手。楷诊之曰：‘脉大小无定，唇朱面白，此蛭入腹也。’遂取田泥水，嘱患者饮之，果下蛭千百而愈。无所卜叹其神。生平治病多以意创，有方书未载者。”④ 据《民国麻城县志

① 〔民国〕徐锦修，胡鉴莹纂：《中国地方志集成·湖北省府县志辑》第 26 辑《民国英山县志》卷一一《人物志·方技》，江苏古籍出版社 2001 年版，第 219 页。

② 〔清〕庚音布修，汪元庆纂：《中国地方志集成·湖北府县志辑》第 12 辑《光绪德安府志》卷一六《人物四·方术》，江苏古籍出版社 2001 年版，第 541 页。

③ 〔清〕吕锡麟修，程怀璟纂：《中国地方志集成·湖北府县志辑》第 3 辑《道光云梦县志略》卷一〇《人物志下·技业》，江苏古籍出版社 2001 年版，第 507 页。

④ 〔清〕英启修，刘熚等纂：《中国地方志集成·湖北府县志辑》第 15 辑《光绪黄州府志（二）》卷二五《人物·艺术》，江苏古籍出版社 2001 年版，第 141 页。

前编》载，彭文楷著有《伤寒述要》一卷，待梓。[①]

【秦笃训】

秦笃训，生卒年不详，字壁轩，汉阳府汉川（今湖北汉川）人。《同治汉川县志》载："少颖异，读书目数行下，弱冠入郡庠，从陈愚谷游，甚器重之，研究医经，以明经就广文授徒，多所成就，弟笃新官河南，称循吏，友教之力最多，年七十有五而卒。著有《重论山房诗文集》《射正求的医案》四卷。"[②]

【饶崇仁】

饶崇仁，生卒年不详，字尊元，黄州府蕲水（今湖北浠水）人。《光绪蕲水县志》载："崇仁少业儒，然屡试不第，遂业岐黄，尤精于妇科。家虽贫，不取重利。穷苦无告者，辄给药资。晚年双目失明，辨别药材以舌代目无讹焉。"[③]

【邵同珍】

邵同珍，生卒年不详，字葆诚，号四九居士，汉阳府江夏（今湖北武汉）人。家本儒，素世习岐黄。读书之暇，兼肄《灵枢》《素问》《金匮要略》《千金方》诸书，于医学源流稍窥门经。晚年弃官归隐，以医济世，每半日送诊而不以为疲。著有《医易一理》一卷。

该书是一本基础理论类中医著作，将人体生命的生理功能变化与

---

① 〔清〕郑重修，余晋芳纂：《中国地方志集成·湖北府县志辑》第20辑《民国麻城县志前编》卷一〇《耆旧·方技》，江苏古籍出版社2001年版，第245页。

② 〔清〕德廉等修，林祥瑗等纂：《中国地方志集成·湖北省府县志辑》第9辑《同治汉川县志》卷一六《列传上·孝友》，江苏古籍出版社2001年版，第365页。

③ 〔清〕多祺修，郭光庭等纂：《中国地方志集成·湖北府县志辑》第22辑《光绪蕲水县志》卷一三《方技》，江苏古籍出版社2001年版，第352页。

《周易》联系起来，并从整个人体到各个脏腑进行了详细的论述。这是该书的一大创新之处，也体现了中西会通的思想变革。①

【石斗辉】

石斗辉，生卒年不详，字星垣，黄州府黄安（今湖北红安）人。《光绪黄安县志》载："斗辉少习儒，然未及第，遂弃儒从医，精通《内经》。凡求诊视，虽道远，徒步不辞，多所全活，亦不索谢。年七十，志行不衰，遐迩德之。著有《医镜》，待梓。"②

【石元吉】

石元吉，生卒年不详，字文藻，一字蓉城，黄州府黄梅（今湖北黄梅）人。《光绪黄州府志（一）》载："元吉少孤力学，事母至孝，幼承庭训，为文雄奇跌宕，与黎孟铃为莫逆之交，兼韩苏之长，以其余力，旁涉《灵枢》《素问》诸典，医术精湛，救人无算，时称绝技。平生著述甚富，著有《易经遵圣》《春秋阐义》《周礼尔雅旁训》《焚余忆草》《医方通释》等书，均称善本。"③

【唐裔潢】

唐裔潢，生卒年不详，字泽元，汉阳府汉阳（今湖北武汉）人。《同治续辑汉阳县志》载："裔潢工诗文，与王翰相齐名，两人亦深相印契，学者称王唐二先生，汉上少年，为文知派别，有师承者，皆知为两

---

① 赵希睿、熊益亮：《邵同珍医易思想探赜》，《中华中医药杂志》2020 年 11 期。

② 〔清〕陈瑞澜、陶大夏修，吴言昌、王仪吉纂：《中国地方志集成 · 湖北府县志辑》第 19 辑《光绪黄安县志》卷八《人物 · 善行》，江苏古籍出版社 2001 年版，第 351 页。

③ 〔清〕英启修，刘燡等纂：《中国地方志集成 · 湖北府县志辑》第 14 辑《光绪黄州府志（一）》卷二一《人物 · 宦绩》，江苏古籍出版社 2001 年版，第 693 页。

人之及门也。年六十而卒，刊文稿数百篇行世。著有《保幼新书》《痘疹慈航》。”①

【陶宜炳】

陶宜炳，生卒年不详，字星浦，黄州府黄冈（今湖北黄冈）人。《光绪黄冈县志（一）》载：“宜炳性豪迈，失怙恃后，不乐进取，熟于史鉴，兼以临池为乐，小楷摹晋人，爱学怀素草书，结字多有风趣。”②亦精于医，著《伤寒集锦》，颇得伤寒旨意。③

【童瑾】

童瑾，生卒年不详，字建三，黄州府黄冈（今湖北黄冈）人。《光绪黄冈县志（一）》载：“初，学米元章书法，后遇异人，授以医方脉诀，遂习医十年，乃敢视病。曾有人于三伏期间，患上寒疾，穿三缊袍，竟不出汗。瑾诊其脉，曰：且褫（编者按：褫，解衣也）其一。少顷，又脱其一；须臾，尽脱其缊袍。问：‘冷否?’病者说：‘不冷。’遂一药而愈，人皆以为奇。童瑾诊病，亦从不计值。常言：‘医道，乃仁道也。今为医，当以仁道为先。’人皆感之。”④

【汪代棠】

汪代棠，生卒年不详，字号不详，黄州府黄冈（今湖北黄冈）人。

---

① 〔清〕黄式度等修，王柏心纂：《中国地方志集成·湖北府县志辑》第5辑《同治续辑汉阳县志》卷二一《文苑》，江苏古籍出版社2001年版，第8页。

② 〔清〕戴昌言修，刘恭冕纂：《中国地方志集成·湖北府县志辑》第17辑《光绪黄冈县志（一）》卷二〇《方技》，江苏古籍出版社2001年版，第448页。

③ 〔清〕戴昌言修，刘恭冕纂：《中国地方志集成·湖北府县志辑》第18辑《光绪黄冈县志（二）》卷二三《著述》，江苏古籍出版社2001年版，第384页。

④ 〔清〕戴昌言修，刘恭冕纂：《中国地方志集成·湖北府县志辑》第17辑《光绪黄冈县志（一）》卷一二《方技》，江苏古籍出版社2001年版，第447页。

据《光绪黄冈县志（二）》载：汪代棠著有《四书会纂图考》。[①]《道光黄冈县志》卷十五《艺文志·撰著篇阳》载，汪代棠尚著有《医学提要》。

【王协】

王协，生卒年不详，字恭南，号约庵居士，黄州府蕲州（今湖北蕲春）人。王协专门研究眼科，后以眼科传之，有《眼科全书》三卷传世。据《中医人物词典》载，该书首述五轮八廓及眼科治法，继列眼科症状160余种，末附方剂200余首，兼述点洗、升炼诸药法。该书条分缕析，备极精详。其门下士，有目疾者，按症处方，每获良效。[②]

【王瑀】

王瑀，生卒年不详，字玉田，德安府应山（今湖北广水）人。《光绪德安府志》载："瑀五上公车不第，司铎咸宁。性颖异，医理精通，治常证，药到病除。人如常而脉变者，一诊即决死期，人服其神。著有《指明脉要》《医学捷诀》等书。"[③]

【王纯湘】

王纯湘，生卒年不详，字号不详，荆州府石首（今湖北石首）人。《光绪荆州府志（二）》载："精岐黄业，愈人病不受报。遇时疫流行，

---

① 〔清〕戴昌言修，刘恭冕纂：《中国地方志集成·湖北府县志辑》第18辑《光绪黄冈县志（二）》卷二三《著述》，江苏古籍出版社2001年版，第367页。

② 李经纬主编：《中医人物词典》，上海辞书出版社1988年版，第23页。

③ 〔清〕庚音布修，汪元庆纂：《中国地方志集成·湖北府县志辑》第12辑《光绪德安府志》卷一六《人物四·方术》，江苏古籍出版社2001年版，第541～542页。

日行数十家视疾，人多感念之。”①

【王德冲】

王德冲，生卒年不详，字号不详，沔阳州（今湖北仙桃）人。《光绪沔阳州志》载：“德冲精岐黄，决人生死，世以神医目之。遇贫寒家不索谢，并给药饵。”②

【王国泰】

王国泰，生卒年不详，字号不详，荆州府宜都（今湖北宜都）人。《光绪荆州府志（二）》载：“以医术济人，痘科尤得不传之秘。著有《痘科图书》一卷。”③

【王吉士】

王吉士，生卒年不详，字蔼如，德安府安陆（今湖北安陆）人。《光绪德安府志》载：“吉士精于岐黄，常以针灸救危急，尤得古人遗法，有起死回生之术，治病其效立见。”④

【王汝爵、王成寅、王震东】

王汝爵，生卒年不详，字达尊，汉阳府汉阳（今湖北武汉）人，据

---

① 〔清〕倪文蔚等修，顾嘉蘅等纂：《中国地方志集成·湖北府县志辑》第37辑《光绪荆州府志（二）》卷五九《艺术》，江苏古籍出版社2001年版，第222页。

② 〔清〕葛振元修，杨钜纂：《中国地方志集成·湖北府县志辑》第47辑《光绪沔阳州志》卷九《人物·方技》，江苏古籍出版社2001年版，第409页。

③ 〔清〕倪文蔚等修，顾嘉蘅等纂：《中国地方志集成·湖北府县志辑》第37辑《光绪荆州府志（二）》卷七四《书目》，江苏古籍出版社2001年版，第461页。

④ 〔清〕庚音布修，汪元庆纂：《中国地方志集成·湖北府县志辑》第12辑《光绪德安府志》卷一六《人物四·方术》，江苏古籍出版社2001年版，第542页。

李今庸资料整理，王汝爵世代业医，承父云卿医术。复习种痘，以善治痘麻闻名。子成寅，孙震东，皆继其术。王成寅著有《医余录》。①

【王三锡】

王三锡，生卒年不详，号柳堂，安陆府潜江（今湖北潜江）人。《光绪潜江县志续》载："三锡研求经述，兼善岐黄业，遍览各家传书，会通大旨，折中一归至是，一望决人生死。尝访友，闻隐隐哭声，询之，则孩提病危，苦无可救。延入诊曰：是无难治。给以方，一药而愈。晚年有神医之目。家中盖茅屋十余间，以处病者。所诊多奇效。五世同堂，年九十三卒。著有《脉诀指南》《医学一隅》《伤寒夹注》《幼科发蒙》《妇科摘要》《辨证摘要》，待梓。梓行者为《辨证奇闻》四卷。"②

【王绍方】

王绍方，生卒年不详，字号不详，沔阳州（今湖北仙桃）人。《光绪沔阳州志》载："绍方精医理，善治鼓胀症，相传九世，所活甚多，屡却酬金不受。著有《简易良方》，待梓，传子朝选。"③

【王俟绂、王兰】

王俟绂，生卒年不详，号燮堂，黄州府黄安（今湖北红安）人。《光绪黄安县志》载："俟绂精于医术，活人无数，著有《灵枢得要》行世。子兰，号者香，能文，然试不第，遂继父志，善医术，兼工书法，

---

① 李今庸：《湖北中医学史稿》，湖北科学技术出版社2016年版，第143页。

② 〔清〕史致谟修，刘恭冕、郭士元纂：《中国地方志集成·湖北府县志辑》第46辑《光绪潜江县志续》卷一八《人物志·方技传》，江苏古籍出版社2001年版，第554页。

③ 〔清〕葛振元修，杨钜纂：《中国地方志集成·湖北府县志辑》第47辑《光绪沔阳州志》卷九《人物·方技》，江苏古籍出版社2001年版，第409页。

耽于吟咏，著有《蕉轩集》《沔游草》。”①

【王应恺】

王应恺，生卒年不详，字玉京，荆州府石首（今湖北石首）人。《光绪荆州府志（二）》载：“应恺精于医术，不索馈谢，求诊者接踵而至，皆以神仙视之。生平慷慨好义，尝助邑人疏通淤河三十余里，使积水畅行。年八十余而卒。”②

【王应运】

王应运，生卒年不详，字号不详，德安府云梦（今湖北云梦）人。《光绪德安府志》载：“应运以医为业，善养生，寿百岁而终。平生寒不围炉，食不过度，忿不大怒，庆不大熹，间饮薄酿数杯，著屐走街。”③《道光云梦县志略》载：“应运本儒术，精通脉理，医疾应手奏效，存心济贫，药随取，不索值，知县某给顶戴旌表其门，以子王正贵封文林郎。”④

【吴承膏】

吴承膏，生卒年不详，字雨亭，汉阳府汉阳（今湖北武汉）人。

---

① 〔清〕陈瑞澜、陶大夏修，吴言昌、王仪吉纂：《中国地方志集成·湖北府县志辑》第19辑《光绪黄安县志》卷一〇《杂志·方技》，江苏古籍出版社2001年版，第718页。

② 〔清〕倪文蔚等修，顾嘉蘅等纂：《中国地方志集成·湖北府县志辑》第37辑《光绪荆州府志（二）》卷五九《艺术》，江苏古籍出版社2001年版，第222页。

③ 〔清〕庚音布修，汪元庆纂：《中国地方志集成·湖北府县志辑》第12辑《光绪德安府志》卷一六《人物四·方术》，江苏古籍出版社2001年版，第541页。

④ 〔清〕吕锡麟修，程怀璟纂：《中国地方志集成·湖北府县志辑》第3辑《道光云梦县志略》卷一〇《人物志下·技业》，江苏古籍出版社2001年版，第507页。

《同治续辑汉阳县志》载："承膏幼习举业，工诗，屡试不第，援例入成均，从太医院朱捷士游，尽得其传，活人无算。著有《吴氏医案》一书行世，另有《桑榆诗集》待梓。"①

【吴家璨】

吴家璨，生卒年不详，号慎士，汉阳府汉阳（今湖北武汉）人。《同治续辑汉阳县志》载："家璨少聪颖，喜读书，敦孝友，出应童试，屡拔前茅，而未有功名，遂弃儒为医，求治者盈门，车无停轨。遇贫苦无力者，辄解囊济之，为世推重。后游于京师，名噪一时。曾考授太医院医士。年七十六而卒。"②

【吴士振】

吴士振，生卒年不详，字号不详，明代著名医家吴廷辅之孙，荆州府监利（今湖北监利）人。《同治监利县志》载："士振精于医术，尤精幼科，每遇沉疴，投方必效，却从不计谢。著有《医理医意》数千言，悉中窾要。"③

【萧铨】

萧铨，生卒年不详，字公衡，号樗叟，黄州府蕲州（今湖北蕲春）人。《光绪蕲州志》载："铨少贫，嗜读书，学识渊博，以明经授生徒。

---

① 〔清〕黄式度等修，王柏心纂：《中国地方志集成·湖北府县志辑》第 5 辑《同治续辑汉阳县志》卷二三《艺术》，江苏古籍出版社 2001 年版，第 34 页。

② 〔清〕黄式度等修，王柏心纂：《中国地方志集成·湖北府县志辑》第 5 辑《同治续辑汉阳县志》卷二三《艺术》，江苏古籍出版社 2001 年版，第 33 ~ 34 页。

③ 〔清〕林瑞枝修，王柏心纂：《中国地方志集成·湖北府县志辑》第 44 辑《同治监利县志》卷一〇《人物·医》，江苏古籍出版社 2001 年版，第 200 页。

著有《古学汇编》四卷，兼精岐黄术，著《易简方书》十卷，年八十二卒。”①

【萧麟长、萧凤翥、萧向荣】

萧麟长，生卒年不详，字华亭，黄州府黄冈（今湖北黄冈）人。《光绪黄冈县志（一）》载：“麟长业儒不通，遂弃而学医，博综岐黄家言。疾者盈门，投以药，无不效。子凤翥，孙向荣，皆继其业，亦有医名。麟长著有《内经知要》。”②

萧凤翥，萧麟长之子。《光绪黄冈县志（二）》载：“凤翥幼承庭训，著有《伤寒纲领》。”③《湖北通志》亦有记载。

萧向荣，萧凤翥之孙，萧麟长曾孙。《光绪黄冈县志（二）》载：“向荣世其家业，弘德传术，乡邻敬之。著有《先正格言参订》。”④

【谢宏绪】

谢宏绪，生卒年不详，字号不详，黄州府黄冈（今湖北黄冈）人，精于医术。据《湖北通志》卷八十二《艺文志·子部·医家类存目》载，谢宏绪著有《医镜》。

---

① 〔清〕封蔚礽修，陈廷扬纂：《中国地方志集成·湖北府县志辑》第23辑《光绪蕲州志》卷一三《人物·笃学》，江苏古籍出版社2001年版，第272页。

② 〔清〕戴昌言修，刘恭冕纂：《中国地方志集成·湖北府县志辑》第17辑《光绪黄冈县志（一）》卷二〇《方技》，江苏古籍出版社2001年版，第448页。

③ 〔清〕戴昌言修，刘恭冕纂：《中国地方志集成·湖北府县志辑》第18辑《光绪黄冈县志（二）》卷二三《艺文志·著述》，江苏古籍出版社2001年版，第384页。

④ 〔清〕戴昌言修，刘恭冕纂：《中国地方志集成·湖北府县志辑》第18辑《光绪黄冈县志（二）》卷二三《艺文志·著述》，江苏古籍出版社2001年版，第384页。

【谢仁淑】

谢仁淑，生卒年不详，字玉亭，黄州府黄冈（今湖北黄冈）人。《光绪黄冈县志（一）》载："初攻举子业，试之不利，遂改业医。初，攻读群医著述，悟得临证若要得心应手，须深明用药之理，遂专心研读《本草纲目》，日积月累，句栉字梳，虽为巨著，亦能精熟于心。其后医术渐精，能生死肉骨，数百里之外，有竞相延请者。其诊治效验，用药奇妙，此皆昔日熟读《本草纲目》之得也。仁淑著有《医案纪略》一书。"①

【熊浚】

熊浚，生卒年不详，字如章，黄州府广济（今湖北武穴）人。《同治广济县志》载："浚善医术，求者甚众，不责其报，人多德之。"②

【熊廷燕】

熊廷燕，生卒年不详，字翼堂，汉阳府江夏（今湖北武汉）人。《同治江夏县志》载："廷燕少习举业，屡试不遇，遂从事岐黄术。为人疗治，不辞劳，不受谢，里人赠其额曰'桑梓长春'。著有《全生篇》行世。"③

【胥秉哲】

胥秉哲，生卒年不详，字匡生，黄州府黄冈（今湖北黄冈）人。志

---

① 〔清〕戴昌言修，刘恭冕纂：《中国地方志集成·湖北府县志辑》第17辑《光绪黄冈县志（一）》卷二〇《方技》，江苏古籍出版社2001年版，第447页。

② 〔清〕刘宗元、朱荣实修，刘燡纂：《中国地方志集成·湖北府县志辑》第25辑《同治广济县志》卷八《方技》，江苏古籍出版社2001年版，第383页。

③ 〔清〕王庭祯修，彭崧毓纂：《中国地方志集成·湖北府县志辑》第32辑《同治江夏县志》卷八《杂志》，江苏古籍出版社2001年版，第335页。

载，胥秉哲自幼秉性颖异，勤而善学，终博通书史。其祖辈世代业医，至秉哲尤精于医道。胥秉哲为广见识，精其医术，曾游吴会[①]、燕[②]、豫[③]间，旅途中每遇沉疴患者，投剂即愈。《乾隆黄冈县志》载，胥秉哲著有《诊法精微》等书。[④]

【徐敏】

徐敏，生卒年不详，自我非，汉阳府黄陂（今湖北武汉）人。《同治黄陂县志》载："敏治学精于医，于《素问》《灵枢》等书无不熟贯，邑中皆以治痘称神，著有《存济篇》。"[⑤]

【徐晋、徐桂之】

徐晋，生卒年不详，字接三，汉阳府黄陂（今湖北武汉）人。《同治黄陂县志》载："晋事继母以孝闻，为人忠厚有长者风。后业医四十余年，活人最多，知县敬赠联秘书。自喜探《金匮》妙技，人称'橘泉'，其子桂之，传其业，亦以医名。"[⑥]

【徐儒槼】

徐儒槼，生卒年不详，字季方，黄州府蕲水（今湖北浠水）人。《光绪黄州府志（二）》载："儒槼由供事授典史，颖悟能文，尤潜心医

① 今浙江、江苏一带。
② 今河北一带。
③ 今河南一带。
④ 〔清〕蔡韶清修，胡绍鼎纂：《中国地方志集成·湖北省府县志辑》第16辑《乾隆黄冈县志》卷一一《人物·方技》，江苏古籍出版社2001年版，第283～284页。
⑤ 〔清〕刘昌绪修，徐瀛纂：《中国地方志集成·湖北府县志辑》第8辑《同治黄陂县志》卷九《文苑》，江苏古籍出版社2001年版，第264页。
⑥ 〔清〕刘昌绪修，徐瀛纂：《中国地方志集成·湖北府县志辑》第8辑《同治黄陂县志》卷九《文苑》，江苏古籍出版社2001年版，第264页。

学。居京邸，公卿倒屣，迎所诊治皆愈。著有《伤寒正宗》四卷。”①

【徐世昶】

徐世昶，生卒年不详，字春亭，德安府安陆（今湖北安陆）人。《光绪德安府志》载：“世昶素精岐黄，尝施药愈官勇剧病，后勇入贼党，昶遇于山中，走避其人，感活命恩，戒徒众勿扰其宅，乡里因得保全，民皆德之。”②

【徐锈优】

徐锈优，生卒年不详，字号不详，黄州府罗田（今湖北罗田）人。《光绪罗田县志》载：“锈优通医。曾捐资助修圣宫，贯穿经传，驰骋古今。著有《纲鉴策要》《周易五行断》，并纂辑《万氏医科》，时皆推为博学。”③

【严正笏】

严正笏，生卒年不详，字哲人，荆州府石首（今湖北石首）人。《同治石首县志》载：“正笏秉性朴直，为时推重。著有《地理全书》《古今医案》。”④ 同治五年《石首县志》卷七上《艺文志·书目》亦有载录。

---

① 〔清〕英启修，刘燡等纂：《中国地方志集成·湖北府县志辑》第15辑《光绪黄州府志（二）》卷二五《人物·艺术》，江苏古籍出版社2001年版，第141页。

② 〔清〕庚音布修，汪元庆纂：《中国地方志集成·湖北府县志辑》第12辑《光绪德安府志》卷一六《人物四·方术》，江苏古籍出版社2001年版，第542页。

③ 〔清〕管贻葵修，清陈锦纂：《中国地方志集成·湖北府县志辑》第21辑《光绪罗田县志》卷六《人物志·儒林》，江苏古籍出版社2001年版，第406页。

④ 〔清〕朱荣实修，傅如筠纂：《中国地方志集成·湖北府县志辑》第45辑《同治石首县志》卷六《人物志》，江苏古籍出版社2001年版，第193、283页。

【阎增瑞】

阎增瑞，生卒年不详，字号不详，黄州府罗田（今湖北罗田）人。志载，幼喜诗书，废寝忘食，沉酣典籍，及长，精岐黄医术。凡贫苦就医者，概不取值。前邑侯赵振清，特为之作传，示以赞扬。五世同堂，里巷称颂。著有《医说》。①

【杨世元】

杨世元，生卒年不详，字号不详，德安府应山（今湖北广水）人，庠生。《光绪德安府志》载："世元幼习举业，然屡试不第，遂转习岐黄，借以济世。多治奇难大证，活人无算，乡里德之。"②

【杨体泗】

杨体泗，生卒年不详，字号不详，沔阳州（今湖北仙桃）人。《光绪沔阳州志》载："体泗精医，于伤寒尤得其奥，著有《伤寒摘要》。"③

【易滢、易槐】

易滢，生卒年不详，字蓝田，德安府应山（今湖北广水）人。《光绪德安府志》载："滢素业儒，生平以医知名。常云：良医之治病，必以志一之，以气辅之，以理持之，以神守之，寂而通之，息而游之，此岂近世之轻扬浅率者所知哉？识者韪之。晚以诗酒陶情。子槐能世

---

① 南东求编著：《鄂东历代名医传录》，学苑出版社 2021 年版，第 233 页。

② 〔清〕庚音布修，汪元庆纂：《中国地方志集成·湖北府县志辑》第 12 辑《光绪德安府志》卷一六《人物四·方术》，江苏古籍出版社 2001 年版，第 542 页。

③ 〔清〕葛振元修，杨钜纂：《中国地方志集成·湖北府县志辑》第 47 辑《光绪沔阳州志》卷九《人物·方技》，江苏古籍出版社 2001 年版，第 412 页。

其业。”①

【余易元】

余易元，生卒年不详，字号不详，黄州府麻城（今湖北麻城）人。《民国麻城县志前编》载：“易元少为儒，试而不第，遂弃而业医。精于《素问》《灵枢》诸经医理，亦尽览历代方书。然一以医圣张仲景《金匮要略》为宗。治效奇验，药简而剂重，临证水平高深莫测。”②

【袁开先】

袁开先，生卒年不详，字号不详，黄州府黄安（今湖北红安）人。《光绪黄安县志》载：“开先有志岐黄医道，术精数人，以不计利。擅长诊脉，无论脉之长短浮沉，断之立验。远近前来延请求治者，无虚日，愈者不可胜数。”③

【袁绍炎】

袁绍炎，生卒年不详，字号不详，德安府云梦（今湖北云梦）人。《道光云梦县志略》载：“炎少习制艺，后以岐黄为业，济世不择人而治。聂巡抚按临云邑，陡疾危急，人莫敢治，绍炎进一丸而愈。授冠带，赐‘一匕春回’四字额。”④

---

① 〔清〕庚音布修，汪元庆纂：《中国地方志集成·湖北府县志辑》第12辑《光绪德安府志》卷一六《人物四·方术》，江苏古籍出版社2001年版，第541页。

② 〔清〕郑重修，余晋芳纂：《中国地方志集成·湖北府县志辑》第20辑《民国麻城县志前编》卷一〇《耆旧·方技》，江苏古籍出版社2001年版，第245页。

③ 〔清〕陈瑞澜、陶大夏修，吴言昌、王仪吉纂：《中国地方志集成·湖北府县志辑》第19辑《光绪黄安县志》卷一〇《杂志·方技》，江苏古籍出版社2001年版，第726页。

④ 〔清〕吕锡麟修，程怀璟纂：《中国地方志集成·湖北府县志辑》第3辑《道光云梦县志略》卷一〇《人物志下·技业》，江苏古籍出版社2001年版，第507页。

【曾葵局】

曾葵局，生卒年不详，字号不详，荆州府监利（今湖北监利）人。《同治监利县志》载："葵局精医术。一日拥怀著方书，焚其衣至半幅不觉也。治病极多立验，所著有《痰火点雪》。书行世后，人窃冒以他名，又有《温暑新谭》及《伤寒诸证》。"①

【曾昭选】

曾昭选，生卒年不详，字号不详，荆州府监利（今湖北监利）人。《同治监利县志》载："昭选深明医理，于张仲景、李东垣、张景岳、喻昌诸家之书无不贯通，而撮其旨要则在辨明六经。每遇奇险之证，他人所警愕不能措手者，彼直谈笑出之，应手见效，有探乎其原者矣。"②

【张培】

张培，生卒年不详，字天眷，号写斋，荆州府枝江（今湖北枝江）人。《光绪荆州府志（二）》载："培性朴质敦，孝友。年十七而孤，尝叹曰：为人子者，不可不知医。穷经之余，兼览方书，于《黄帝内经》《伤寒论》尤多发明。曲尽色养，母享大年，皆培精医扶持之力，著有《伤寒类编》。"③《同治枝江县志》卷十七《人物志下·方技》有相似记载。④

---

① 〔清〕林瑞枝修，王柏心纂：《中国地方志集成·湖北府县志辑》第44辑《同治监利县志》卷一〇《人物·医》，江苏古籍出版社2001年版，第199页。

② 〔清〕林瑞枝修，王柏心纂：《中国地方志集成·湖北府县志辑》第44辑《同治监利县志》卷一〇《人物·医》，江苏古籍出版社2001年版，第199页。

③ 〔清〕倪文蔚等修，顾嘉蘅等纂：《中国地方志集成·湖北府县志辑》第37辑《光绪荆州府志（二）》卷五九《艺术》，江苏古籍出版社2001年版，第223页。

④ 〔清〕阮恩光修，王柏心等纂：《中国地方志集成·湖北省府县志辑》第52辑《同治枝江县志》卷一七《人物志下·方技》，江苏古籍出版社2001年版，第252页。

【张锦玑】

张锦玑，生卒年不详，字少臣，黄州府黄安（今湖北红安）人。《光绪黄安县志》载："其品性浑厚，积学能文，院试五，取佾生。晚乃弃儒为医，不论远近，求诊必往，亦不取其利，且施药济人，赖以全活者，无以计算，至今仍犹称颂之。"①

【张尚朴】

张尚朴，生卒年不详，字素恬，汉阳府夏口（今湖北武汉）人。《民国夏口县志》载："尚朴少聪颖，喜读书，积学未遇，遂研究岐黄术，颇有心得，活人无算。遇贫无力者，辄解囊济之。年八十无病而卒。著有《医学觉梦集》《淡定轩尺牍》。"②

【张文基】

张文基，生卒年不详，字道阶，黄州府广济（今湖北武穴）人。《同治广济县志》载："文基精太素脉。有某生无病，按之曰：是当得筋急疾。一伍姓患病延基医之曰：是不惟不死，并当得子。后阅数年皆验。"③

【张于廷】

张于廷，生卒年不详，字平轩，德安府安陆（今湖北安陆）人。

---

① 〔清〕陈瑞澜、陶大夏修，吴言昌、王仪吉纂：《中国地方志集成·湖北府县志辑》第19辑《光绪黄安县志》卷八《人物·善行》，江苏古籍出版社2001年版，第350页。

② 〔民国〕侯祖畲修，吕寅东等纂：《中国地方志集成·湖北府县志辑》第3辑《民国夏口县志》卷一五《人物志·三》，江苏古籍出版社2001年版，第227页。

③ 〔清〕刘宗元、朱荣实修，刘燡纂：《中国地方志集成·湖北府县志辑》第25辑《同治广济县志》卷八《方技》，江苏古籍出版社2001年版，第384页。

《光绪德安府志》载："于廷性笃孝，乐善好施，母患膨胀症，负笈数百里学医，术精而归，母病得痊，后市药以济贫困者，尝督修龙头堤工，岁饥，监粥振饥，咸尽心力，所活甚众。"①

【朱光玉】

朱光玉，生卒年不详，字石庭，武昌府武昌（今湖北鄂州）人。《光绪武昌县志》载："光玉性慷慨，家业丰裕。精于医术，治病不分贫富，亦不受谢，且制丸药以施救困乏之人，全活甚众。"②

【朱宏照】

朱宏照，生卒年不详，字子千，汉阳府夏口（今湖北武汉）人。《民国夏口县志》载："宏照幼聪颖，能文，见摈于有司，改习医术，博览群书，声名大振。有药材行某翁病胆黄，医无效。宏照诊之曰：是不难，携甘草百斤来我家，住百日即愈。某翁如教。命以甘草煎水，沐浴皆用之，且以代茶饮，百日果愈。人问之，曰：医者意也。是翁业药材数十年，百药之气中于胆，惟甘草能解百药毒，投之故效，岂有他哉。年七十八卒于家，以子才华贵诰赠朝议大夫。"③

① 〔清〕庚音布修，汪元庆纂：《中国地方志集成·湖北府县志辑》第12辑《光绪德安府志》卷一六《人物四·孝友》，江苏古籍出版社2001年版，第519页。

② 〔清〕钟桐山修，柯逢时纂：《中国地方志集成·湖北府县志辑》第33辑《光绪武昌县志》卷二一《义行·九》，江苏古籍出版社2001年版，第642页。

③ 〔民国〕侯祖畬修，吕寅东等纂：《中国地方志集成·湖北府县志辑》第3辑《民国夏口县志》卷一五《人物志·三》，江苏古籍出版社2001年版，第227页。

民　国

【邓丹庭】

邓丹庭（1861—1936），字号不详，湖北松滋人。邓丹庭出身于医学之家，16岁学医，20岁开始执业，以治内科杂症和妇科见长。中年继续读温病学，多宗叶天士、吴鞠通之法，注重存津保胃，善于化裁运用经方和时方，治好了不少垂危者。晚年实践经验丰富，医术更加高明。慕名求诊者络绎不绝。对求诊者皆一视同仁。对个别困难之家，不收诊金，且能另给一些施舍。①

【彭楚才】

彭楚才（1861—1937），字号不详，湖北松滋人。彭楚才出身于医学之家，其祖父精通武术。彭楚才自幼勤学好问，习文练武，随祖父练就一身功夫，对家传医术努力继承。成年后开设武馆招收门徒，因练功中常发生跌打损伤，彭楚才便根据所学医术，结合平日收集的民间验方，悉心研讨，在实践中创立了以中草药为主，配合推拿、按摩、接骨、开刀等外治方法的外伤综合治疗措施，运用于临床，累治累验，于是名传四方。

【罗兴华】

罗兴华（1862—1943），字号不详，湖北松滋人。罗兴华自幼父母双亡，15岁在药铺帮工学徒，苦读《药性赋》《伤寒论》等著作。4年后，开始应诊。

1918年，当地瘟疫流行，很多医生不辨其症，用辛温解毒及收涩止

---

① 松滋县卫生局编：《松滋县卫生志（1911—1985）》，1985年版，第250页。

痢之剂，使不少患者因误治而丧命。罗兴华独具卓识，辨证施治，选用荆防败毒散加黄芩、黄连、芍药、莱菔子等味，效果显著。

罗兴华不仅医术精湛，而且医德高尚，门诊时不分贫贱富贵，一视同仁。出诊从不骑马坐轿，不收高额诊金。对不少赤贫求治者，诊金药费均免收。①

【覃玉亭】

覃玉亭（1864—1927），湖北荆门人，以善治小儿天花闻名。覃玉亭出身于诗书之家，以教学为业，兼学医理。时值北方动乱，一河北中医朱某，孤身漂泊。覃玉亭待以师礼，增长了不少学识。当时天花流行，死者甚众。覃玉亭之子覃佩琼亦染天花。朱医生教授覃玉亭以天花痘痂配合人乳制成痘苗，接种小儿，以预防天花传染，效果甚佳，求者甚众，声名大振。覃玉亭一生治疗天花病，临床经验丰富，甚有见地。总结道："天花患者多小儿，稚阴稚阳，施治宜兼顾益气，养阴固阳，防止虚脱亡阳，不宜过用苦寒解毒之药。如以黄连解毒汤直折之常死。而用补中益气汤，重用黄芪，助其度过脓毒危险期，可获良效"。②

【张鼎、张中达】

张鼎，生卒年不详，字云陔，湖北钟祥人。张鼎为光绪壬寅（1902年）举人，以知县分发河南，鼎革后悬壶京师，求诊者颇众。性爽直，遇人无城府，有所得辄侃侃言，然于病者则极为审慎，遇险证不轻作张皇之色，若决其不可治，退即告其家人，无弗验者。子中达，教育部主事，亦精医。③

---

① 松滋县卫生局编：《松滋县卫生志（1911—1985）》，1985 年版，第 250 ~ 251 页。

② 荆门市卫生局卫生志编纂委员会编：《荆门卫生志》，中国文史出版社 1990 年版，第 169 页。

③ 李今庸：《湖北中医学史稿》，湖北科学技术出版社 2016 年版，第 198 页。

【邵传环、邵有德、邵有年、邵有高】

邵传环（1866—1939），乳名汤元，字号不详，武昌府武昌（今湖北鄂州）人，有医名。

邵传环出身于世医之家，幼时受家庭熏陶而学医，年长学成，为众乡亲疗伤治病。他根据家传秘方，研制出神火观音针和风湿拔毒膏，泽被后世。邵传环憨厚敬业，精于医药，重于医德。①

邵有德（1888—1938），邵传环长子，字楚材，弱冠之年于燕矶镇经营药店，经营有方，生意蒸蒸日上。邵有德正值事业有成之时，灾祸降临，于 1938 年遭日寇飞机轰炸袭击，英年早逝。

邵有年（1890—1968），邵传环次子，字楚宾，继承家学，谙武功和医术，擅长正骨伤科和外科。1935 年于浠水县经营药店，医药兼营，名重乡里。

邵有高（1903—1970），邵传环三子，字楚从，号云梯，于浠水县经营药店，擅长骨科、外科及妇科不孕症的诊治，多有建树。

【王嘉梯】

王嘉梯（1866—1936），字云甫，号士梯，沔阳州（今湖北仙桃）人。王嘉梯出身于中医世家，对内、外、妇、儿、伤诸科，均有丰富的临床经验。医德高尚，不计报酬。1931 年当地水灾，霍乱流行，他自制理中丸，送诊施药，救活多人，乡村邻里，无不感戴。病逝停柩之日，乡人纷纷前往吊唁；出殡之时，家家门前供设香案。撰有《痘科精华》《妇科临证杂稿》《伤寒治验》等，惜失于兵焚水患。②

---

① 鄂州中医志编纂委员会编：《鄂州中医志》，湖北科学技术出版社 2006 年版，第 78 页。

② 仙桃市卫生局编纂：《沔阳卫生志》，1988 年版，第 255 页。

【杜少安】

杜少安（1869—1949），字永安，湖北松滋人。杜少安出身于医学之家，幼读私塾。后刻苦攻读中医经典，再跟随当地名医学习。弱冠之年即悬壶乡里。他擅长治疗内科杂病，立方遣药，精而不杂，常以轻灵取效。

杜少安医德高尚。1918 年，瘟疫流行，街头巷尾，到处可闻悲泣之声，他四处看病，并免费提供大量预防及治疗药物，挽救了不少生命，被赞为“杜善人”。

每年农历四月二十八日，他都会邀请当地中医药界人士，聚于西街的药王宫，庆祝孙思邈的诞辰，缅怀前贤医德，激励同侪，促进团结，为弘扬祖国医学做出了一定的贡献。①

【林雄成】

林雄成（1870—1979），又名占雄，湖北汉川人。

林雄成因见父患肺疾，医治无效，立志学医。1916 年，开始悬壶。

林雄成博采众长，恪守中医规范。擅治妇女不孕、胃脘疼痛及小儿疾患，深受群众赞誉。晚年，根据多年临证经验，撰辑《中医浅语摘要》《内经知要讲义》《医验杂集》三部。

林雄成注重养生，总结出一套健康长寿法，即流水不腐，动则益健；脾胃强壮，气血方刚；肾精充足，缓衰延年；情绪乐观，病安从来。②

【马春云】

马春云（1872—1956），字号不详，武昌府武昌（今湖北鄂州）人。

---

① 松滋县卫生局编：《松滋县卫生志（1911—1985）》，1985 年版，第 251 ~ 252 页。

② 汉川县卫生志编纂委员会编：《汉川县卫生志（1727—1985）》，1990 年版，第 387 ~ 389 页。

马春云幼承儒学，青年经商，后偶遇河北某外科医生，见其技艺精湛，拜其为师，尽得其传。又研习《黄帝内经》《外科证治全生集》等医学典籍数年，精于中医外科。他治疗疡科的痈疽疔疮，首辨阴阳，谓阴证用凉药，则为雪上加霜，若阳证用热药，无异火中添油。辨痈疽时不但根据色之赤白分寒热，还询问疼痛是日轻夜重或日急夜缓而别阴阳，颇具时间医学特色。他最善辨脓，即使隧腔深而脓量少，以手扪之，再用铍针刺入，引流而出，如探囊取物。他治疗杨梅疮，用土茯苓膏，疗效殊佳，治此症绝不用轻粉，谓其性寒蚀骨，有留毒伤人气血之虞。临床所用药物不过数十味，组方用药不过数味，效则如鼓应桴。

马春云体健魁梧，性格豪爽，行侠好义，医德高尚，日诊百余人，精勤不倦。有贫而无金者求治，免费施药。有远道来诊者，供以餐饭。①

【尤子明】

尤子明（1876—1949），名宗惠，湖北松滋人。15 岁辍学，拜师学习，3 年后开始行医。

尤子明首重《伤寒论》，次研金元四大家之长，继专攻妇科杂症，以此见长。临床上喜用补法。他还谆谆告诫后学，做一个受人尊重的医生。

尤子明晚年笃信佛教，乐于施舍济贫，惠施乡里，为民称道。②

【梁琴堂】

梁琴堂（1877—1948），字浩汉，湖北汉川人。梁琴堂出身于中医世家，少时随父学习外科，后拜师学习内科杂症，皆得真谛。临床上，梁琴堂宗王洪绪的医法，善治流痰、阴疽、瘫痪等疾。医术精湛，医德

---

① 鄂州中医志编纂委员会编：《鄂州中医志》，湖北科学技术出版社 2006 年版，第 94 页。

② 松滋县卫生局编：《松滋县卫生志（1911—1985）》，1985 年版，第 252 页。

高尚，常为贫困患者送诊施药。

1912 年，孙中山到武汉时染病，经引荐，梁琴堂前往诊治，药到病除。孙中山极为赞赏，亲书“诚仁医院”匾额相赠（此匾作为辛亥革命文物收于湖北省博物馆）。从此，梁琴堂即以“诚仁医院”为牌名。梁琴堂曾任汉口医药会副会长。[①]

【张家骧】

张家骧（1878—1964），襄阳府光化（今湖北老河口）人。

张家骧出身于中医世家，自幼随父习医，刻苦攻读医书，秉承家传，一直在家行医，青年时已享誉家乡。20 世纪 40 年代初期，他根据临床经验著《医事正宗》初稿 6 卷，惜毁于炮火。1955 年他被调至襄阳专署老河口医院，开设中医门诊，填补了该院中医科的空白。他对于内科杂症的治疗有独到之处，注重辨证施治，尤重疏理肠胃，调补气血，用药以活、重见长。采用雷击散治疗流脑，自拟四金汤治肾结石、膀胱结石，疗效颇佳。[②]

【刘笃臣】

刘笃臣（1879—1953），字绍炎，武昌府武昌（今湖北鄂州）人，知名儒医。

刘笃臣幼时聪颖好学，然家道贫困，靠祖父供其读书。后教书为业，培养学子数以百计。

某年秋，刘笃臣长女病重，他一人赴邻乡求医，因医生未至，长女病逝，时仅满周岁。刘笃臣悲痛不已，从此立志学医。

---

① 汉川县卫生志编纂委员会编：《汉川县卫生志（1727—1985）》，1990 年版，第 389～390 页。

② 老河口市卫生局卫生志编纂委员会编：《老河口市地方志丛书·卫生志》，1994 年版，第 299 页。

为养家糊口，刘笃臣边教书，边学医，购买大量书籍，刻苦攻读，对中医四大经典著作研读尤深，常反复圈点、批语、背诵，并做笔记和自编歌诀。

刘笃臣刚开始为贫困者免费治病，求医者日增。次年辞馆回家，专以医为业，数年后即名闻遐迩。他医术精湛，辨证准确，处方严谨，疗效显著，乡民交口称誉。①

【李蔚章】

李蔚章（1880—1946），又名启焕，沔阳州（今湖北仙桃）人。

李蔚章出身于书香门第，13 岁中秀才，因年幼不能设馆教学，乃跟随族中长辈学习中医，除熟谙中医典籍外，亦得不少家传秘方。

1933 年，湖北国医专科学校聘请他主讲《黄帝内经》，兼授《药物》《方剂》。抗日战争时学校西迁，他因年高辞职，返乡任教。

著有《内经讲义》，并在国内医学杂志上发表多篇文章。②

【曾履康】

曾履康（1882—1962），湖北松滋人。

曾履康在校读书时，就十分喜爱医学，常利用课余兼读医书。22 岁回乡设馆任教，既教四书五经，又教医学理论。1940 年，他弃教从医，专门应诊。

曾履康一生为传承发展中医药学做出了自己的贡献。1929 年国民政府通过《废止旧医案》，他十分愤慨，即以振兴中医为宗旨，创建中医私学，培养后学。1947 年，他与中医同仁筹建老城中医师公会，被推选为筹委会主席；同年，又筹备成立了松滋县中医师公会，他被选为理事。

---

① 鄂州中医志编纂委员会编：《鄂州中医志》，湖北科学技术出版社 2006 年版，第 94 页。

② 仙桃市卫生局编纂：《沔阳卫生志》，1988 年版，第 237 页。

1953年，他将珍藏的《皇汉医学丛书》一套（共计80余册）献出，受到卫生界人士的高度赞扬。[①]

【刘云湖】

刘云湖（1883—1939），字丹阶，湖北黄冈人。

刘云湖自幼嗜读饱学，少年知名。立志学医，始而抄书自学，博览群书，几经岁月，读完各家经典。在精通医理能临床施诊时，又拜当地名医为师，得其悉心教诲，医术日精。刘云湖主张理论联系实际，中西会通。刘云湖曾执教于湖北国医专科学校，教授伤寒，所著《伤寒论讲义》被列为学校教材。刘云湖曾于武昌行医，晚年重返故里。

刘云湖晚年在总结平生所学和临证经验的基础上，著成了《临床实验录》一书，惜未刊行。

【陈志成】

陈志成（1883—1955），原名善，湖北大冶人，擅长伤寒、热症，又重温病研究。

1916年始，陈志成跟随祖父和舅父学习中医，将口授方药纂集成册。陈志成幼读经史，文学功底较深，从医后通读《黄帝内经》《伤寒论》《温病条辨》等经典医著。理论既丰，加之临床实践中反复琢磨，刻苦钻研，因此医技日臻炉火纯青，成为一方名医。

陈志成数十年勤学苦练，兼收并蓄，通内、外、妇、儿、眼科，技术全面，临诊时四诊互参，尤精于脉学。陈志成临证论治既依据典籍，又不泥古。施治中善于将各法融会贯通，往往出奇制胜，颇有独到之处。

陈志成不仅医术高超，医德亦为人表率，他重义不重财，常对赤贫

---

① 松滋县卫生局编：《松滋县卫生志（1911—1985）》，1985年版，第253～254页。

患者分文不取，嘱其将诊费拿去取药。[①]

【赵宣阶】

赵宣阶（1883—1966），湖北荆门人。

赵宣阶幼年入私塾，废科举后，考入师范学校。毕业后，他以教书为业。他在教书期间，利用业余时间阅读医书，钻研医术。又投名师陈修园学医。边教学，边习医，勤求古训。

1937 年后，赵宣阶挂牌行医。他言传身教，为发展荆门中医药事业和培养后继人才，做出了贡献。

他从事中医工作以来，坚持对中医著作的学习和研究，特别是对《伤寒论》《金匮要略》有所研究。1954 年，他通读上海名中医陆渊雷编著的《伤寒论今释》，对书中疏漏之处，提出修改意见，获作者赠书及专函致谢。

他在医疗实践中有较深的造诣，尊古而不拘泥，灵活变通。用中药治疗急性黄疸性肝炎，疗效颇佳。[②]

【江贤柏】

江贤柏（1884—1969），沔阳州（今湖北仙桃）人。其祖、父均以中医外科闻名。江贤柏少时愤于社会贫富悬殊，决心以医济贫，除承家技外，还潜心研读医学典籍。

当时社会动乱，瘟疫流行，当地麻风、梅毒等病及跌打损伤甚多，他采用吊药、蒸浴、熏洗、内服、外擦等方法，治疗麻风、梅毒等病；采用中药麻醉切排引流、复位接骨、取死骨及碎骨，治疗跌打损伤。为

---

① 黄石市卫生志编委会编：《黄石市卫生志（1880—1985）》，1990 年版，第 255～256 页。

② 荆门市卫生局卫生志编纂委员会编：《荆门卫生志》，中国文史出版社 1990 年版，第 169～170 页。

应人之急，他备马一匹，巡诊四方，并将自家厢房改为病房，设病床8张，免费收治穷苦患者。

新中国成立后，他响应政府号召，于1952年献出产业，创办联合诊所。古稀之年，终日应诊不暇。

江贤柏医技独特，操作灵巧，熏、蒸、浴、喷、浸、捻、擦、撒、糊、小夹板固定诸法，应用裕如。所用药物剂型多样，如膏、丹、丸、散、汤、锭、露、饮，施治灵活。

他在耄耋之年，还不遗余力，忆生平治验，口述子录，整理医案三千例，名为《治验回忆录》，收藏在家。①

【肖幼亭】

肖幼亭（1884—1969），襄阳府光化（今湖北老河口）人。

肖幼亭自幼酷爱医学，刻苦攻读医学典籍，19岁拜师，30岁坐堂行医。他在儿科、妇科造诣颇深。用药以轻、少、效见长，曾用一味芫荽外熏，治愈麻疹内陷的患儿，不少患者慕名前来求医。1941年，当选为光化县中医师公会理事长。1952年加入联合诊所，被选为负责人。1955年调至卫生院工作。1958年，将其收藏秘方《华佗神书》献出。②

【黄宣文】

黄宣文（1885—1976），字章彬，武昌府武昌（今湖北鄂州）人。

黄宣文于1905年拜武昌某老中医为师，5年后学成，独立开诊，攻读《黄帝内经》《难经》《伤寒论》《金匮要略》。

黄宣文长于内妇二科，并善用针灸。临证时，望而能知病之所在，切而可知病之源头。选方灵活多变，用药信手拈来；师古而不泥古，借

① 仙桃市卫生局编纂：《沔阳卫生志》，1988年版，第238～239页。

② 老河口市卫生局卫生志编纂委员会编：《老河口市地方志丛书·卫生志》，1994年版，第299页。

古而为今用；愈痼疾独树一帜，治怪病自制其方。

黄宣文医学造诣颇深，文学功底厚实；禀赋聪颖，性情谦恭；思维敏捷，老而不衰；求医者络绎不绝。著有《医林必读问答》一书，惜未刊行。①

【何少泉】

何少泉（1886—1950），又名定弼，湖北汉川人。

何少泉出身于世医之家。年少时，跟随祖父读《瘟病条辨》《药性赋》等医籍，23 岁考入北京师范大学。因视力不佳弃学，在北京悬壶应诊。1912 年，返乡，继续从事医业。

何少泉为汉川温病派的主要代表人物，诊治温病，效果显著。何少泉对前人之作，注重在实践中检验、论证。他对《医学心悟》等古籍中的一些方剂，做过评点、批注。1936 年，撰成《何氏医案录》《何氏验方集》，均来自其临证经验。他强调医生治病要有整体观念，既应观察患者的体质，了解其生活习惯，亦需注意地区、季节等自然因素的影响。他认为，良药加适宜的煎法和服法，以及对患者饮食、心理、起居等方面的良好护理，都很重要。何少泉倡导医生为人断病、处方，应认真审慎，绝不可粗心大意。何少泉成名后，仍常与魏敦五、张松山、雷秀廷等同行切磋技艺、交流心得。于后学者亦诲而不倦。②

【万达安】

万达安（1886—1969），字进修，湖北天门人。

万达安少年时代在当地读书兼学医。1904 年开始教私塾兼行医，

---

① 鄂州中医志编纂委员会编：《鄂州中医志》，湖北科学技术出版社 2006 年版，第 95 ~ 96 页。

② 汉川县卫生志编纂委员会编：《汉川县卫生志（1727—1985）》，1990 年版，第 391 ~ 392 页。

1934年专从医事。1935年在湖北国医专科学校任教，讲授《黄帝内经》《难经》等课程。1938年，回归故里，专门与人诊病。

万达安长于内科，精通温病学说，善于根据春风、夏湿、秋燥、冬寒诸特点，结合时令诊治疾病，喜用银翘散加减和三仁汤加减。

万达安用药平稳，剂量小，临阵不乱。他为人态度和蔼，四诊精细，诊金多寡不计，深受患者尊重，有较盛医名。①

【冉清泉】

冉清泉（1890—1963），名绪元，湖北松滋人。

冉清泉出身于世医之家，幼年在私塾读书，勤奋好学，进步很快。15岁，从父学医，即能通读经典原著，对《伤寒论》《妇人大全良方》，更是反复研读，背诵如流。每临床应诊，必从望、闻、问、切入手辨证，遣方用药恰当，多次治愈顽症痼疾。

冉清泉医德高尚，素以济世活人为宗旨。他为贫寒人家治病，轻取酬金，甚至免费诊断，而在诊疗上仍严肃认真，从不敷衍。

有一七孔出血患者，命在垂危。冉清泉审症求因，迅速以黄连泻心汤加味救治，血立止，继以犀角地黄汤四剂巩固疗效。病家不胜感激。

冉清泉晚年着手整理他毕生的诊疗经验，惜《妇科治验》一书未成，而病剧身亡。②

【丁子潭】

丁子潭（1892—1979），武昌府武昌（今湖北鄂州）人。

丁子潭出身于书香世家，幼治经学，中年自攻医业，因家境较丰。丁子潭对《伤寒论》《金匮要略》十分娴熟，一生致力研习，年至八十尚能朗朗背诵。他亦喜钻研《温病条辨》，常能一口气背诵数条，对唐

---

① 天门县卫生志编辑室编：《天门县卫生志》，1984年版，第147～148页。

② 松滋县卫生局编：《松滋县卫生志（1911—1985）》，1985年版，第240页。

宋以后医籍亦有涉猎，近代书籍如《医学衷中参西录》亦常置案头。

丁子潭临证时大有经方派特点，大刀阔斧，效与不效，常在一二服药之间。他曾治一严姓尸厥者，神志不清，四肢厥逆，两手脉停不见，大便失禁，丁子潭审症后辨为真实假虚、真热假寒，投以大剂大承气汤，泻下大便半桶，色黑臭，如败卵，随后神志即清，非有胆识断难如此。他还善治癫狂，敢用重剂朱砂研末内服，配合汤剂，屡收卓效，经其治愈者不下数十人。

丁子潭撰有《辨证论治水气结聚验案》《水肿病治验》《水气结聚医话》等文。①

【戴水亭】

戴水亭（1893—1972），武昌府武昌（今湖北鄂州）人。

戴水亭幼承庭训，18 岁随父学医，尽得其传，方圆百里闻名，接诊者众。为解决交通不便，专养一马，亲自驱驰，速至病家应诊。

戴水亭治学以家传为基，注重临床实践，勤加探求，毕生最为推崇医著为《医方一盘珠》，随身携带，遇有疑难，即展卷细读，然后开方，病家并不因其临诊翻书而嫌其术疏，反而认为他治病认真。他对儿科麻、痘、惊、疳尤有心得，如小儿惊风，着手推拿，抽搐立平；麻疹喘息，内服药与外敷药同施，每挽危亡。难治与易治之病，一见便知。他一生治小儿疾病，不计其数。儿科按摩是他的特长。

戴水亭撰《治愈五软症 1 例》《按摩药物综合治疗小儿慢脾风》。

他医术娴熟，医德惠人，不计个人得失，为人厚道善良，即使有人当面呵斥，亦不与之争吵，大有仁者风范。②

---

① 鄂州中医志编纂委员会编：《鄂州中医志》，湖北科学技术出版社 2006 年版，第 96 页。

② 鄂州中医志编纂委员会编：《鄂州中医志》，湖北科学技术出版社 2006 年版，第 96 ~97 页。

【王佐才】

王佐才（1893—1961），字松林，沔阳州（今湖北仙桃）人。

1915 年，王佐才去汉口学医。他勤奋刻苦，通读《黄帝内经》《难经》，对《药性赋》《汤头歌括》等启蒙书籍背诵如流。1922 年独立应诊，处方多药廉效显，求诊者日多。

王佐才擅长治疗温病，经验丰富，所治多愈，著有《王佐才医案》。他治学严谨，对学徒悉心传授。①

【曾瑞麟】

曾瑞麟（1893—1984），湖北荆门人。

曾家三代行医，曾瑞麟幼年在私塾读书，勤奋好学，进步很快。同时受父辈医术熏陶，读了不少医书，具有较好的医学基础知识。后拜师学医。1915 年他开始坐堂应诊。

他一生行医中不忘刻苦攻读中医经典著作，悉心研讨，经验丰富，尤以儿科、妇科见长。他晚年不顾年高体衰，坚持临诊带徒，先后收徒授术 40 余人，遍及城乡。②

【万永清】

万永清（1896—1974），沔阳州（今湖北仙桃）人。

万永清幼读私塾，18 岁拜师学医，研读《陈修园医书七十二种》，旁及各家，出师后教学兼行医。后诊务繁忙，遂弃教，专事医业，常起沉疴，求诊者日达 50 余人。

他以精湛医术和高尚医德赢得了群众的尊敬。他长于内、妇、儿科，

---

① 仙桃市卫生局编纂：《沔阳卫生志》，1988 年版，第 245～246 页。

② 荆门市卫生局卫生志编纂委员会编：《荆门卫生志》，中国文史出版社 1990 年版，第 172 页。

善用攻下法治疗急症、热症。①

【王彩云】

王彩云（1896—1977），名裕光，字明轩，号彩云，以字行于世，武昌府武昌（今湖北鄂州）人。

王彩云出身于中医世家，幼读经书，天资聪颖。长大后，跟随父亲学习中医，深得家传，加之悉心研读医典，医术日益精深。不到几年，他的行医足迹遍及城乡，至中年，医名不胫而走。王彩云医术精湛，药到病除，慕名前来求治者远及武汉、咸宁、黄冈、黄石等地。

王彩云善治内科疑难杂病，兼及外、妇、儿诸科，中年研读叶天士的温热论和李东恒的脾胃论，多有心得。

王彩云生活俭朴，出诊均为步行；在路上遇患者请他诊治，便前往，被地方百姓誉为“不坐车船的现代华佗”。王彩云悉心传授医术，启迪后学。②

【李秀峰】

李秀峰（1898—1962），沔阳州（今湖北仙桃）人。

李秀峰少年时入私塾求学，饱读经书，文墨厚实，弱冠后从师学医，广读古典医籍，尤对《伤寒论》《金匮要略》《温病条辨》最为推崇，重点经典条文皆能背诵。于1933年开始坐堂应诊，临证施治时有胆有识，善治外感热病及内科、妇科的急重症，喜用张仲景、吴鞠通之方。某年天花、霍乱流行，李秀峰纯用中医药救人无数。

李秀峰刚毅正直，睿智豁达，享有盛名。③

---

① 仙桃市卫生局编纂：《沔阳卫生志》，1988年版，第248～249页。

② 鄂州中医志编纂委员会编：《鄂州中医志》，湖北科学技术出版社2006年版，第97页。

③ 鄂州中医志编纂委员会编：《鄂州中医志》，湖北科学技术出版社2006年版，第98页。

【王直夫】

王直夫（1900—1984），字炳文，襄阳府光化（今湖北老河口）人。

王直夫出身于中医世家，自幼饱受医学熏陶，15 岁即开始行医治病。

1958 年，担任光化县卫生院中医外科医生，他创建了光化县第一个中医外科科室，他诊断准确，手术利落，常在患者不提防的时刻切除病灶。在治疗瘩背、疔疮、附骨疽和妇女乳房各种疮痛上有独到之处，慕名求医者络绎不绝。

王直夫热心带徒传艺，言传身教。王直夫不仅技术精湛，而且医德高尚，他对贫穷患者分文不收，往往还给以资助。①

【闵笃诚】

闵笃诚（1900—1985），名方炳，沔阳州（今湖北仙桃）人。

闵笃诚出身于书香门第，17 岁从同邑名医费殿珊学医。1925 年赴省城应试，获医师证书，即悬壶于汉口。1930 年返乡行医，1948 年迁居胡场，开设药店。

擅长妇科病，对妇女不孕症颇有研究，治疗上从肾着手，慢病缓治，用药味多量轻，治疗获效者甚多。重医德，不计钱财得失，待人以诚，恰如其名。讲究养生之道，晚年常服何首乌、枸杞子调养肝肾，耄耋之年，犹耳聪目明。②

【朱巘华】

朱巘华（1901—1944），原名致美，字佛航，号静修室主人，武昌府武昌（今湖北鄂州）人，中医学家朱瀛洲长子，朱氏第四代传人，在

---

① 老河口市卫生局卫生志编纂委员会编：《老河口市地方志丛书·卫生志》，1994 年版，第 299～300 页。

② 仙桃市卫生局编纂：《沔阳卫生志》，1988 年版，第 259 页。

当地有一定的医名，诗名更盛。

朱澂华夙承家学，幼读私塾。后随父学医，从事教育工作兼行医。

朱澂华自幼熟读《黄帝内经》《难经》《神农本草经》及曾祖朱庆甲《医学入门》等中医典籍，后随父侍诊，代父出诊，进而坐堂应诊，行医颇具其父风范。

朱澂华秉性好诗，其诗歌悟性和造诣皆深，诗名播扬江汉。今有《静修室吟草》《佛航诗稿》存世。《鄂州市志》《二十世纪中华诗人传略》皆载有其事迹。①

【邵葆蘅】

邵葆蘅（1901—1971），名傅家，号毓芹，别号石珊先生，武昌府武昌（今湖北鄂州）人。

邵葆蘅出身于中医世家，幼读诗书，钻研医学，及长学业有成，边开诊所，边设私塾，治病疗疾，教书育人，以济世养家。当时附近地区慕名求诊者络绎不绝。

邵葆蘅一生勤劳俭朴，性情和善，待人诚恳；通经史，精医术，谙《易经》《黄帝内经》。撰写文稿包括《治疗老人虚实痢各 1 例的经验》《治小儿暑风弄舌案》《治疗产后大便不调案》等，收录于《鄂城中医经验汇编》第 1 辑。现藏手稿有《脉诀医方集要》《传染病概要》《小儿科手草》《妇科论述》《正骨科草书》《内科 · 伤寒论述》等。②

【石瑞荃】

石瑞荃（1901—1982），湖北蕲春人，长于中医妇、儿、外科，常针灸推拿并施。

---

① 朱祥麟：《朱氏中医世家学验秘传》，人民卫生出版社 2014 年版，第 15 页。

② 鄂州中医志编纂委员会编：《鄂州中医志》，湖北科学技术出版社 2006 年版，第 98 ~ 99 页。

石瑞荃13岁始自学中医，因勤钻苦学，终至名噪乡里。1930年，于蕲春与同仁合办中西医院。1953年，任蕲春县中心诊所副所长，主管中医业务。1956年，蕲春县中心诊所并入蕲春县卫生院，任中医师。石瑞荃临证经验丰富，常有外地患者慕名求治。

他喜用经方，善用复元通气散治疗多种疾患，屡获奇效。① 据其子整理，石瑞荃善用保产无忧散治疗滑胎，收效甚著。② 他还常将该方作为产前、产时的保健方。此外，他还擅长小儿重舌的防治。③

【万济舫】

万济舫（1901—1983），湖北武汉人。

万济舫幼读私塾，16岁从师学医。1920年，在汉阳挂牌行医。1945年后，在汉口开万寿春药店。

万济舫系武汉市名老中医之一，有丰富的临床经验。他深明岐黄之理，习宗仲景之法，无论内科、妇科、儿科、外科、伤寒、杂病，治多效验，对于内科杂症，尤其是疼痛症，特别专精。临床上，他总结了止痛十法，分别为疏解表邪、清化湿热、清泻实热、行气疏肝、化痰涤浊、温阳散寒、活血化瘀、升清化浊、补阳补气、滋阴养液。④ 生前著有《万济舫临证辑要》一书，他的学术思想和医疗经验于此书中有所反映。⑤ 该书以中医病名为纲，病例的病机辨证为目，缕分28类，每类有病例若干，计160案。每个病例分主症、病史、检查、按语、治则、处方、方解等内容，条理清楚，繁简得当。⑥

---

① 石中盛：《石瑞荃运用复元通气散临证经验》，《江西中医药》1992年第1期。

② 石中盛：《保产无忧散治愈滑胎30例》，《内蒙古中医药》1995年第4期。

③ 石中盛：《小儿重舌的防治》，《湖北中医杂志》1988年第2期。

④ 吴华强、马继松：《万济舫止痛十法》，《湖北中医杂志》1986年第3期。

⑤ 万济舫编著：《万济舫临证辑要》，湖北人民出版社1982年版。

⑥ 湖北省卫生厅中医处、湖北省中医药研究院主编：《湖北当代名中医传》，湖北人民出版社1989年版，第229～232页。

【周济川】

周济川（1902—1962），又名大楷，武昌府武昌（今湖北鄂州）人，擅治内科疑难杂症。

周济川自幼好学，喜医学，跟师学习，学成后回乡，以行医为业。

周济川热爱中医，对唐容川《中西汇通医经精义》一书中伤寒、金匮、本草、血证以及诊断的部分，都做了注释评述，重点语句都画上红线。

周济川为人忠诚厚道，谦逊有礼。周济川对中医理论刻苦钻研，善于探索，严肃对待；对患者不分地位高低，一视同仁。①

【陈伯安】

陈伯安（1902—1965），别号柏庵，湖北黄冈人，长于妇科，尤以善用《金匮要略》方治疗妇科病而著称。

陈伯安自幼热爱中医，攻读医经，博览群书，有较好的中医基础。1933年后，在湖北国医专科学校执教，与蒋玉伯等人共事。1948年后，回黄冈行医。1956年，调到湖北省中医进修学校，讲授《金匮要略》。1959年，转入湖北中医学院，从事教学和临床工作。

陈伯安行医数十年，理论与实践上都有较高的造诣。他治学严谨，注重实践；辨证精确，用药简约，不主张用大方杂方，对症下药，常能事半功倍。临床上，喜用桂枝茯苓丸加减方治疗妇科疾病。他一生忙于诊务，学术经验未能整理流传，甚为可惜。②

---

① 鄂州中医志编纂委员会编：《鄂州中医志》，湖北科学技术出版社2006年版，第99～100页。

② 湖北省卫生厅中医处、湖北省中医药研究院主编：《湖北当代名中医传》，湖北人民出版社1989年版，第53～57页。

【程淳夫】

程淳夫（1903—?），湖北随州人，精于皮肤科。

程淳夫出身于中医世家，自幼耳濡目染，中学毕业后，继承家业，开办诊所，行医为生。

1956年，他到湖北省中医进修学校学习，结业后留校工作。1966年任湖北中医学院附属医院皮肤科主任。

程淳夫除精通中医内科、妇科外，尤擅长皮肤科，在学术上有独到的见解。他认为，六气的偏盛偏衰是疾病发生的主要原因，并以脏腑经络学说为核心指导临床辨证施治。① 临床上，他喜用清肝饮加减方治疗皮肤病。他还编著了《皮肤科实用手册》等书。②

【陈步云】

陈步云（1904—1969），亦名得卯，沔阳州（今湖北仙桃）人。

陈步云随曾祖父学医，熟读医学四大经典及其他名著。1924年，开始行医应诊。他医德高尚，平易近人，以学识和品德赢得了声望。

陈步云尤精妇科，善用逍遥散治疗不孕症。汉川县有一患者10年不孕，多方医治无效，慕名前来求诊。患者面色皖白，六脉沉细而涩，两胁胀痛，经潮更甚。陈步云诊断为寒邪凝滞肝脉，气滞血淤所致，用逍遥散合温胞饮加减，以疏肝解郁，暖宫祛寒，经治数月，喜得一女。

陈步云著有《妇人集》一册。③

【徐庆五】

徐庆五（1905—1966），字家全，湖北天门人。

---

① 田锦文：《程淳夫治疗手心湿疹的经验》，《北京中医杂志》1988年第6期。

② 湖北省卫生厅中医处、湖北省中医药研究院主编：《湖北当代名中医传》，湖北人民出版社1989年版，第48～52页。

③ 仙桃市卫生局编纂：《沔阳卫生志》，1988年版，第251～252页。

徐庆五出身于世医之家，12 岁开始随父学医，1921 年起独立应诊。

徐庆五擅长中医内、妇科，以时方为主，药味少，剂量大。曾有一个 60 余岁的男性哮喘患者求诊，徐庆五投以远志、元肉、甘草各 1 两，柴胡 5 钱，患者服后，当即止喘，有药到病除之功。对妇科痛经、漏下、血崩诸病尤有妙方，视患者年龄不同，采用胶艾四物汤加减，屡见显效。

徐庆五为人耿直，取费合理。在诊断处的案头上特挂有一木牌，上面写着“门诊五角，出诊一元，远道加增，赤贫送诊”，深得群众欢迎。①

【朱勉华】

朱勉华（1906—1948），亦名冕华，原名致善，字良弼，号随缘山人，武昌府武昌（今湖北鄂州）人，中医学家朱瀛洲次子、朱黻华之弟，朱氏第四代传人，有医名。

朱勉华幼入私塾，强记博闻，后随父学医，爱读《黄帝内经》。凡《伤寒论》《金匮要略》及曾祖父《医学入门》等皆能闭目成诵。在其独立应诊之后，应对复杂危重者，每能别出心裁而挽危局。

朱勉华治病首辨阴阳虚实，尤重五行生克乘侮。有人患咳嗽、消瘦，至暮发热。诊治数月无效。后转请朱勉华诊治。他观前医用药，乃滋阴降火清肺方。朱勉华认为，此人咳唾白痰，乏味少纳，至暮低热恶风，乃土不生金、卫阳不足所致。察其脉微，舌淡而嫩，非阴虚火旺舌脉，投以阴药寒凝，更损脾阳。转拟培土生金，升阳益胃，调理而愈。

朱勉华投方一如其父风格，清灵简约，屡起沉疴。桑梓感其医术高超，人送“四世名医”金匾。②

【江子南】

江子南（1907—1978），字大炳，又名长华，武昌府武昌（今湖北

① 天门县卫生志编辑室编：《天门县卫生志》，1984 年版，第 144 页。

② 朱祥麟：《朱氏中医世家学验秘传》，人民卫生出版社 2014 年版，第 16 页。

鄂州）人。擅治内科、妇科疑难杂症，尤对肾病、胃病、心病等治疗有独到的见解。

江氏家族世代行医。1951 年江子南与同道组建联合诊所。1954 年，调至鄂城县人民医院中医门诊部，任中医内科医师。

江子南在医院工作时，除早上悉心查房外，晚上还常到患者病床前，与之聊天谈心，常动之以情，晓之以理，为其解除思想顾虑，促进疾病早日康复。

江子南精于临床，勤于笔记，每诊必录，既录理法方药，又书病案机制，并且还标判"奇效""特效""有效""无效"等字样。

江子南医德高尚，他认为，良心济世，救人为本，乃医生的天职。临诊中，对待患者满腔热情，工作负责认真，谦虚谨慎，戒骄戒躁。①

【谭炳炎】

谭炳炎（1908—1980），字悦武，湖北巴东人，精于骨伤科。

谭炳炎 7 岁读私塾，后跟师学医。年方弱冠，学业有成而悬壶问世。除抗日战争期间因宜昌沦陷回巴东行医外，皆行医于宜昌。由于他医术精湛，屡起沉疴，因而在鄂西一带享有盛名。

谭炳炎擅长治疗骨伤、外科诸症，他的烧伤Ⅰ号方、烧伤Ⅱ号方屡用屡验，深受病家欢迎。谭炳炎在宜昌、巴东一带医疗声望甚高，每日应诊工作颇为繁忙，但他坚持对所有患者热情接待，耐心仔细诊治。他的高尚医德深受称颂。②

谭炳炎主要著述有《论证指迷新编》，系其临床经验的结晶。该书不拘门户之见，广求古训，博采众方，对内、外、妇、儿诸科疾病，条

---

① 鄂州中医志编纂委员会编：《鄂州中医志》，湖北科学技术出版社 2006 年版，第 101～102 页。

② 湖北省卫生厅中医处、湖北省中医药研究院主编：《湖北当代名中医传》，湖北人民出版社 1989 年版，第 525～530 页。

分缕析，洞悉原委，在小儿诊治上，经验尤多。

【曾繁松】

曾繁松（1911—1969），字长庆，号少明，湖北天门人。长于中医妇、儿等科。

曾繁松出身于世医家庭，16 岁即从父学医。1934 年考入湖北国医专科学校。1937 年返乡行医。1956 年调至湖北省中医进修学校任教。

曾繁松对患者态度和蔼，四诊精细，又善于揣摩患者心理，因势利导，治疗效果好。善于从民间单方、验方中吸取营养，勤学勤记，积累了大量资料。1958 年将秘方、验方汇编成册，传予他人。他编有《妇科学讲义》一书，惜未刊行。①

【吴绍基】

吴绍基（1913—1982），湖北武汉人。

吴绍基出身于中医世家。1930 年开始从父学医，父逝后继承父业，坐堂应诊。1954 年，他组建了联合诊所，任所长。1955—1959 年，他先后在湖北、南京等地学习和深造。此后一直在湖北中医学院附属医院工作，曾任湖北中医学院《黄帝内经》教研组组长，担任中医内科主任。

吴绍基精通中医，经验丰富，尤在治疗脾胃病方面很有研究，他认为清热燥湿、温中散寒、补脾益气、和胃降逆是治疗胃痛的基本法则，临床上应遴选温中散寒的干姜、清热燥湿的黄连、补中益气的党参和炙草、和胃降逆的半夏等五味药作为治疗胃痛的基本处方。② 他在治疗高血压性脑病、继发性血小板减少性紫癜、慢性肾炎合并药物剥脱性皮炎

---

① 天门县卫生志编辑室编：《天门县卫生志》，1984 年版，第 148 页。
② 吴绍基：《浅谈治胃病》，《新医药通讯》1976 年第 1 期。

等方面也有独到的见解。①

【刘寿春】

刘寿春（1913—2004），鄂城县（今湖北鄂州）人，擅长中医妇、儿科。

刘寿春自幼聪慧好学，立志为医。学成后，即开始悬壶济世。

刘寿春长期从事中医工作，治疗妇、儿科疾病有独到之处。临床上，他遵古法而不泥于成方，喜用乌陈汤加减方治疗妇科疾病。② 治疗妇女崩漏时，不离塞流、澄源、复旧三法，但也不拘泥于初塞流、中澄源、末复旧的步骤，而是将三法融为一体。有脾虚之象，治宜健脾益气为主，佐以止血，如党参、黄芪、白术、红枣等药，且益气之中，不忘护阴，必加养阴止血之品，如麦冬、阿胶等。③ 自制柴蒲饮治疗乳痈、乳疽，皆取得良好的临床效果。④

刘寿春发表过《腹泻 103 例》《乌陈汤治疗妇科病》等学术论文。

【叶柏松】

叶柏松（1916—1980），鄂城县（今湖北鄂州）人。

叶柏松幼读私塾，16 岁时学习武术、中医外伤及草医草药。1943 年拜当地名医丁子潭为师，学习中医内、妇、儿科。1946 年独立应诊。

叶柏松中医基础理论扎实，临床经验丰富。独创了长手推拿法，将此手法分为补、泻、温、和四种。施法要做到由轻至重，重而不滞，轻

---

① 丁文正：《吴绍基老师医案三则》，《湖北中医杂志》1979 年第 1 期；湖北省卫生厅中医处、湖北省中医药研究院主编：《湖北当代名中医传》，湖北人民出版社 1989 年版，第 102～107 页。

② 傅成健：《刘寿春运用乌陈汤治疗妇科病经验介绍》，《湖北中医杂志》1982 年第 5 期。

③ 刘丹：《刘寿春治疗崩漏经验》，《湖北中医杂志》2015 年第 2 期。

④ 刘寿春、王平：《柴蒲饮治疗乳痈乳疽三十五例》，《湖北中医杂志》1985 年第 1 期。

而不浮，刚中有柔，柔中有刚，使凝滞之气得以消散，经舒络活，而达到治疗目的。

叶柏松撰写的论文包括《长手推拿法介绍》《流痰的治疗体会》《瘀血证的辨证治疗》《豁痰开窍法治疗脑外伤后遗症》等。他亲自整理的医案集，现已遗失。①

【陈柏蔚】

陈柏蔚（1916—?），江汉道广济（今湖北武穴）人，擅长中医眼科。

陈柏蔚1942年开始学习中医眼科，1949年悬壶汉口。

陈柏蔚，擅长中医眼科和五官科。他对眼科造诣精深，善于总结前人经验，把现代医学眼科检查诊断方法和中医辨证论治结合起来，在治疗眼科疑难杂症上有独到之处。他的眼科学术特点是高度的整体观，坚持整体治疗。他根据经旨和古训，联系自己长期的实践经验，认识到眼是整体不可分割的一部分，有诸内必形诸外，除一部分感染性红眼病需要点眼药外，一般发病多与内脏有关。故临床上多采取整体治疗，往往疗效甚佳。②

【刘为棋】

刘为棋（1917—1997），原名耀仿，又号绍基，湖北大冶人，以擅治温病闻名。

刘为棋出身于岐黄世家，继承家技，攻读医书，后考入湖北国医专科学校深造，大得长进，对中医内、妇、儿科均有较深造诣。

---

① 鄂州中医志编纂委员会编：《鄂州中医志》，湖北科学技术出版社2006年版，第83~84页。

② 湖北省卫生厅中医处、湖北省中医药研究院主编：《湖北当代名中医传》，湖北人民出版社1989年版，第130~133页。

刘为棋治学严谨，刻苦钻研，对《黄帝内经》《伤寒论》《金匮要略》《外感温热论》《温病条辨》等书的重要章节，多能背诵。临证时强调必须分清外感、内伤，然后施治。治外感主张驱邪务尽，治内伤注重调养补益。[①] 他善于学习各家之长，择善而从。主要论著有《论临症须分外感内伤》《七味白术散的临床运用》《谈谈燥者濡之》。

刘为棋对“温病重在救阴”有独到的体会。他认为，对“温病重在救阴”的说法，应有全面的理解，不能一见温病就用救阴滋液方药治疗，必须根据病情进行辨证论治。[②]

【孔天元】

孔天元（1922—1981），字云成，又名祥龙，湖北天门人。

孔天元出身于医学之家，1937 年就读于武昌实验中学。1939 年回乡教私塾兼学医。1946 年开业行医。

孔天元致力医学，悉心研究《黄帝内经》《难经》《伤寒杂病论》，旁通诸家学说，擅长内科，亦通晓妇、儿诸科。处方以简、廉、便为指南，即药味精当，价格低廉，便于服用，奏效迅速，深受患者欢迎。

孔天元不仅医术精湛，而且医德高尚。无论昼夜，他从不把患者拒之门外，对远道来者，尤为热情。晚年身染重疾，仍坚持应诊，即使卧床不起，还叮嘱护士输液时，只在左手扎针，以便右手给患者诊脉处方。

孔天元手不释卷，博览诸家医书，结合临床经验著有《医药拾零》及多篇论文。[③]

---

① 黄石市卫生志编纂委员会编：《黄石市卫生志（1880—1985）》，1990 年版，第 264 页。

② 刘惠武：《刘为棋“温病重在救阴”临床经验论略》，《湖北中医杂志》2003 年第 2 期；湖北省卫生厅中医处、湖北省中医药研究院主编：《湖北当代名中医传》，湖北人民出版社 1989 年版，第 368～370 页。

③ 天门县卫生志编辑室编：《天门县卫生志》，1984 年版，第 151 页。

人名索引

M

N

O

P

Q

R

S

T

W

X

Y

Z